Joseph T. Hallinan
Lechts oder Rinks

JOSEPH T. HALLINAN

LECHTS ODER RINKS
WARUM WIR FEHLER MACHEN

Aus dem Amerikanischen von Martin Bauer

Die Originalausgabe erschien 2009 unter dem Titel *Why We Make Mistakes* bei Broadway Books, New York.

FSC
Mix
Produktgruppe aus vorbildlich
bewirtschafteten Wäldern und
anderen kontrollierten Herkünften
Zert.-Nr. SGS-COC-1940
www.fsc.org
© 1996 Forest Stewardship Council

Verlagsgruppe Random House FSC-DEU-0100
Das für dieses Buch verwendete FSC-zertifizierte
Papier *EOS* liefert Salzer, St. Pölten

This translation published by arrangement with Broadway Books, an imprint of The Crown Publishing Group, a division of Random House, Inc.

Deutsche Erstausgabe 09/2009

© 2009 by Joseph T. Hallinan
© der deutschsprachigen Ausgabe 2009 by Ariston Verlag,
in der Verlagsgruppe Random House GmbH
Redaktion: Martina Kayser
Umschlaggestaltung: Hauptmann & Kompanie, München – Zürich
Satz: EDV-Fotosatz Huber/Verlagsservice G. Pfeifer, Germering
Druck und Bindung: GGP Media GmbH, Pößneck
Printed in Germany 2009
ISBN: 978-3-424-20016-4

Für Jack

Für Kate

Für Anne

Vor allem aber

für Pam

*Howard K. Hess gewidmet,
dem besten Freund, den ein Mann haben kann*

Mike glaubt, wie ich übrigens auch, dass der Augenblick, in dem eine Entscheidung scheinbar gefällt wird, meist wesentlich später liegt als der tatsächliche Entscheidungszeitpunkt – so wie wir das Licht eines Sterns erst später sehen. Das bedeutet, normalerweise treffen wir wichtige Entscheidungen viel zu früh und meistens bei viel zu dürftiger Informationsgrundlage. Doch dann reden wir uns ein, es wäre anders, weil wir a) wissen, dass es schwachsinnig ist, und keiner möchte sich gern Schwachsinn nachsagen lassen; b) unsere elementaren Bedürfnisse missachtet haben und ungern daran erinnert werden; und weil c) zu entscheiden, aber zu glauben, wir hätten noch nicht entschieden, uns ein Geheimnis über uns selbst verrät, das viel zu köstlich ist zum Weitersagen. Mit anderen Worten, es macht uns glücklich, uns selbst zu verarschen.

Richard Ford, *Die Lage des Landes*

Inhalt

Einleitung 11

1. Kapitel	Wir sehen, nehmen aber nicht wahr . . .	21
2. Kapitel	Wir alle suchen nach Bedeutung	35
3. Kapitel	Wir stellen Verbindungen her	53
4. Kapitel	Wir tragen rosarote Brillen	67
5. Kapitel	Wir können gleichzeitig gehen und Kaugummi kauen – aber nicht viel mehr	87
6. Kapitel	Wir ordnen falsch ein	101
7. Kapitel	Wir sind Querleser	119
8. Kapitel	Wir mögen es gerne aufgeräumt	127
9. Kapitel	Männer schießen früher	143
10. Kapitel	Wir halten uns alle für überdurchschnittlich	157
11. Kapitel	Wir schummeln uns durch	177
12. Kapitel	Wir schränken uns nicht ein	191

13. Kapitel   Woanders ist es immer schöner 207

Schlussfolgerungen 217

Dank 231

Weiterführende Literatur 233

Verwendete Quellen 245

Register 285

Einleitung

Uns unterlaufen die unterschiedlichsten Fehler. Da gibt es Immobilien, die man hätte kaufen sollen. Menschen, die man nicht hätte heiraten sollen. Aktien, die in den Keller gefallen sind. Jobs, die man besser ausgeschlagen hätte, und diesen Haarschnitt, den man sich selbst zuzuschreiben hat, nur weil man etwas Geld sparen wollte.

Und dann sind da die Fehler anderer Leute. Während meiner bisherigen zwanzig Jahre als Reporter war es mein möglicherweise perverses kleines Hobby, Artikel darüber zu sammeln. Die interessanteren kamen in einen Ordner mit der Aufschrift »Fehler«.

Meine Lieblingsgeschichte habe ich aus meiner Heimatzeitung, der *Chicago Sun-Times*. Sie handelt von einem Vorfall, der sich vor ein paar Jahren in St. Brides ereignete, einem Dorf in Südwales. Eine Nachrichtenagentur meldete, dort habe ein Mob die Praxis einer bekannten Kinderärztin überfallen und verwüstet.

Wieso denn das?

Weil, so die Polizei, die Anführer des Mobs »Pädiater«, Kinderarzt, mit »Pädophiler« verwechselt hätten.

Die Randalierer besprühten die Wände mit dem Wort »Pädo« und trieben Yvette Cloete, die betroffene Ärztin, in die Flucht. Danach wurde sie von der örtlichen Zeitung befragt.

»Ich denke«, sagte Dr. Cloete, »da bin ich wohl der Ignoranz zum Opfer gefallen.«

Irren ist zu 90 Prozent menschlich

Da hat die Ärztin wohl Recht. Wir alle kennen das Sprichwort, »Irren ist menschlich«. Und es stimmt. Wenn irgendetwas Schlimmes passiert, geht das meistens auf menschliches Versagen zurück – Flugzeugabstürze zu 70 Prozent, Autounfälle zu 90 Prozent, Arbeitsunfälle ebenfalls zu 90 Prozent. Egal, wohin man sieht: Meistens ist ein Mensch schuld, wenn etwas schiefgeht. Und kaum hat man einen Schuldigen gefunden, endet die Untersuchung der Vorfälle. Doch auch das ist ein Fehler – wenn wir die wahre Ursache nicht herausfinden, sind wir dazu verdammt, Fehler zu wiederholen.

Denn oft ist es nicht unsere Schuld, wenn wir Fehler machen; oder nicht unsere Schuld allein. Wir alle nehmen manche Dinge von Natur aus verzerrt wahr, auch die Vergangenheit sehen wir verzerrt. Diese Verzerrungen machen uns für ganz bestimmte Arten von Fehlern anfällig. Rechtshänder beispielsweise halten sich tendenziell nach rechts, wenn sie ein Gebäude betreten, auch wenn das nicht dem kürzesten Weg zu ihrem Ziel entspricht. Eine Studie stellte außerdem fest, dass die meisten Amerikaner, egal ob Rechts- oder Linkshänder, aus unerfindlichen Gründen eine Vorliebe für die Zahl Sieben und die Farbe Blau zeigen. Was wir aber überhaupt nicht mögen: unsere Entscheidungen zu revidieren.

Unsere Erwartungen beeinflussen oft unsere Wahrnehmung der Welt und damit auch unser Handeln. In einem Experiment wurden Menschen einem ihnen unbekannten Mann gegenübergestellt. Danach nannte man ihnen seinen vermeintlichen Beruf. War er angeblich Lasterfahrer, überschätzten die Probanden das Gewicht ihres Gegenübers, war er angeblich Tänzer, unterschätzten sie es. In einem weiteren Experiment sagte man der einen Hälfte der Restaurantbesucher, das kostenlose Glas Cabernet Sauvignon stamme aus Kalifornien, der anderen Hälfte, der Gratis-Rotwein komme aus Norddakota, wahrlich keiner guten Weingegend. Die Norddakota-Gruppe aß nicht nur einen größeren Teil ihrer

> Die Mehrzahl der Amerikaner zeigt aus unerfindlichen Gründen eine Vorliebe für die Zahl Sieben und die Farbe Blau.

Speisen nicht auf, sie ging auch früher. Selbst die angeblich so bodenständigen Bauern lassen sich von ihren Erwartungen aufs Glatteis führen: Landwirte, die an den Klimawandel glauben, schätzen die Temperaturen der jüngsten Vergangenheit durchwegs höher ein, als die Statistik belegt. Und Bauern, die *nicht* an die Erderwärmung glauben? Unterschätzen die Temperaturen.

Das Wichtige an diesen Ergebnissen ist aber nicht, dass unsere Vorurteile, beispielsweise vom schwergewichtigen Brummifahrer, unsere Wahrnehmung beeinflussen. Wichtig ist, dass dieser Mechanismus weitgehend unbewusst abläuft. Wir sehen die Welt verzerrt – und merken es nicht. Einige dieser Tendenzen zur Verzerrung sind so stark, dass wir sie kaum korrigieren können, selbst wenn wir uns dessen voll bewusst sind. Ein Beispiel dafür ist die Macht der Intuition. Achtzig Jahre Forschung, ob Menschen ihre vorläufigen Antworten in Multiple-Choice-Prüfungen öfter ändern sollten, zeigen: In den meisten Fällen würden die Leute ihre Testergebnisse verbessern, wenn sie in Zweifelsfällen ihre Antworten änderten. Eine Übersichtsstudie wertete 33 Studien zur Antwortänderung aus – und in keiner einzigen hätten die Probanden schlechter abgeschnitten, wenn sie ihre Antwort revidiert hätten. Und doch: Selbst als die Studenten diese Ergebnisse kannten, blieben sie immer noch zu gern bei ihren ersten Antworten. Aktienanleger verhalten sich übrigens genauso: 70 Prozent der Investoren blieben bei ihrer Aktienwahl, auch nachdem sie erfahren hatten, dass sie sie möglicherweise auf einer falschen Grundlage getroffen hatten.

Wir nehmen das Gute mit dem Schlechten

Voreingenommenheiten wie diese scheinen fest in uns verwurzelt. Das liegt wohl auch daran, dass sie uns im Alltag oft nützlich sind. Aber sie haben ihre Kehrseiten, die uns fehleranfällig machen. Zum Beispiel sind wir hervorragend darin, Situationen schnell zu erfassen. Normalerweise gelingt es uns, innerhalb einer Zehntelsekunde die Bedeutung oder den Kern einer Szene zu erfassen. Nachteil dieser Blitzanalyse: uns entgehen eine Menge Details. Allerdings *glauben* wir *nicht*, etwas übersehen zu haben, und genau darin liegt das Problem. Wir denken, wir hätten alles gesehen. Wir haben es aber nicht. Ein offenkundiges Beispiel dafür kommt aus Hollywood. Filme bestehen normalerweise aus Einzelbildern, die mit einer Frequenz von 24 Belichtungen pro Sekunde aufgenommen werden. Wenn der Film läuft, sehen wir aber keine Abfolge von Standbildern, sondern bewegte Bilder. Das ist natürlich ein »guter« Wahrnehmungsfehler, gegen den wir nichts einzuwenden haben. Ganz im Gegenteil genießen wir ihn. Aber ein ähnlicher Wahrnehmungsfehler kann tödliche Folgen haben, wenn er einem Arzt bei der Analyse von Röntgenbildern in Hinblick auf Anzeichen für Krebs unterläuft oder einem Sicherheitsbeamten, der Fluggepäck nach Bomben durchleuchtet. Wie wir sehen werden, entgeht auch ihnen sehr viel.

Unsere Umwelt ist keine Hilfe

Kurz gesagt, sind wir nicht so »verdrahtet«, wie wir es zu sein glauben. Im Alltag ist aber viel auf genau diese Illusion zugeschnitten. So sollen wir uns zahllose Passwörter, PINs und Benutzernamen merken, aber unser Gedächtnis für diese Art Information ist miserabel. Bei einem Experiment hatten 30 Prozent der Leute nach nur einer Woche ihre Passwörter vergessen. Nach drei Monaten waren den Probanden 65 Prozent der Passwörter entfallen.

> Bei einem Experiment hatten 30 Prozent der Leute nach nur einer Woche ihre Passwörter vergessen. Nach drei Monaten waren den Probanden 65 Prozent der Passwörter entfallen.

Im Alltag müssen wir zahlreiche Dinge gleichzeitig im Auge behalten – doch unsere Fähigkeit zu Multitasking ist sehr begrenzt. Wie viele Dinge wir gleichzeitig erledigen können, hängt von der Art der Aufgabe ab. Doch mehr als fünf separate Dinge können wir uns kaum gleichzeitig merken, das liegt einfach an der

Beschaffenheit des menschlichen Gedächtnisses. Doch was beansprucht beim Autofahren alles unsere Aufmerksamkeit? Navigationssystem, Tempomat, Kollisionswarnsystem, Toter-Winkel-Warnsystem, Unterhaltungsanlage für die Kinder, MP3-Spieler, und dann läutet noch das Handy. Heutzutage stecken die Autos so voller Schnickschnack, dass die Systeme selbst wieder Unfälle verursachen, weil sie den Fahrer ablenken. Aber wem gibt man die Schuld am Unfall – Ihnen oder dem Auto?

Diese falsche Schuldzuweisung ist ein Grund dafür, dass wir immer wieder die gleichen Fehler begehen. Wir lernen so wenig aus Erfahrung, weil unsere Fehleranalyse oft zu kurz greift. Insbesondere bei größeren Unfällen brauchen wir einen Schuldigen. Aber die Fehler liegen oft nicht auf der Hand. Größere Katastrophen werden von Untersuchungsteams analysiert. Wir glauben, diese Experten seien unvoreingenommen, aber auch sie leiden an einer ganz eigenen Wahrnehmungsverzerrung: Sie wissen, was passiert ist. Und dieses Wissen darüber, was passiert ist, ändert ihre Wahrnehmung davon, *warum* es passiert ist, oft ganz radikal. Die Wissenschaft nennt das einen Rückschaufehler. Aus der Rückschau erscheinen manche Dinge offenkundig, die es in der damals aktuellen Situation gar nicht waren. Deshalb erscheinen auch viele unserer Missgeschicke – hinterher – so schwachsinnig. (»Wie bitte, du hast dich *schon wieder* ausgesperrt?«) Genau aus diesem Grund sind dann auch die vorgeschlagenen Maßnahmen gegen solche Fehler Schwachsinn. Wenn ein überforderter Fahrer sein Auto zu Schrott fährt, weil ihn das Navi abgelenkt hat, geben wir ihm die Schuld. Will man aber diese Art von Unfällen verhindern, müssen sich nicht Fahrer verändern, sondern die Autos.

> Wir lernen so wenig aus der Erfahrung, weil wir oft der falschen Ursache die Schuld zuschieben.

Vieles von dem, was wir über Fehler wissen, stammt aus der Forschung in Bereichen, wo Fehler Geld oder Leben kosten. In Medizin und beim Militär, im Flugverkehr und an der Börse gibt es nach Desastern starke Anreize, die Ursache herauszufinden. Was man in diesen Bereichen über menschliches Versagen gelernt hat, kann uns auch vieles über unseren Alltag lehren. Ich hatte mein persönliches Aha-Erlebnis, als ich für das *Wall Street Journal* an einer Titelgeschichte über Narkoseunfälle arbeitete. Die Anästhesie hatte in den Jahren davor einen raschen technischen Fortschritt erlebt. Dennoch ereigneten sich bei Operationen schrecklich viele Zwischenfälle, bei denen zahlreiche Patienten einen grauenhaften Tod starben. Manche erstickten auf dem OP-Tisch, weil der Anästhesist, der sich bei stundenlangen Eingriffen oft langweilte, nicht bemerkt hatte, dass der Beatmungsschlauch sich gelöst hatte. Andere atmeten tödliches Kohlenmonoxid ein, ein Nebenprodukt, das sich bedauerlicherweise bildet, wenn bestimmte Narkosemittel miteinander reagieren. Und als genügten diese zwei Gefahren noch nicht, waren viele Chemikalien, die man zur Betäubung von Patienten verwendete, hochexplosiv. Um das Risiko zu verringern, dass sich aufgrund statischer Elektrizität Funken bildeten, trugen die Ärzte Schuhe mit Gummisohlen und schoben sich metallene Erdungskissen in ihre Taschen. Aber hin und wieder flogen – Bumm! – Patient und Arzt in die Luft.

Das ging leider bis in die 1980er so, bis explodierende Prämien für Versicherungen gegen Kunstfehler und schlechte Presse – der Fernsehsender ABC strahlte einen vernichtenden Enthüllungsbericht aus – die Zunft zwangen, etwas zu unternehmen. Die Anästhesisten standen vor einer fundamentalen Entscheidung: die Schuld weiterhin auf andere zu schieben oder lieber selbst die Probleme zu lösen. Unter Führung des bemerkenswerten Dr. Ellison C. »Jeep« Pierce jr. entschied man sich für Letzteres.

Einige der Maßnahmen erscheinen – zumindest aus der Rückschau – evident. Schon seit langem gab es hauptsächlich zwei Hersteller für Narkosegeräte, sozusagen BMW und Mercedes. Die Geräte unterschieden sich kaum, mit einer entscheidenden Ausnahme: Beim BMW drehte man den Hahn für das Narkosegas im Uhrzeigersinn auf, beim

Mercedes gegen den Uhrzeigersinn. Manchmal vergaßen die Narkoseärzte, an welcher Maschine sie gerade saßen, und drehten den Hahn falsch herum. Die Lösung des Problems bestand natürlich darin, die Geräte zu vereinheitlichen, so dass der Hahn sich überall in die gleiche Drehrichtung öffnete.

Für andere Fälle fand man ausgetüftteltere Lösungen. Bei Piloten sahen sich Anästhesisten Checklisten ab, die sie Punkt für Punkt durchgingen, um nichts Wichtiges zu vergessen. Sie änderten auch ihre Einstellung. Sie verabschiedeten sich von ihrer »der Doktor weiß alles«-Haltung und ermutigten Krankenschwestern und andere, sich zu melden, wenn ihnen ein Fehler auffiel. In Fehlermanagement-Jargon heißt das »das Autoritätsgefälle verringern«. Das ist nachweislich eine effektive Methode, um die Zahl von Fehlern zu verringern. Im Ganzen verlangten diese Änderungen von den Narkoseärzten, sich ihrer Grenzen bewusst zu werden und dann ihre Arbeitsumgebung an diese Grenzen anzupassen. Das ist allerdings nur in wenigen Berufen möglich.

Diese Maßnahmen hatten durchschlagenden Erfolg. In den vergangenen zwei Jahrzehnten hat sich die Rate von tödlichen Narkoseunfällen um den Faktor vierzig verringert, von 1:5000 auf 1:200000 – 300000. Entsprechend sind auch die Prämien für Berufshaftpflichtversicherungen von Anästhesisten gefallen – während sie für die meisten anderen Fachrichtungen deutlich gestiegen sind.

»Na toll«, grummeln Sie jetzt vielleicht. »Aber was hat das mit mir zu tun, solange ich nicht unters Messer muss?« Sehr viel, hoffe ich.

Bewusstsein ist alles

Als ich mich näher mit den Maßnahmen von Narkoseärzten beschäftigte, fielen mir die Parallelen zwischen ihren Fehlern und unseren auf. Wie Narkoseärzte leben und arbeiten viele von uns in einer Umgebung, die sich in tausenden Details dazu verschworen zu haben scheint, uns Fehler machen zu lassen. Nehmen Sie zum Beispiel die Preisauszeichnungen im Supermarkt. Sind beispielsweise die Dosenpfirsiche mit 49 Cent pro Dose ausgezeichnet – oder mit 1,96 Euro für vier Dosen? Bei letzterer Preisauszeichnung werden Sie unterschwellig dazu verführt, mehr Dosen zu kaufen, als Sie eigentlich wollten. Eine Studie hat gezeigt, dass die Verkaufszahlen um 32 Prozent steigen, wenn man Preise für Mehrfachpackungen angibt (vier Stück für einen Dollar), statt den Einzelverkaufspreis (25 Cent pro Dose).

Nun gibt es Schlimmeres im Leben, als unnötig viele Pfirsiche zu kaufen. Aber der Irrtum ist aufschlussreich. Sie haben gar nicht bemerkt, dass der Einzelhändler Ihre Einkaufsentscheidung manipuliert hat, indem er Ihre Überlegungen an der von ihm genannten Zahl, Vier, »verankert« hat. Leider funktioniert dieser Effekt nicht nur beim Pfirsich-, sondern auch beim Hauskauf, und dann werden Irrtümer richtig teuer.

Auf den folgenden Seiten werden wir über eine Vielzahl ähnlicher Missgriffe sprechen, vom falschen Abo im Fitnessclub bis zur Wahl des falschen Putters im Golfladen. Doch was zählt überhaupt als Fehler? Wir möchten den Begriff breit definieren, nach Art eines Lexikons.

Fehler, der: 1. Unzutreffende Einschätzung der Bedeutung oder der Folge von etwas. 2. unrichtige Handlung oder Aussage, beruhend auf einer falschen Einschätzung, unzureichendem Wissen oder Unaufmerksamkeit. Synonym: Irrtum[1]

Wir werden betrachten, wie es beispielsweise kommt, dass man sich Gesichter sehr gut merken kann, aber die dazugehörigen Namen oft vergisst. Wir werden männertypische und frauentypische Irrtümer erkunden. Dass es die gibt, haben Sie vermutlich schon geahnt. Und dann sehen wir uns die kleinen Gemeinheiten des Lebens an, etwa warum das Bier im Kühlschrank manchmal schier unauffindbar ist. Sie werden erfahren, wie Unternehmen unsere Denkfehler ausnutzen, etwa indem sie attraktive Einstiegsangebote machen, z.B. einen hohen Zins aufs Festgeld – aber nur für zwei Monate, oder Rabatte anbieten, von denen sie wissen, dass Sie sie nicht nutzen werden.

Wir werden auch diskutieren, was Sie tun können, um weniger Fehler zu machen. Natürlich – ein patzerfreies Leben gibt es nicht. Viele Voreingenommenheiten, die uns zu Fehlern verleiten, gehören so sehr zu unserer »Verdrahtung«, dass man sie kaum los wird. Zum Beispiel fällt es uns sehr schwer, Fehlinformationen zu vergessen oder außer Acht zu lassen, auch wenn wir es uns fest vornehmen. Das gilt nachweislich nicht nur in Geschäftsverhandlungen, in denen es um mehrere Millionen geht, sondern auch bei Entscheidungen des täglichen Lebens, etwa beim Kauf von Immobilien oder Kondomen.

Trotzdem gibt es einige Kleinigkeiten, die man mit großer Wirkung tun kann. Wie bei den Maßnahmen der Narkoseärzte mögen einige davon selbstverständlich klingen. Zum Beispiel hilft es, gut ausgeschlafen zu sein – wenn auch vielleicht aus anderen Gründen, als Sie denken. Übermüdete Menschen neigen zu extremer Risikobereitschaft, was ein Grund dafür sein mag, dass viele Spielbanken rund um die Uhr offen sind. Es hilft auch, glücklich zu sein. Zufriedenheit fördert die Fähigkeit zu strukturiertem Denken und die Flexibilität bei der Lösung von Problemen. Das gilt nicht nur in »weichen« Bereichen wie Vertrieb und Werbung, sondern auch in solchen, wo es auf klares Denken ankommt, wie in der Medizin. Ganz wichtig: Ihre Entscheidungen werden besser, wenn Sie zum Zeitpunkt der Entscheidung nicht besonders optimistisch sind. Das liegt daran, dass die meisten von uns zu übertriebener Zuversicht neigen. Übergroße Zuversicht ist beim Menschen eine der wichtigsten Ursachen für Fehler.

Es ist auch besonders wichtig, die Bedeutung des Kontexts zu erkennen, vor allem für das Gedächtnis. Wie sich herausgestellt hat, ist unsere Erinnerung oft eher Rekonstruktion denn Wiedergabe vergangener Ereignisse. Wenn wir versuchen, uns an etwas zu erinnern – ein Gesicht, einen Namen, eine Liste von Aufgaben –, kann es helfen, sich in den gleichen Zustand zu versetzen, in dem man sich beim Lernen befunden hat. In einem berühmt gewordenen Experiment legten Studenten Tauchausrüstungen an und lernten unter Wasser eine Liste mit Vokabeln. Andere Studenten lernten die Vokabeln an Land. Und tatsächlich erinnerten diejenigen, die nass gelernt hatten, sich auch nass besser, die Trocken-Lerner erinnerten sich trocken besser. Das Gleiche galt sogar für Leute, die beim Lernen Alkohol tranken. Wer beim Lernen leicht angetrunken war, erinnerte sich auch besser, wenn er ein wenig getrunken hatte.

> Kontext ist wichtig: Studenten, die beim Lernen leicht angetrunken waren, erinnerten sich auch besser, wenn sie ein wenig getrunken hatten.

Klar, nur die wenigsten saufen sich einen an, während sie fürs Examen büffeln, und noch weniger lernen wohl unter Wasser. Dennoch lassen sich die Ergebnisse dieser Forschung direkt auf unseren Alltag anwenden. So erinnern sich Kinder etwa viel besser an den gestrigen Spaziergang im Park, wenn man sie dazu im Park befragt und den Kontext wiederherstellt, statt in der Schule. Versuchen Sie's mal mit Ihren Kindern und sehen Sie selbst!

Viele unserer Fehler werden von unterschwelligen Faktoren wie diesem geprägt. Inzwischen betrachte ich diese Fehler in ihrer Gesamtheit als eine Art Kniegelenk, das zum Blockieren neigt. Wir alle haben mit diesem kaputten Knie zu kämpfen; wir können damit leben lernen, aber Heilung ist nicht möglich. Wenn wir auf bestimmte Weise gehen, blockiert das Knie. Wenn wir auf andere Art gehen, tut es das nicht oder zumindest seltener. Auf den folgenden Seiten erörtere ich unsere Unzulänglichkeiten in der Hoffnung, dass wir lernen, auf andere Weise zu gehen. Wenn wir besser verstehen, was wir gut machen und was schlecht, werden wir hoffentlich Ersteres öfter tun und Letzteres seltener. Wie die Randalierer vor der Arztpraxis in St. Brides können auch wir nur davon profitieren, wenn wir unsere Grenzen genauer kennenlernen.

1. Kapitel
Wir sehen, nehmen aber nicht wahr

Ein Mann betritt eine Bar. Sein Name ist Burt Reynolds. Genau, eben der Burt Reynolds. Noch steht er ganz am Anfang seiner Karriere, niemand kennt ihn, auch nicht der Kerl mit den breiten Schultern zwei Barhocker weiter.

Reynolds bestellt Bier und Tomatensaft. Plötzlich fängt der Muskelberg an, ein Pärchen zu belästigen. Reynolds fordert ihn auf, sich zu benehmen. Da dreht der Kerl sich zu ihm herum und sagt: »Hey, Arschloch!«

Was dann passiert, schilderte er vor Jahren dem *Playboy* so:

»Ich erinnere mich, dass ich nach unten sah und meinen rechten Fuß auf die Messingstange setzte, um einen besseren Hebel zu bekommen. Dann wirbelte ich herum und traf ihn mit einer gewaltigen Rechten seitlich am Kopf. Der Aufprall klang schrecklich, und der Typ *flog* vom Hocker und landete vier Meter weiter mit dem Rücken auf dem Boden. Während er noch durch die Luft segelte, sah ich, dass ... er keine Beine hatte.«

Erst später, als Reynolds die Bar verließ, bemerkte er den Rollstuhl des Manns, der zusammengefaltet neben dem Eingang stand.

Was Fehler angeht, ist das Vermöbeln eines Kerls ohne Beine aber Kinderkram. Bei dieser Episode finde ich nicht die Beine das Entscheidende, sondern die Augen. Obwohl Reynolds den Mann, den er schlug, direkt ansah, nahm er etwas ganz Wesentliches nicht wahr. Dieses Phänomen, dass wir schauen, aber nicht sehen, heißt wissenschaftlich »selektive Wahrnehmung«. Wenn wir etwas anblicken, glauben wir, es im Ganzen wahrzunehmen. Das tun wir aber nicht. Oft entgehen uns wichtige Details, wie Beine oder Rollstühle oder manchmal viel größere Dinge wie Türen oder Brücken.

Wir sehen nur einen Bruchteil dessen, was wir zu sehen glauben

Um zu verstehen, warum das so ist, muss man etwas über das Auge und seine Funktionsweise wissen. Das Auge ist keine Kamera. Es macht kein »Foto« von den Ereignissen. Und es nimmt nicht alles gleichzeitig wahr. Wir sehen immer nur einen Bruchteil des gesamten Blickfelds scharf. Auf normale Blickentfernung ist der Bereich, in dem man scharf sieht, nur etwa so groß wie eine 50-Cent-Münze. Das Auge geht mit dieser Einschränkung um, indem es ständig herumzuckt, etwa dreimal pro Sekunde weiterwandert und wieder stoppt.

Was wahrgenommen wird, während das Auge sich bewegt, hängt teilweise davon ab, wer schaut. Zum Beispiel nehmen Männer nachweislich andere Dinge wahr als Frauen. Wenn beide Geschlechter einen Handtaschenraub mitverfolgen, achten Frauen eher auf Erscheinung und Verhalten des Opfers, während Männer mehr Details am Dieb wahrnehmen. Eine andere Studie zeigte, dass Rechtshänder sich die Lage bestimmter Dinge, die sie gesehen haben, besser merken können als Linkshänder. Vor einigen Jahren, als der Hale-Bopp-Komet seinen spektakulären Auftritt am Nachthimmel hatte, fragten Forscher in England Rechts- und Linkshänder, ob sie sich erinnern könnten, in welche Richtung sich der Komet bewegt hätte, als sie ihn sahen. Rechtshänder erinnerten sich mit signifikant höherer Wahrscheinlichkeit, dass der Komet nach links gezogen war. Aus der Händigkeit eines Menschen lässt sich auch gut seine Vorliebe für Richtungen vorhersagen: Wenn Leute an einer Kreuzung abbiegen müssen, bevorzu-

> Wenn beide Geschlechter einen Handtaschenraub mitverfolgen, achten Frauen eher auf Erscheinung und Verhalten des Opfers, während Männer mehr Details am Dieb wahrnehmen.

gen Rechtshänder, zumindest in den USA, rechts abzubiegen, Linkshänder biegen lieber links ab. Der Autor einer dieser Studien gab daher den Rat, eher nach links zu sehen, wenn man die kürzeste Schlange vor mehreren Kassen, Schaltern usw. sucht.

> Sehen Sie nach links, wenn Sie die kürzeste Schlange vor mehreren Kassen, Schaltern usw. suchen

Der feste Blick des Experten

Tatsächlich hängt das, was wir sehen, nicht nur davon ab, *wer* wir sind, sondern auch *was* wir sind. Verschiedenartige Menschen nehmen dieselbe Szene auf verschiedenartige Weise wahr – das entspricht schon unserer Alltagserfahrung, aber es ist auch wissenschaftlich nachgewiesen. Angenommen, Sie sind ein hervorragender Golfer mit niedrigem Handicap. Sie spielen gegen einen Freund, der nicht so gut ist. Sie haben abgeschlagen, sich dem Green genähert, und jetzt folgt der Putt. Sehen Sie und Ihr Kumpel den Ball auf die gleiche Weise?

Wahrscheinlich nicht.

Warum? Weil Experten und Neulinge die Dinge unterschiedlich betrachten. Ein Unterschied liegt in der sogenannten »Fixationsdauer«. Forscher haben für eine ganze Reihe von Sportarten nachgewiesen, dass Anfänger und Profis das Wesentliche einer Situation sehr unterschiedlich lange betrachten: Experten halten den Blick viel länger auf das Entscheidende gerichtet, das gilt für Freiwürfe im Basketball ebenso wie für Schießwettbewerbe.

In den letzten Sekunden vor dem Putt fixieren gute Golfer nur noch den Ball. Weniger gute Golfer lassen den Blick zwischen Ball und Schläger hin und her irren. Mit anderen Worten: Der Profi schaut und sieht; er hat ein geistiges Bild von der Bahn des Schlägerkopfs und muss gar nicht mehr hinsehen. Der Neuling schaut, sieht aber nichts, und in seiner Unsicherheit blickt er immer wieder in Richtung Loch oder Schläger, obwohl er dadurch keine neuen Informationen gewinnt.

Als Antwort auf diese Erkenntnis brachte der Sportartikel-Gigant Nike einen neuen Putter auf den Markt, den IC, der den Blick weniger ablenken soll. Schaft und Griff des 150-Euro-Putters sind grün, damit sie mit der Farbe des Grases verschmelzen und die optische Ablenkung verringern. Die Kante der Schlagfläche und die teeförmige Ausrichtungshilfe sind grellweiß. Das hilft, die Augen des Golfers auf den Teil des Schlägers zu konzentrieren, der den Ball trifft.

Wir nehmen nur das Nötige wahr

Doch egal, ob wir nun Anfänger oder Experten sind: Selbst wenn wir eigentlich sehr gut hinschauen, sind wir gelegentlich erstaunlich blind. Eine der faszinierendsten Formen ist die Veränderungsblindheit. Sie tritt auf, wenn wir kurz abgelenkt werden und sich in der Zwischenzeit die Umgebung verändert. Selbst die Zeitspanne eines Blinzelns genügt.

Wie blind wir gegenüber Veränderungen sein können, machten die Kognitionswissenschaftler Daniel Simons und Daniel Levin vor einem Jahrzehnt mit einem schelmischen Experiment deutlich. Damals starteten sie auf dem Campus ihrer Uni, der Cornell University, folgenden Versuch: Sie ließen »Fremde« nach dem Weg fragen. Die Besonderheit an dem Experiment: Während der Fremde und die Versuchsperson sich unterhielten, drängten sich zwei Helfer recht rüde mit einer Tür zwischen den beiden durch. Die Unterbrechung war nur kurz, gerade eine Sekunde lang. Aber während dieser Sekunde geschah etwas Entscheidendes: Einer der Türträger tauschte mit dem »Fremden« den Platz. Als die Tür wieder weg war, stand die Versuchsperson einem anderen Menschen gegenüber als vorher, der die Unterhaltung fortsetzte, als wäre nichts geschehen. Und? Merkten die Leute, dass ihr Gesprächspartner ausgetauscht worden war?

In den meisten Fällen lautete die Antwort »nein«.

Nur sieben von fünfzehn Versuchspersonen berichteten hinterher, dass ihnen der Wechsel aufgefallen sei.

Film-Fehler

Jetzt denken Sie vielleicht: »Ich hätte das bestimmt gemerkt!« Seien Sie sich da aber nicht zu sicher. Bedenken Sie, dass Sie wahrscheinlich unzählige vergleichbare Veränderungen gesehen und nie bemerkt haben. Wo? In Filmen. Die aufeinander folgenden Einstellungen eines Films werden nicht hintereinander gedreht, sondern manchmal mit großem zeitlichen Abstand. Manchmal liegen Monate oder gar Jahre zwischen dem Dreh zweier aufeinander folgender Einstellungen. Wegen dieses Umstands kommt es oft zu peinlichen Fehlern, die in der Branche »Continuity Errors« oder »Anschlussfehler« heißen.

Der Kampf gegen diese Fehler ist so alt wie die Branche selbst – und ist doch nie zu gewinnen. Nehmen Sie nur *Ben Hur* als Beispiel. Der Hollywoodschinken von 1959 mit Charlton Heston als Ben Hur war mit elf Oscars der erfolgreichste Film aller Zeiten. Fast so legendär wie der Film sind aber auch die Anschlussfehler, insbesondere in der elfminütigen Wagenrennen-Szene. Diese Szene war das Ergebnis dreimonatiger Dreharbeiten. Während des Rennens beschädigt der römische Soldat Messala den Wagen von Ben Hur mit Sägezähnen an den Radnaben. Wenn man am Ende des Rennens aber genau hinsieht, erkennt man, dass Ben Hurs Wagen keinerlei Schaden aufweist. Auch bei der Anzahl von Wagen geht es durcheinander. Das Rennen beginnt mit neun Wagen, während des Rennens verunglücken sechs. Am Ende müssten also drei übrig bleiben. Es sind aber vier.

Hollywood beschäftigt eigene Experten, um solche Patzer aufzuspüren. Offiziell heißen sie Continuity Editors oder Script Supervisors, werden meistens aber Script Girls genannt, weil dieser Job traditionell von Frauen gemacht wird. Aber selbst ihnen fallen nicht alle Fehler auf.

»Das ist auch nicht möglich«, meint Claire Hewitt, die bei einer ganzen Reihe von Filmen für die Anschlüsse zuständig war, von Dokumentationen bis hin zu Spielfilmen und Kung-Fu-Streifen. Man könne höchstens versuchen, sagt sie, auf die wichtigsten Dinge zu achten. Aber selbst das ist leichter gesagt als getan.

Einer ihrer bemerkenswerten Irrtümer unterlief Hewitt bei ihrem zweiten Job als Script Supervisor, einem Kurzfilm über einen Mann und eine Frau, die in einem Mietshaus nebeneinander wohnen. Anstatt die Schauspieler in getrennten Zimmern zu filmen, schwindelten die Filmmacher und drehten aus Kostengründen alles in einem Raum. Entsprechend musste das Zimmer für die verschiedenen Einstellungen umdekoriert werden, je nachdem ob die Wohnung des Mannes oder die der Frau dargestellt werden sollte.

Der Fehler unterlief in einer Schlüsselszene des Films, als die Frau dem Mann endlich begegnet. Hewitt erzählt: »Man sieht, wie sie an der Tür horcht, ob er gerade im Treppenhaus ist. Dann verlässt sie die Wohnung. Aber die Tür geht in die falsche Richtung auf!«

Hewitt fiel der Fehler nie auf, erst der Freund ihrer Mutter wies sie darauf hin. »Das lieben die Leute – wenn sie dich erwischen«, sinniert Hewitt.

Tatsächlich gibt es eigene Webseiten, auf denen Anschlussfehler genüsslich ausgebreitet werden. Eine der populärsten ist die britische Website moviemistakes.com, die von Jon Sandys betrieben wird. Er sammelt Film-Patzer, seit er 17 Jahre alt ist. Aber Hewitts Erfahrung mit dem Freund ihrer Mutter bestätigt eine wichtige Erkenntnis: Ein Fehler, der für andere offensichtlich ist, kann uns entgehen, wie scharf wir auch immer aufpassen.

Na gut, sagen Sie jetzt vielleicht, Veränderungen in winzigen Details wie dem, in welche Richtung eine Tür aufgeht, rutschen einem leicht durch. Na und? Große, wichtige Veränderungen fallen uns doch garantiert auf. Oder?

Genau das wollten Levin und Simons herausfinden.

> Nur ein Drittel der Studenten, die einen Kurzfilm sahen, bemerkte, dass der Hauptdarsteller wechselte.

Also drehten sie ein paar Filme, bei denen sich mittendrin sehr viel änderte: Sie tauschten die *Schauspieler* aus. In einem Streifen zum Beispiel durchquerte ein Schauspieler ein leeres Klassenzimmer und setzte sich hin. Es folgte eine Nahaufnahme – auf einen anderen Schauspieler, der die Handlung fortsetzte. Der Film wurde 40 Studenten gezeigt. Nur ein Drittel von ihnen bemerkte den Wechsel.

Wir sehen, was wir sind

Wenn wir etwas betrachten, glauben wir intuitiv, auch kleinste Details wahrzunehmen. Veränderungen, da sind wir uns einigermaßen sicher, würden uns gewiss auffallen. Das, meint Simons, macht Veränderungsblindheit zu einem so interessanten Phänomen. »Menschen glauben übereinstimmend, größere Veränderungen würden ihnen sofort ins Auge springen.« Diese Behauptung können die beiden Daniels mit Zahlen belegen: Sie beschrieben fünfzig Studenten das Türen-Experiment und fragten sie, ob sie den Austausch bemerkt hätten. Alle fünfzig antworteten mit Ja.

Das Auge, erklärt Simons, hat nur in einem Winkel von zwei Grad eine hohe Auflösung. Das ist nicht viel: Wenn man den Daumen auf Armlänge von sich wegstreckt, entspricht die Breite des Daumens etwa zwei Grad. Halten Sie den Daumen gegen eine Kinoleinwand, um zu begreifen, welch einen kleinen Teil Sie scharf sehen. Seitlich davon verschwimmen die Dinge zusehends. Es stimmt, auch am Rand unseres Blickfeldes nehmen wir Dinge wahr, deswegen sehen sich viele Leute Filme wie *Die Reise der Pinguine* am liebsten im IMAX-Format an. Aber durch die periphere Wahrnehmung erreichen uns nur allgemeine, verschwommene Informationen, erklärt Simons. »Die Details der Pinguine sehen Sie nicht.«

Welche Details wir wahrnehmen, hängt bis zu einem gewissen Grad davon ab, wie wir uns selbst sehen. Im

> Das Auge bietet nur in einem Winkel von zwei Grad eine hohe Auflösung, was der Breite eines auf Armeslänge weggestreckten Daumens entspricht. Seitlich davon verschwimmen die Dinge.

»Tür«-Experiment beobachteten Simons und Levin, dass die sieben Probanden, die den Wechsel bemerkten, etwas gemeinsam hatten: Sie waren alle etwa gleich alt wie der »Fremde«, den sie trafen. In gewissem Sinn darf einen dieses Ergebnis nicht überraschen. Sozialpsychologen konnten nachweisen, dass wir Mitglieder unserer eigenen sozialen Gruppe oft anders behandeln als Angehörige anderer Gruppen. Schwarze, die Weiße treffen, und umgekehrt, verhalten sich in der Regel anders, als wenn sie einen Angehörigen ihrer eigenen Gruppe getroffen hätten. Das Gleiche gilt für Begegnungen zwischen Reich und Arm, Jung und Alt, Mann und Frau. Nun stellten Simons und Levin sich die Frage, ob dieser Unterschied in unserem Verhalten sich auch daran zeigen würde, wie wir andere *wahrnehmen*?

Um diese Frage zu beantworten, wiederholten sie das Türen-Experiment, mit den gleichen »Fremden«. Nur waren sie diesmal nicht wie Studenten angezogen, sondern wie Bauarbeiter, in kompletter Montur mit Schutzhelm. Diesmal sprachen sie nur Leute ihres Alters an. Von den zwölf angesprochenen Studenten merkten nur vier, dass ihr Gesprächspartner ausgewechselt worden war. Es genügte, die »Fremden« in Bauarbeiterkleidung zu stecken, und schon nahmen die Studenten sie anders wahr. Vorher, als sie Studentenklamotten trugen, wurden die »Fremden« als Individuen wahrgenommen. Jetzt, mit Schutzhelm, kamen sie in die Schublade »Bauarbeiter«.

Eine der Versuchspersonen, der der Wechsel nicht aufgefallen war, gab das in der Befragung nach dem Experiment ausdrücklich zu. Sie erklärte, sie habe nur einen »Bauarbeiter« gesehen, kein Individuum. Sie hatte ihn also als Bauarbeiter eingeordnet und weitere Details wie Haarfarbe oder Lächeln gar nicht mehr zur Kenntnis genommen, die es ihr erlaubt hätten, ihn als Individuum wahrzunehmen. Stattdessen steckte sie ihn in die Kategorie »Bauarbeiter« – als Stereotyp. Bei

> Wir opfern die visuellen Details zugunsten eines abstrakteren Verständnisses. In anderen Worten: Wir nehmen nur flüchtig wahr.

diesem Vorgang opferte sie die visuellen Details der Szene zugunsten eines abstrakteren Verständnisses. Sie nahm nur noch flüchtig wahr.

Vieles »überfliegen« wir nur. In den meisten Fällen funktioniert das ja auch ganz prächtig. Wenn wir auf der Straße einem Bauarbeiter begegnen, müssen wir uns sein Gesicht nicht merken. Schließlich zählt für uns nicht, *wer* er ist, sondern nur, *was* er ist. Und das wäre auch ganz unproblematisch, wenn wir uns dessen bewusst wären. Aber das sind wir eben nicht: Wir denken, wir hätten den Bauarbeiter *gesehen*, obwohl wir das nicht getan haben. Wir merken gar nicht, wenn wir nur flüchtig wahrnehmen.

Sie können die Wahrheit nicht ertragen

Das Wissen um unsere fehlerhafte Wahrnehmung schützt uns aber nicht davor, immer wieder darauf hereinzufallen. Wir bleiben immer anfällig für Schnitzer wie Veränderungsblindheit. Ich kann Ihnen das nicht demonstrieren, indem ich eine Tür an Ihnen vorbeitrage, aber lassen Sie uns etwas anderes versuchen. Betrachten Sie die beiden Tischplatten unten. Welche ist größer?

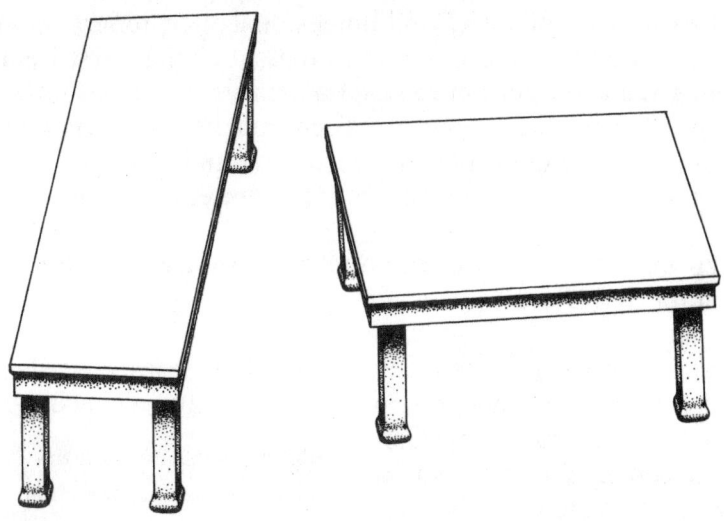

Die Antwort lautet: keine. Sie mögen das zwar vielleicht nicht glauben, aber die linke Tischplatte hat genau die gleiche Form und Größe wie die rechte. Überprüfen Sie das ruhig, indem Sie ein Papierstück in Form der linken Platte ausschneiden und über die rechte legen.[2]

Das Erstaunliche daran: Selbst wenn wir wissen, dass es sich um eine Illusion handelt, fallen wir trotzdem auf sie herein. Wie oft wir auch immer auf die Tische sehen, sie scheinen *weiterhin* unterschiedlich geformt zu sein.

Ausgedacht hat sich die Tischplatten Roger N. Shepard, renommierter Professor an der Stanford University. Seit Jugendtagen spielte er den Leuten leidenschaftlich gern Streiche – einmal entfernte er heimlich alle Möbel aus dem Zimmer seiner Schwester. Er hat einen Heidenspaß daran, anhand solcher optischer Tricks wichtige Erkenntnisse zu vermitteln. Shepards Bild, genannt *Turning the Tables*, zeigt, dass die Mechanismen unserer Wahrnehmung nicht nur tief in unserem Nervensystem verwurzelt sind, sondern auch völlig autonom ablaufen. Als Konsequenz daraus können wir uns nicht dazu zwingen, eine Zeichnung als das wahrzunehmen, was sie ist – ein Muster von Linien auf einem zweidimensionalen Blatt Papier. Stattdessen schließen Muster wie diese automatisch Schaltkreise in unserem Hirn, und das Bild wird dreidimensional interpretiert. Mehr noch: Wir merken unseren Irrtum nicht einmal. Erst wenn uns jemand darauf hinweist, dass die zwei scheinbar unterschiedlichen Tischplatten identisch sind, kommen wir überhaupt ins Zweifeln. Wir sind einem Irrtum unterlegen, *wissen* aber nicht, dass wir einem Irrtum unterlegen sind.

Wir sehen, was wir zu sehen erwarten: Der Fall des fehlenden Biers

Hier soll noch auf einen letzten Punkt hingewiesen werden: Was wir sehen, hängt teilweise davon ab, wonach wir suchen. Im Großen und Ganzen sehen wir, was wir zu sehen erwarten. Häufig gese-

»Wenn man's nicht oft findet, findet man's oft nicht.«

hene Dinge werden oft wahrgenommen, selten gesehene nicht.

»Wenn man's nicht oft findet, findet man's oft nicht«, sagt Jeremy M. Wolfe, Professor für Augenheilkunde an der Medizinischen Fakultät der Harvard University. Wolfes Fachgebiet ist die visuelle Suche. Forscher auf diesem Gebiet suchen Antworten auf die Bier-im-Kühlschrank-Frage: Wie finden wir die Dinge, nach denen wir suchen?

Die Antwort liegt nun keineswegs auf der Hand. Vielleicht suchen Sie nach dem Bier, indem Sie in einen bestimmten Bereich des Kühlschranks sehen, wo das Bier normalerweise liegt. Was aber, wenn das Bier verlegt wurde, um Platz für andere Lebensmittel zu schaffen? In diesem Fall suchen Sie möglicherweise nach der Form der Flasche bzw. Dose. Aber andere Gegenstände im Kühlschrank haben eventuell die gleiche Form; der Boden einer Coladose sieht dem Boden einer Bierdose sehr ähnlich. Möglicherweise müssen Sie lange suchen, bis Sie das Richtige gefunden haben.

Aufgeben ist uns angeboren

Sehen hat sich als Schwerstarbeit erwiesen, auch wenn die meisten von uns das nicht glauben mögen. Alle, die schon immer sehen konnten, halten diese Fähigkeit für das Natürlichste der Welt. Man öffnet die Augen und – zack! – ist die Welt da. Aber für diejenigen, die vorher blind waren, kann das Sehenlernen eine qualvolle Erfahrung darstellen. Vor dem Zweiten Weltkrieg sammelte und veröffentlichte der Forscher Marius von Senden die Erfahrungen von fast hundert Menschen in der westlichen Welt, die aufgrund von Linsentrübungen das Augenlicht verloren und später durch eine Operation wiedererlangt hatten.

Viele Patienten hatten schwer damit zu kämpfen, das Sehen wieder zu erlernen. Ein Mann ging durch die Straßen Londons und geriet von den vielen optischen Eindrücken so durcheinander, dass er gar nichts mehr sehen konnte, berichtet von Senden. Einem anderen gelang es nicht, Entfernungen einzuschätzen. »Er zieht z.B. einen Stiefel vom Fuß und wirft ihn eine Strecke weit vor sich hin. Dann versucht er die Entfernung, in welcher sich der Stiefel befindet, zu taxieren. Er geht einige Schritte auf den Stiefel zu und sucht ihn zu greifen, als er ihn nicht erreicht, macht er noch einige Schritte und sucht dann den Stiefel, bis er ihn schließlich erfasst.« Entmutigt und verzweifelt gaben etliche Patienten den Versuch, sehen zu lernen, schließlich auf.

Ähnlich ergeht es Menschen, die nach Dingen suchen müssen, die nur äußerst selten auftreten. Kürzlich baten Professor Wolfe und seine Kollegen am Visual Attention Lab des Boston Brigham and Women's Hospital ihre Probanden, sich Tausende von Bildern anzusehen. Jedes Bild war eingebettet in einen unruhigen Hintergrund voll anderer Gegenstände. Die Freiwilligen wurden gebeten, nach Werkzeugen, etwa einem Schraubenschlüssel oder Hammer, zu suchen.

Tauchte das Werkzeug häufig auf – wie bei der einen Versuchsgruppe –, erzielten die Probanden sehr gute Ergebnisse. Sie lagen nur in sieben Prozent der Fälle falsch. Wenn aber das Werkzeug nur sehr selten erschien, etwa in jedem hundertsten Bild, fielen die Leistungen stark ab. Die Fehlerquote schoss auf 30 Prozent nach oben.

Wie das? Die Kandidaten warfen schlicht das Handtuch. Wolfe wies nach, dass Beobachter eine maximale Suchzeit haben. Wird sie überschritten, geben sie auf. Wir sind also bereit, eine gewisse Zeit lang nach etwas zu suchen, dann sind wir es leid. Normalerweise erhöhen Beobachter nach Fehlern die Suchzeit, nach Erfolgserlebnissen senken sie sie. Wer nach selten auftretenden Dingen Ausschau hält, kann bei fast jedem Bild zu Recht erklären, »nichts zu sehen«. Damit liegt er fast immer richtig. Folglich betrachten die Probanden die Bilder immer kürzer, die maximale Suchzeit sinkt.

> Beobachter haben eine maximale Suchzeit. Wird diese Schwelle überschritten, geben sie auf. Wir sind also bereit, eine gewisse Zeit lang nach etwas zu suchen, dann sind wir es leid.

Wolfe stellte fest, dass die Testpersonen ihre Suche schneller beendeten, als es durchschnittlich dauerte, das Werkzeug zu finden. Die Probanden gaben also ihre Versuche zu »sehen« auf, genau wie die ehemals blinden Menschen, die von Senden beobachtet hatte.

Die Moral von der Geschichte lautet Wolfe zufolge: Unsere Neigung, die Suche vorschnell aufzugeben, wenn das gesuchte Objekt nur selten auftritt, ist sehr ausgeprägt, möglicherweise sogar genetisch in uns verankert. Und in den meisten Fällen, so Wolfe, sei dieses Verhalten ja auch angemessen. »Schließlich ist es wirklich dumm, ewig nach etwas zu suchen, das gar nicht da ist.«

Bitte verstauen Sie Ihre Waffen in den Gepäckfächern über Ihren Köpfen

Außer natürlich, genau das ist Ihr Job. Angenommen, Ihre Aufgabe lautete, im Handgepäck von Fluggästen nach Waffen zu suchen. Oder auf Röntgenbildern nach Tumoren. Dann werden Sie genau dafür bezahlt, dass Sie nicht schnell aufgeben.

Wachleute an Sicherheitsschleusen im Flughafen und Radiologen in Krankenhäusern verbringen den Großteil ihrer Zeit damit, nach etwas zu suchen, das nur selten zu sehen ist. Nur 0,3 Prozent aller Mammografien, die im Rahmen von Vorsorgeuntersuchungen gemacht werden, zeigen einen Tumor. Mit anderen Worten, in 997 von 1 000 Bildern kann ein Radiologe gar nichts finden. Wachleute finden noch viel seltener etwas: Der zuständigen Behörde zufolge wurden im Jahr 2004 an den Sicherheitsschleusen aller amerikanischen Flughäfen 598 Feuerwaffen entdeckt – bei 650 Millionen Passagieren. Macht knapp eine Waffe auf eine Million Fluggäste. Buchstäblich ein Risiko von eins zu einer Million.

Kein Wunder, dass Radiologen und Wachleuten oft Fehler unterlaufen. Mehrere Studien kommen zu dem Ergebnis, dass Radiologen etwa 30 Prozent aller Tumore übersehen. Je nach Krebsart liegt die Fehlerquote unter Umständen noch viel höher. In einer besonders erschreckenden Studie nahmen sich Ärzte der Mayo Clinic alte, »unauffällige« Röntgenaufnahmen des Brustbereichs von Patienten noch einmal vor, die später Lungenkrebs bekamen. Die Ergebnisse ließen ihnen die Haare zu Berge stehen: Bis zu 90 Prozent der Tumore waren schon auf früheren Röntgenaufnahmen zu sehen, »Monate oder sogar Jahre vorher«. Die Radiologen hatten sie schlicht übersehen.

Die amerikanischen Behörden schweigen sich über die Fehlerquote der 50 000 Sicherheitsbeamten an amerikanischen Flughäfen aus. Aber ein Test aus dem Jahr 2002 lässt vermuten, dass etwa jede vierte Waffe unentdeckt bleibt. Bei einem ähnlichen Test zwei Jahre später lag die Fehlerquote am Flughafen Newark fast genauso hoch: bei 25 Prozent. 2006 versuchten Undercoveragenten der Regierung, auf Chicagos Flughafen O'Hare Sprengstoff und Material zum Bau von Bomben durch die Sicherheitsschleusen zu bringen. 60 Prozent der Gegenstände kamen durch. Am internationalen Flughafen von Los Angeles fielen die Ergebnisse noch schlechter aus: 75 Prozent der Bombenmaterialien rutschten durch.[3]

> **Einer Studie zufolge übersahen Radiologen bis zu 90 Prozent aller Tumore. Bei Nachprüfungen stellte sich heraus, dass sie Monate oder sogar Jahre vorher schon zu sehen gewesen wären.**

Vergessen Sie nie: Hier handelte es sich um ausgebildete Profis und lebenswichtige Aufgaben. Und wie stehts mit uns? Wie gut sind wir wohl darin, die wirklich wichtigen Dinge in unserer Umgebung wahrzunehmen? Zum Beispiel das Gesicht eines Menschen, der uns angreift?

2. Kapitel
Wir alle suchen nach Bedeutung

In den 1970ern führte der renommierte Psychologe Harry Bahrick eine bahnbrechende Studie durch, die jeden interessieren wird, der kürzlich auf einem Klassentreffen war – oder demnächst auf eines geht. Bahrick und seine Kollegen baten hunderte Highschool-Absolventen, in ihre alten Jahrbücher zu sehen und zu überprüfen, ob sie die Gesichter ihrer Klassenkameraden noch erkannten. Die Ergebnisse zeigen eindrucksvoll, zu welchen Leistungen das menschliche Gedächtnis fähig ist. Noch Jahrzehnte nach dem Abschlussball erinnerten sich die Probanden hervorragend an ihre ehemaligen Klassenkameraden. Selbst ein halbes Jahrhundert nach dem Ende ihrer Schulzeit erkannten die Testpersonen 73 Prozent ihrer damaligen Mitschüler.

Bei Namen schnitten die Versuchspersonen aber viel schlechter ab: Nach fast fünfzig Jahren wussten die Befragten nur noch 18 Prozent aller Namen. Namen bleiben uns nicht besonders gut im Gedächtnis haften, aus welchem Grund auch immer. Manchmal erinnern wir uns nur teilweise und nennen unseren Schwager Rob statt Bob oder verwechseln den Schriftsteller Ernest Hemingway mit dem Schauspieler Ernest Borgnine.

Auf die Bedeutung kommt's an, Details interessieren nicht

Warum können wir uns an Gesichter erinnern, aber nicht an die dazugehörigen Namen? Das liegt zum Teil daran, dass es allein auf die Bedeutung ankommt, wenn man sich etwas merken will. Der Platz in unserem Langzeitgedächtnis, selbst für Dinge, die wir tausendmal gesehen haben, ist begrenzt. Unser Gedächtnis arbeitet hauptsächlich auf semantischer Ebene, was bedeutet, dass es in aller Regel nur auf den Kern einer Sache ankommt, nicht auf oberflächliche Details. Nehmen Sie beispielsweise das gewöhnliche Centstück. Wie gut glauben Sie, sich an seine Merkmale zu erinnern? In einem bekannten Experiment fragten zwei Wissenschaftler, Raymond Nickerson und Marilyn Adams, genau das. Die Ergebnisse waren verblüffend ...

Nickerson und Adams stellten in ihrem Test zwanzig Leuten eine scheinbar leichte Aufgabe: Sie sollten aus dem Gedächtnis Vorder- und Rückseite eines Pennys zeichnen. Nickerson und Adams bewerteten die fertigen Zeichnungen danach, wie gut die acht Hauptmerkmale der Münze getroffen wurden, z.B. Lincolns Profil auf der Vorderseite und das Lincoln Memorial auf der Rückseite.

Die Ergebnisse waren lausig.

Von den zwanzig Testpersonen zeichnete nur ein einziger – ein leidenschaftlicher Pennysammler – alle acht Merkmale richtig (das Aussehen der Münze hatte für ihn vermutlich eine besondere Bedeutung). Der Medianwert richtig eingezeichneter Merkmale lag bei gerade einmal drei. Am häufigsten vergessen wurde erstaunlicherweise das Wort »Liberty« auf der Vorderseite der Münze. Bevor Sie sich jetzt über die Blödheit anderer Leute amüsieren, versuchen Sie mal, eine Eurocent-Münze aus dem Gedächtnis zu zeichnen. Und? Wie viele der wichtigsten Merkmale haben Sie getroffen?

> **Von den zwanzig Testpersonen zeichnete nur ein einziger – ein leidenschaftlicher Pennysammler – alle Hauptmerkmale eines Pennys richtig.**

Das Ergebnis des Penny-Tests war so überraschend, dass Nickerson und Adams eine Reihe von Folgetests nachschoben, um zu verstehen, was sich hier abspielte. Unter anderem fragten sie sich: Nun gut, aktiv erinnerten sich die Leute nicht besonders gut an das Aussehen der Münzen. Aber würden sie das Original wenigstens passiv erkennen?

Um das herauszufinden, zeigten sie einer neuen Probandengruppe fünfzehn verschiedene »Kopf«-Seiten eines Pennys. Die Aufgabe der Teilnehmer lautete, den richtigen Penny herauszusuchen.

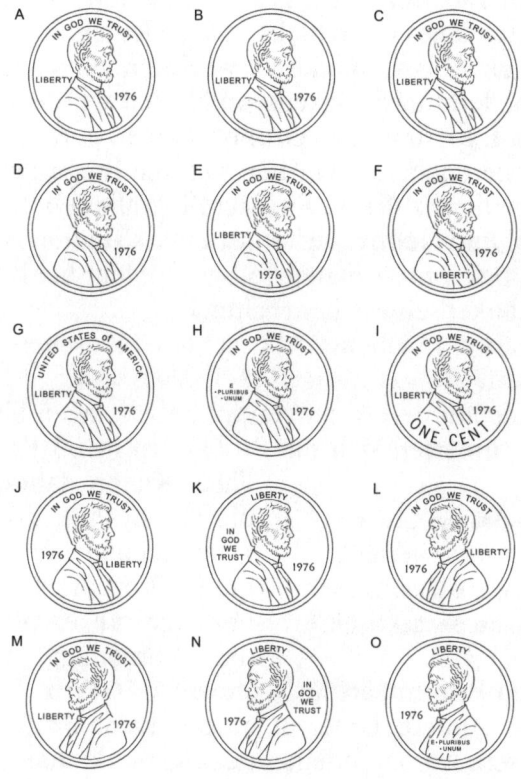

Wieder fielen die Ergebnisse enttäuschend aus. Weniger als die Hälfte aller Teilnehmer entschied sich für die richtige Münze (A).

Vielleicht denken Sie jetzt, diese schwachen Ergebnisse hätten mit einer Eigenheit der Amerikaner zu tun. Sind Amerikaner vielleicht weniger aufmerksam als Vertreter anderer Kulturen? Dafür gibt es keine Hinweise. Als der Test in Großbritannien mit britischen Münzen wiederholt wurde, waren die Ergebnisse sogar noch schlechter. »Die Erinnerung an das Aussehen britischer Pennys war eher noch schlechter als diejenige an amerikanische Pennys«, befand der Autor der Studie.

Namen zählen nicht

Wie sich herausstellte, geht es uns mit Namen wie mit den Einzelheiten eines Centstücks – sie bedeuten uns nicht viel, und folglich vergessen oder verwechseln wir sie leicht. Die relative Bedeutungslosigkeit von Namen wurde vor Jahren bei einem Experiment in Großbritannien gezeigt, bei dem Testpersonen gebeten wurden, sich die Biografien fiktiver Menschen durchzulesen. Zu jeder Biografie gehörten Name, Ort, Beruf und Hobby; sie konnte etwa so lauten: »Ann Collins, eine bekannte Amateurfotografin, lebt bei Bristol, wo sie als Krankenschwester arbeitet.«

Was merkten sich nun die echten Menschen von den erfundenen?

Wenn Sie auf den Beruf getippt haben, lagen Sie richtig. An den erinnerten sich die Probanden in 69 Prozent der Fälle. Knapp dahinter lagen die Hobbys mit 68 Prozent. Dann kamen die Wohnorte mit 62 Prozent. Namen endeten weit abgeschlagen: An die Vornamen erinnerten sich nur 31 Prozent, an die Nachnamen 30 Prozent der Testpersonen. Andere Untersuchungen kamen zu ähnlichen Ergebnissen. Aus irgendeinem Grund merkt man sich leichter, dass jemand Bäcker ist, als dass jemand Becker heißt.

> **Aus irgendeinem Grund merkt man sich leichter, dass jemand Bäcker ist, als dass jemand Becker heißt.**

Woher kommt das? Die Wissenschaft ist sich da nicht sicher. Den Schlüssel sieht sie aber darin, dass Namen an sich nicht viel bedeuten, wir sehen sie als zufällige Etiketten an. Franz oder Frank, Anna oder Hanna – all diese Namen haben keine eigenständige Bedeutung (zumindest für die meisten von uns). Berufe, Hobbys, Orte hingegen sind oft »semantisch reicher«: sie *bedeuten* etwas. Vielleicht haben Sie Bristol schon mal besucht, vielleicht fotografieren Sie selbst gern. Wenn ja, werden Sie sich diese Dinge leichter merken; sie haben Bedeutung. Namen haben aber keine.

Es liegt mir auf der Zunge ...

Und deswegen unterläuft uns allen gelegentlich die Peinlichkeit, dass uns der Name eines Bekannten auf der Zunge liegt, aber partout nicht einfällt, oder dass wir – noch peinlicher – den Namen verwechseln. Die Wissenschaft nennt Ersteres das »Tip of the Tongue«-Phänomen, kurz TOT, Letzteres »Versprecher« (Slip of the Tongue). Beide treten extrem häufig auf. Sie sind für alle Zeitalter und Kulturen nachgewiesen; den meisten Menschen unterläuft etwa einer dieser Fehler pro Woche.

Im Mai 2009 unterlief dem amerikanischen Präsidenten Barack Obama in einer Rede ein solcher Schnitzer: Er nannte seinen Verteidigungsminister Bob Gates versehentlich Bill, wie den Microsoft-Gründer.

Legendär geworden ist in Amerika der Lapsus, der Joe Theismann unterlaufen ist, einem ehemaligen Spielmacher beim American Football. Der war in einem Interview gefragt worden, ob er Joe Gibbs, den Trainer der Washington Redskins, für ein Genie halte.

Nein, antwortete der. Im Sport könne man nicht von Genies reden.

»Genies«, sagte Theismann, »das sind Leute wie Norman Einstein.«

Norman Einstein? Theismann meinte sicher Albert Einstein. Aber da war es zu spät. *Sports Illustrated* druckte das Zitat, worauf es landesweit durch die Nachrichten ging. Über Nacht wurde Theismann zum Inbegriff des hirnlosen Sportlers. Aber seine Bemerkung war, wie wir sehen werden, nicht so blöd, wie sie auf den ersten Anschein wirkte.

Die Forschung zeigt, dass die meisten Fehler dieser Art bei Eigennamen passieren, wie im Einstein-Fall. Wie kommt das? Das ist nicht klar, die Vermutung lautet aber: Wenn das Gehirn nach einem Eigennamen sucht, tut es nur genau ein Name. Grübelt man über die Hauptstadt von Liechtenstein, muss man auf »Vaduz« kommen. Sucht man aber ein gängiges Hauptwort, stehen auch Synonyme zur

Verfügung. Will man etwa von dem Teil eines Computers reden, der den Output optisch darstellt, und »Monitor« fällt einem nicht ein, sagt man stattdessen eben »Bildschirm«.

Teilweise Erinnerung

Wenn uns ein Eigenname auf der Zunge liegt, fällt uns interessanterweise oft ein ganz bestimmter Teil der Information ein, die wir brauchen. Auch wenn wir manchmal partout nicht auf den richtigen Namen kommen, wissen wir doch wie viele Silben er hat, und oft sogar, mit welchem Buchstaben er beginnt. In einer Studie wurde den Probanden beispielsweise ein Bild der Schauspielerin Liza Minelli vorgelegt. Eine Testperson kam nicht auf den Namen und versuchte draufzukommen, indem sie Namen hinschrieb, die dem richtigen verdammt nahe kamen:

1. Monetti
2. Mona
3. Magetti
4. Spaghetti
5. Bogette

Ein weiterer Schlüssel zur Lösung des TOT-Rätsels liegt darin, dass die Erinnerung an den richtigen Namen oft von einem falschen Namen blockiert wird, der sich immer wieder in den Vordergrund schiebt. Allerdings handelt es sich nicht um irgendeinen falschen Namen, sondern um einen, der normalerweise eine ganz ähnliche Bedeutung hat. Sagt man etwa Norman statt Albert Einstein, hat man dabei vermutlich einen Norman im Hinterkopf, den man ebenfalls für sehr klug hält. Und hier wird die Theismann-Geschichte interessant.

Es gibt tatsächlich einen Norman Einstein. Er arbeitet als Arzt in der Notaufnahme eines Krankenhauses in Nordkarolina. Dr. Einstein sagt: »Mich hat noch niemand für ein Genie gehalten.«

Er hatte dieselbe Highschool wie Theismann besucht, allerdings zwei Jahrgangsstufen über ihm. In ihrer Jugend lebten die beiden fünf, sechs Straßen voneinander entfernt. »Wir spielten ein bisschen Basketball und Touch-Football, so was eben«, erzählte Einstein. »Wir waren aber keine engen Freunde.« Theismann war eine Sportskanone, Einstein ein heller Kopf. 1965 schloss er die Schule als Jahrgangsbester ab. Er machte einen Abschluss in Physik an der Rutgers University und studierte dann Medizin an der Tufts University. Theismann machte derweil Karriere als Football-Profi. Ihre Wege hatten sich also sehr weit voneinander entfernt, als 27 Jahre später Norman Einsteins Name wieder in Joe Theismanns Gedächtnis auftauchte. Und zwar deswegen, weil Theismann Norman ebenso wie Albert Einstein für einen sehr klugen Kopf hielt. Als *Sports Illustrated* erfahren hatte, dass es tatsächlich einen sehr klugen Mann namens Norman Einstein gab, sagte Theismann der Zeitschrift: »Mein Satz war also nicht so blöd, wie es schien.«

Wir können Bedeutungslosem Bedeutung geben

So sehr wir es auch versuchen mögen, es fällt uns extrem schwer, uns an bedeutungslose Dinge zu erinnern. Diese Schwierigkeit wurde vor über einem Jahrhundert von dem Psychologen Hermann Ebbinghaus quantifiziert. Ebbinghaus verbrachte Jahre seines Lebens damit, sich Tausende sinnlose Buchstabengruppen wie DMX und QEH einzuprägen. Von morgens bis abends, Jahr um Jahr repetierte er endlose Listen zum Takt eines Metronoms – MEB, FUT, PON, DAK, GOL, LIG –, bis er sie auswendig konnte. Nach diesen anstrengenden Sitzungen bekam er oft Kopfschmerzen. Danach wartete er eine Zeit lang und überprüfte dann sein Gedächtnis. Er fand heraus, dass er die Silben sehr schnell vergaß, wenn sie – wie in seinem Versuch – keine Bedeutung hatten. Nach nur einer Stunde hatte Ebbinghaus die Hälfte der mühsam erlernten Silben schon wieder vergessen.

In gewissem Ausmaß können wir unsere Gedächtnisleistung verbessern, wenn wir der an sich sinnlosen Information eine Bedeutung verleihen. Eine Studie untersuchte zum Beispiel die bemerkenswerte Leistung eines Langstreckenläufers – allerdings nicht seine Lauf-, sondern seine Gedächtnisleistung. Der Läufer, damals ein junger College-Student, hatte kein auffallend gutes Gedächtnis, war durchschnittlich intelligent und hatte bei der Aufnahmeprüfung zur Uni ein mittelmäßiges Ergebnis erzielt. Aber in jahrelanger, oft täglicher Übung entwickelte er eine außerordentliche Fähigkeit, sich Zahlenfolgen zu merken. Innerhalb von zwei Jahren verbesserte er seine Merkfähigkeit von sieben Ziffern – das können sich die meisten Menschen noch merken – auf achtzig. Das war nicht nur über zehnmal mehr als der Durchschnitt, sondern auch viermal mehr als der bisherige Rekord.

Wie machte er das?

Die Forscher fanden heraus, dass der Läufer sich die Zahlen nicht einzeln, sondern in Dreiergruppen merkte. Diese Dreiergruppen interpretierte er als Laufzeiten. Die Folge 5-1-3 beispielsweise merkte er sich als fünf Minuten, 13 Sekunden – eine gute Zeit für die 1-Meile-Distanz. Mit anderen Worten: Der Läufer hatte vorher bedeutungslose Ziffern in (zumindest für ihn) sinnvolle Information umgewandelt.

Dabei handelt es sich um einen uralten Trick, Mnemotechnik genannt, den zumindest schon die alten Griechen kannten. Wie jede Zivilisation brauchte die griechische eine Methode, um Informationen weiterzureichen. Da die Druckerpresse noch nicht erfunden war, musste man alles per Hand schreiben – oder sich merken. Für die althergebrachte Weise der mündlichen Überlieferung bedarf es aber einer Methode, sich große, manchmal riesige Datenmengen einzuprägen. So lernten die Griechen, dem Sinnlosen einen Sinn zu geben.

Diese Methode können Sie auch anwenden – und damit Ihre Freunde verblüffen. Versuchen Sie mal, sich folgende Reihe von zwölf beliebigen Ziffern zu merken: 1, 8, 7, 1, 1, 9, 4, 5, 1, 9, 8, 9. Gar nicht einfach, oder? Und jetzt gruppieren Sie sie zu drei wichtigen Daten der deutschen Geschichte: 1871, 1945, 1989. Viel leichter, nicht wahr?

Allerdings hat dieser Trick seine Grenzen, wie auch der Langstreckenläufer herausfand. Legte man ihm Zahlen vor, die keine sinnvollen Laufzeiten ergaben – etwa 4-8-3 (was vier Minuten, 83 Sekunden entspräche, was es natürlich nicht gibt) – fiel seine Gedächtnisleistung rapide ab.

Warum wir Passwörter und Verstecke vergessen

Das gleiche Risiko gehen wir ein, wenn wir versuchen, besonders schlau zu sein, und unsere Wertsachen todsicher verstecken oder Passwörter wählen, auf die keiner kommt. Wenn Versteck oder Passwort keine besondere Bedeutung für uns haben, werden wir sie schnell vergessen, genau wie Ebbinghaus, egal wie fest wir sie uns einzuprägen versuchen. Beispiele dafür erleben wir jeden Tag. Die *New York Times*, eine Zeitung mit einer gut gebildeten Leserschaft, berichtet beispielsweise, *jede Woche* vergäßen 1 000 Online-Abonnenten ihr Passwort. Darüber hinaus seien bis zu 15 Prozent der »neuen« Nutzer in Wirklichkeit alte Nutzer, die sich neu anmeldeten, nachdem sie ihr altes Passwort vergessen hatten. Mit dieser Erfahrung steht die *Times* nicht allein da: Einer Schätzung zufolge geht es in bis zu 80 Prozent aller Anrufe bei den Computer-Helpdesks von Unternehmen um vergessene Passwörter.

Nun bilden aber Passwörter keine traurige Ausnahme. Denn wir vergessen auch Geburts- und Jahrestage, Geldbörsen, Handys, und den Ort, wo wir unser Auto geparkt haben. Eine kürzlich durchgeführte Umfrage ergab, dass von 3 000 Menschen jeder Vierte seine private Telefonnummer nicht auswendig wusste. Und zwei Drittel wussten nicht mehr als drei Geburtstage von Freunden oder Angehörigen.

> Eine kürzlich durchgeführte Umfrage ergab, dass von 3 000 Menschen jeder Vierte seine private Telefonnummer nicht auswendig wusste.

Aber wir lernen nicht dazu: Obwohl wir uns schon viel zu viele Dinge merken müssen, suchen wir hartnäckig weiter

Verstecke, die wir garantiert vergessen. Für eine Studie wurden 400 Erwachsene befragt, ob sie kürzlich etwas wiedergefunden hätten, das sie verloren oder verlegt hatten. Von denen, die mit Ja geantwortet hatten, berichteten 38 Prozent, sie hätten den Gegenstand an einem »unlogischen« Ort gefunden. Doch warum sollte ein so hoher Prozentsatz von Fundstücken an »unlogischen« Orten auftauchen? Die Wissenschaftler kamen zu dem Schluss, dass Leute wohl irrtümlicherweise glauben, je ungewöhnlicher ein Versteck sei, desto leichter bliebe es im Gedächtnis. Doch erwiesenermaßen stimmt genau das Gegenteil: Je ausgefallener ein Versteck, desto schneller vergessen wir es.

Tom Vander Molen fand das auf die harte Tour heraus. Im Jahre 1963, als Tom fünf war, schenkten ihm seine Großeltern eine Goldmünze. Die Großeltern, keine reichen Leute, riefen Tom und seinen älteren Bruder ins Wohnzimmer ihres Hauses in Cincinnati.

»Wir möchten euch etwas ganz Besonderes schenken«, sagten sie und übergaben den Jungen eine kleine Schachtel. Darin lagen, in Watte gepolstert, zwei 5-Dollar-Goldmünzen, eine für Tom und eine für seinen Bruder. Tom hatte nie zuvor Gold gesehen.

»Ich war ganz in Ehrfurcht erstarrt«, erzählte Tom.

Wenige Monate später starb Toms Großvater. Und ein paar Jahre später starb auch Toms Vater. Dann entdeckten die Ärzte einen Tumor an Toms Rückgrat. Bald war er an den Rollstuhl gefesselt. In dieser einsamen und schmerzlichen Lebensphase gehörten die Goldmünze seines Großvaters und die damit verbundenen Erinnerungen zu den Dingen, die ihn aufrecht hielten.

Im Lauf der Jahre kaufte Tom weitere Münzen und andere Wertgegenstände. 1995 schätzte er den Wert seiner Sammlung auf 4000 Dollar. Nun stand er vor einer schwierigen Entscheidung: Wo sollte er sie verstecken?

Bei der Wahl eines guten Verstecks kommt es nach Ansicht von Alan Brown darauf an, dass es eine direkte Verbindung zwischen dem Versteck und dem Versteckten gibt. Brown ist Professor an der Southern Methodist University und hat untersucht, wo und wie Leute Dinge verstecken. Vor kurzem befragte er Erwachsene im Alter von 18 bis 85 ausführlich darüber, wo sie Dinge versteckten. Die Antworten wiesen erhellende Unterschiede auf. Ältere Menschen verstecken normalerweise Schmuck vor Dieben, während jüngere Leute Geld vor Freunden und Angehörigen verstecken. Und die gewählten Verstecke unterschieden sich zwar, nicht aber die erfolgreichen Strategien.

»Ich glaube, bei der Wahl von Verstecken oder Passwörtern kommt es vor allem darauf an, sich schnell zu entscheiden«, sagt Alan Brown. »Grübeln Sie nicht zehn, zwanzig Minuten über einer perfekten Lösung. Das Versteck muss Ihnen gleich einfallen.«

> Ganz wichtig bei der Wahl von Verstecken oder Passwörtern: Entscheiden Sie sich schnell.

Tom Vander Molden machte es anders.

»Ich saß lange da und grübelte ›was ist ein guter, sicherer Ort? Wo sucht ein Einbrecher nicht?‹«

Da fielen ihm die Farbdosen ein. Dort, ganz unten in einem Metallschrank im Abstellraum, standen einige 5-Liter-Farbdosen. Viele von ihnen waren halbleer, die Farbe war eingetrocknet.

»Aha!«, dachte er. Kein Einbrecher käme je auf die Idee, dort nachzusehen. Also hebelte er eine der Dosen auf und legte seinen Schatz auf die eingetrocknete Farbe. Zufrieden damit, »ein perfektes Versteck« gefunden zu haben, verschwendete er keinen Gedanken mehr daran. Die nächsten acht, neun Jahre sah Tom nie mehr nach seinem Schatz.

Doch im Frühling 2004 fiel ihm siedendheiß ein: »Wo sind eigentlich meine Münzen?« Aber er kam beim besten Willen nicht mehr drauf. Irgendwann hielt er die Unsicherheit nicht mehr aus, und begann, das ganze Haus auf den Kopf zu stellen.

Etwa um ein Uhr nachts schob sich Tom in die Abstellkammer, öffnete die Tür des Metallschranks und sagte: »Aha! Ich hab's gefunden!«

Doch schon wenige Tage nach seiner Eingebung hatte er das Versteck wieder vergessen.
In jenem Sommer kam ein Freund vorbei, um Tom beim Streichen zu helfen. Als Erstes stand an, die alte, vertrocknete Farbe wegzuwerfen.
»Werfen wir die Dosen einfach auf einen Haufen«, schlug Tom vor. »Ich entsorge sie dann auf dem Weg zur Arbeit.«
Und genau das tat er. Ohne eine Sekunde des Zögerns warf Tom die Farbdosen in den Container. Ein paar Tage später wurde der Container geleert, sein Inhalt wurde zusammengepresst und verbrannt. Mitsamt den Goldmünzen.
»Das tat doppelt weh«, gestand Tom. Erstens wegen des Verlustes und zweitens »wegen der eigenen Blödheit.«

Gesichter unvergesslicher machen

So ergeht es uns bei unseren Fehlleistungen oft: Wir sind gleichzeitig Täter und Opfer. Aber dem muss nicht so sein. Der oben beschriebene Fall des Langstreckenläufers zeigt, wie wir mit genug Übung ansonsten sinnlose Information mit Bedeutung aufladen und so einprägsamer werden lassen. Manchmal macht unser Gehirn das von selbst und stülpt der Welt Bedeutung über, ohne dass wir uns dessen bewusst würden.
Das gilt insbesondere für Gesichter. Menschen scheinen ein angeborenes Wissen über Gesichter zu haben. Experimente mit Neugeborenen haben gezeigt, dass die Gesichter anderer Menschen fast vom Zeitpunkt unserer Geburt an eine besondere Anziehungskraft auf uns ausüben. Als Erwachsene können wir oft verblüffend genaue Urteile über einen Menschen treffen, nachdem wir ihm nur Sekundenbruchteile lang ins Gesicht gesehen haben. Wir erkennen Leute übrigens nicht nur an ihrer Erscheinung, auch wenn wir das oft annehmen. Befragt man Menschen, wie sie denn jemand anderen erkennen, nennen sie fast ausnahmslos körperliche Merkmale. Nach welchen Merkmalen sucht man, wenn man glaubt, jemanden zu erkennen? Dieser Fra-

ge sind schon etliche Studien nachgegangen. Und das Ergebnis lautete übereinstimmend: Der wichtigste Anhaltspunkt ist ... das Haar. Eine seltsame Wahl, schließlich lässt sich die Frisur von allen äußerlichen Merkmalen am leichtesten verändern. Man kann sich die Haare schneiden, wachsen lassen, färben. Und manch einer verliert sie ganz. Trotzdem: Wir halten uns an Haare.

Doch als die Wissenschaftler eine leicht veränderte Frage stellten, bekamen sie überraschende Antworten. Sie fanden heraus, dass Gesichter besser wiedererkannt wurden, wenn Probanden sie nach emotionalen Kriterien eingeordnet hatten statt nur nach ihren physischen Merkmalen. Wie können Charaktereigenschaften wie Ehrlichkeit oder Freundlichkeit einprägsamer sein als körperliche Merkmale? Eine Charaktereinschätzung scheint das Gehirn zu tiefer gehenden Gedanken zu zwingen: Es bedarf einer größeren Anstrengung herauszufinden, ob jemand ein ehrliches Gesicht hat, als ob jemand lockige Haare hat. Diese Anstrengung sorgt offenbar dafür, dass einem ein Gesicht besser in Erinnerung bleibt. Dieser Effekt ist so stark, dass einer der führenden Forscher auf dem Gebiet der Gesichtserkennung folgenden Rat gibt: »Wenn Sie sich ein Gesicht einprägen wollen, sollten Sie beim ersten Treffen versuchen, Charaktereigenschaften von ihm abzulesen.«

> Wenn Sie sich ein Gesicht merken wollen, suchen Sie darin nach Hinweisen auf Charaktereigenschaften wie etwa Ehrlichkeit.

Wie man einen Verdächtigen nicht identifiziert

Die Gelegenheit dazu bekam June Siler am Abend des 28. Februar 1997. Die 24-jährige Krankenschwester war erst kurz zuvor aus einer Kleinstadt nach Chicago gezogen. Sie beendete ihre Zwölfstundenschicht am Michael-Reese-Krankenhaus in Chicagos South Side. Es war Freitag – Zahltag –, und an Zahltagen gönnte Siler sich normalerweise eine Taxifahrt nach Hause. Aber dieser Freitag war anders: Sie plante, in Urlaub zu fahren, und wollte die fünfzehn Dollar fürs Taxi sparen. Also zog Siler eine Jacke über ihre weiße Schwesternuniform, schulterte ihren kleinen Rucksack und ging zur einige Straßen weiter gelegenen Bushaltestelle. Sie lehnte sich an einen Pfosten des Wartehäuschens. Ein Mann ging vorbei und blieb ein paar Schritte entfernt stehen.

»Warten Sie schon lange?«, fragte er.

»Gerade gekommen«, antwortete sie.

Ein paar Minuten vergingen; keiner sprach. Aber Siler behielt den Mann im Auge. Das Krankenhaus lag in einem miesen Viertel, man musste auf der Hut sein. Besonders fielen ihr seine Schuhe auf: schwarze Reebok-Turnschuhe mit Klettverschlüssen. Sie bedauerte den Mann; die Schuhe waren derart aus der Mode, dass sie aus der Kleidersammlung stammen mussten.

Siler sah sich nach dem Bus um. Als sie sich zurückdrehte, packte der Mann sie. Er nahm sie in den Schwitzkasten und fügte ihr Schnitte am Hals zu. Er hörte gar nicht mehr auf, schnitt ihr in Hals, Brustkorb und Gesicht. Alles passierte so schnell, dass sie gar nicht recht wusste, was geschah. Doch dann, als die Klinge über ihr Auge fuhr, hörte sie das seltsam vertraute Klacken eines Teppichmessers. Da erkannte sie, dass sie in größter Gefahr war.

Siler stolperte rückwärts auf die Straße, der Mann verlor das Gleichgewicht und ließ das Messer fallen. Dann stand sie auf und sah ihm zum ersten Mal fest ins Gesicht.

»Fuck you!«, schrie sie. »Fuck you!«

Genau da schaltete die Ampel um.

Eine Welle von Autos strömte auf sie zu, und erleuchtete die Kampfszene. Der Mann flüchtete. Siler stand allein auf der Straße; ihr Rucksack war heruntergerissen, sein Inhalt verstreut worden. Sie sammelte ihre Fäustlinge und ihre Zeitung ein, steckte alles wieder in den Rucksack und ging zur Notaufnahme des Krankenhauses.

»Ich dachte, es hätte zu regnen angefangen, denn ich hörte Tropfen fallen«, sagte sie. Aber es war kein Regen; es war ihr Blut.

Vom Krankenhausbett aus gab Siler der Polizei eine detaillierte Beschreibung ihres Angreifers. Keine 24 Stunden später verhaftete die Polizei einen Mann, direkt neben der Bushaltestelle. Sein Name war Robert Wilson. Silers Beschreibung passte auf ihn, und als die Polizisten ihn durchsuchten, fanden sie eine Pistole – und ein Messer. Er wurde inhaftiert und fotografiert. Anhand der Fotos identifizierte Siler ihn als den Mann, der sie verletzt hatte.

Als der Fall vor Gericht kam, bat der Ankläger Siler, den Mann noch einmal zu identifizieren, der sie angegriffen hatte. Doch sie zögerte. Sie sah keine Fotografie mehr an, sondern einen Mitmenschen aus Fleisch und Blut. Vom Zeugenstand aus musterte sie ihn intensiv, allerdings weniger die körperlichen Merkmale – Nase, Augen und Haar –, vielmehr suchte sie nach Anzeichen für den Charakter, der während des Überfalls zutage getreten war.

»Ich suchte nach dem Hass, den ich in jener Nacht wahrgenommen hatte«, erklärte sie.

»Ich wollte nachempfinden, was ich an der Haltestelle gespürt habe.«

Doch wie sehr sie auch nach diesen Zügen suchte, sie fand sie nicht.

»Ich spürte nichts.«

Dieses Nichts hätte ihr verraten müssen, dass Robert Wilson der Falsche war. Aber Polizei und Staatsanwaltschaft waren sicher, den Richtigen erwischt zu haben. Er hatte sogar ein Geständnis unterschrieben. Deshalb deutete sie auf Wilson, als der Staatsanwalt sie aufforderte, ihren Angreifer zu identifizieren. Wenig später wurde er des Mordversuchs schuldiggesprochen und zur Höchststrafe verurteilt: zu dreißig Jahren Gefängnis. Zum Abschluss des Verfahrens hob der Richter Silers Aussage hervor. Er sagte: »Noch nie habe ich von einem Opfer eine derart solide, eindeutige und hervorragende Aussage gehört.«

Nach dem Prozess verließ Siler Chicago. Aber ein Umstand nagte an ihr: Die Polizei hatte nie die schwarzen Turnschuhe mit Klettverschluss gefunden, die ihr Angreifer getragen hatte. Dabei hatte die Polizei seine Wohnung durchsucht.

Sie war sich aber sicher, dass der Mann, der sie angegriffen hatte, die Schuhe niemals weggeworfen hätte; er hätte sich ja gar kein neues Paar leisten können.

Viele Jahre später, im Jahr 2006, rief ein Zeitungsreporter bei Siler an. Er berichtete ihr, Wilson habe seine Verurteilung angefochten – und gewonnen. Der neue Richter habe gerügt, das Gericht habe im ersten Prozess ungerechtfertigterweise die Beweise unberücksichtigt gelassen, die auf einen anderen Täter deuteten, der Wilson ähnlich sah. Dabei verwies der Richter ausdrücklich auf den Umstand, dass der andere Verdächtige bei seiner Verhaftung schwarze Turnschuhe mit Klettverschluss getragen habe, »genau wie sie Siler beschrieben hatte«.

Sobald Siler von den Schuhen erfuhr, sagte sie: »Ich habe es gewusst.«

Weinend brach sie zusammen. Kaum hatte sie das Gespräch mit dem Reporter beendet, rief sie Wilsons Anwälte an und bot an, alles zu tun, um ihn freizubekommen. Wenige Wochen später durfte Robert Wilson das Gefängnis verlassen.

Die hässliche Fratze des Verbrechens

Die Geschichte von June Siler und Robert Wilson ist natürlich nur eine Episode in einer unendlichen Geschichte – derjenigen von der notorischen Unzuverlässigkeit von Augenzeugenberichten. Aktuelle Studien lassen vermuten, dass bei der Identifikation viel mehr Fehler gemacht werden, als viele von uns glauben möchten. So kamen in den USA zwischen 1989 und 2007 durch den Einsatz von Genanalysen 201 Verurteilte wieder frei – von denen 77 Prozent fälschlicherweise von Augenzeugen identifiziert worden waren.

Wie ist das möglich? Wie kann man einen Fremden mit jemandem verwechseln, den man kennt – oder zu kennen glaubt? Teilweise scheint das an der großen Bedeutung zu liegen, die diese Begegnungen für uns haben. Wenn wir ein persönliches Urteil über jemanden fällen, brennt es sich in unserem Gehirn ein, es bleibt haften. Wenn wir aber aufgefordert werden, jemanden zu identifizieren, halten wir uns statt an Charakterzüge an äußerliche Merkmale, die sich unserem Gehirn aber weniger stark eingeprägt haben, wie etwa Haar oder Augen oder Rasse. Wie im ersten Kapitel gezeigt, erkennen wir »Andere« nicht so gut wie Angehörige unserer eigenen Gruppe. Studien haben gezeigt, dass wir Gesichter von Leuten mit der eigenen Hautfarbe leichter erkennen als die Gesichter von Menschen anderer Hautfarbe. Sie »bedeuten« uns einfach mehr. Das Gleiche gilt für Schönheit. Offenbar erinnert man sich an hübsche Gesichter besser als an hässliche. In einer Studie wurden 300 Leute in Gruppen unterteilt. Sie bestanden aus Alt und Jung, Farbigen und Weißen, Männern und Frauen. Jede Gruppe wurde gebeten, sich aus Jahrbüchern entnommene Bilder von Schülern und Lehrern anzusehen. Danach wurde kontrolliert, welche Gesichter sich die Probanden gemerkt hatten. »In jedem Fall«, fassten die Autoren der Studie zusammen, »galt: Wenn Teilnehmer ein Gesicht schön fanden, erkannten sie es später eher wieder.«

Darin liegt möglicherweise auch ein Grund für die Schwierigkeit, Verbrecher zu identifizieren. Wenn wir von der »hässlichen Fratze des Verbrechens« sprechen, ist das nicht nur eine Metapher: Aktuelle Untersuchungen lassen vermuten, dass Kriminelle im Großen und Ganzen hässlicher sind als der Rest von uns. Zwei Professoren, Naci Mocan von der Louisiana State University und Erdal Tekin von der Georgia State University, analysierten Daten einer landesweiten Untersuchung, für die 15 000 Highschool-Schüler im Jahr 1994 und dann erneut 1996 und 2002 befragt worden waren. Eine Frage auf dem Bogen richtete sich an den Fragesteller: »Bewerten Sie die Attraktivität des Befragten, auf einer fünfstufigen Skala von ›sehr attraktiv‹ bis ›sehr unattraktiv‹«. Die Professoren stellten fest, dass es auf langfristige Sicht einen schwachen, aber durchgängigen Zusammenhang zwischen

> Aktuelle Untersuchungen lassen vermuten, dass Kriminelle im Großen und Ganzen hässlicher sind als der Rest von uns.

geringer Attraktivität in der Jugend und der Neigung zu Verbrechen gibt. »Unattraktive Menschen begehen relativ mehr Verbrechen als durchschnittlich attraktive«, lautete das Ergebnis der Studie. »Und sehr attraktive Menschen begehen relativ weniger Verbrechen als durchschnittlich attraktive.«
Und doch erinnern wir uns an die hübschen Gesichter.

3. Kapitel
Wir stellen Verbindungen her

Man kann June Silers Erlebnis auch im Licht der Erkenntnisse von Roger Shepard betrachten. Shepard, Sie werden sich erinnern, erfand die Illusion *Turning the Tables*, die im ersten Kapitel abgebildet ist. Er glaubte, dass die Mechanismen, die uns ermöglichen, unsere Umwelt wahrzunehmen, nicht nur tief in uns verankert sind, sondern auch automatisch ablaufen. Deswegen können wir uns auch nicht dazu zwingen, eine Zeichnung als das zu betrachten, was sie ist: ein Muster von Linien auf einem flachen Blatt Papier. Unweigerlich verwandelt das Gehirn ein in zwei Dimensionen gezeichnetes Objekt in ein scheinbar dreidimensionales. Das Gehirn stellt Verbindungen her, ohne dass wir es merken.

Etwas Ähnliches passiert offenbar in dem Moment, da uns ein Funke des Wiedererkennens aufgeht. Als Siler im Zeugenstand war, versuchte ihr Gehirn die Verbindung zwischen dem Hass, den sie in der Nacht des Angriffs erlebt hatte, und den Charakterzügen herzustellen, die sie im Gesicht des Angeklagten wahrnahm. Aber die beiden passten nicht zusammen. Kurz, sie versuchte eine Verbindung zu sehen, die die tief in ihr verankerten Mechanismen nicht registrierten. Und diese Mechanismen täuschten sich nicht: Sie blickte ja auf den falschen Mann. Aber Siler versuchte, diesen Impuls zu unterdrücken. Darin bestand ihr Fehler.

Schnellurteile lassen sich kaum abschütteln

Solche Arten unterschwelliger Verknüpfungen kommen häufiger vor und üben eine größere Macht aus, als viele von uns gern glauben würden. Sehen Sie sich zum Beispiel die Männer auf den beiden Bildern an.

Welcher ist kompetenter?
Die Mehrheit entschied sich für den linken Kandidaten. Sein Name ist Russ Feingold, und er sitzt für Wisconsin im amerikanischen Senat. 2004 besiegte er den Mann rechts, den Republikaner Tim Michels, und zwar deutlich, mit 55 zu 44 Prozent.

Feingolds Bild war Teil einer Studie von Alex Todorov und anderen Wissenschaftlern an der Woodrow Wilson School of Public and International Affairs der Princeton University. Darin bekamen Probanden Schwarz-weiß-Bilder von verschiedenen Kandidaten vorgelegt. Wenn ein Teilnehmer ein Gesicht erkannte, ging seine Antwort nicht in die Studie ein. Die Forscher fanden heraus, dass das Gesicht eine wichtige Quelle für Informationen über eine andere Person darstellt. Insbesondere stellten sie fest, dass eine Einschätzung der Kompetenz allein aufgrund der Gesichtszüge einen guten Hinweis auf das Wahlergebnis lieferte. Kandidaten, die als kompetenter wahrgenommen wurden, gewannen 72 Prozent der umkämpften Senatssitze und 67 Prozent der Duelle um einen Sitz im Parlament.

Wichtiger noch, zumindest für unsere Zwecke: Die Probanden fällten ihre Urteile sehr rasch – innerhalb *einer Sekunde*, wie ein nachfolgender Test zeigte. Und selbst wenn die Forscher den Leuten mehr Zeit gaben, die Sache noch einmal zu überdenken, änderte kaum jemand sein Urteil. Der erste Eindruck blieb haften.

Es ist nicht klar, woran wir diese Eindrücke festmachen. Liegt es an der Form des Kinns oder an den Augen, wenn jemand kompetenter wirkt? Wir wissen es nicht. Aber an den Urteilen, die wir anhand von Gesichtern fällen, scheint etwas dran zu sein. So zeigte eine Studie über die Absolventen der Militärakademie von West Point: Je dominanter die Kadetten auf dem Abschlussfoto wirkten, desto höher stiegen sie später im Militär auf.[4]

> Probanden trafen ihre Urteile über die Kompetenz von Politikern innerhalb der ersten Sekunde, in der sie das Foto betrachteten.

Der weibliche Körper verrät es

Oft sind die Hinweise, aufgrund derer wir unsere Urteile fällen, äußerst subtil, an der Schwelle der Wahrnehmbarkeit. Ein Beispiel dafür stammt aus Etablissements, in denen normalerweise nicht gerade wissenschaftliche Untersuchungen stattfinden: Oben-ohne-Bars. Es stellte sich heraus, dass das Einkommen von Oben-ohne-Tänzerinnen nicht nur von ihren optischen Reizen abhing, sondern auch von etwas viel weniger Offensichtlichem: ihrer Empfängnisbereitschaft.

> Das Einkommen von Oben-ohne-Tänzerinnen hängt nicht nur von ihren optischen Reizen ab, sondern auch von etwas viel weniger Offensichtlichem: ihrer Empfängnisbereitschaft.

Bekanntlich durchlaufen Frauen im Verlauf ihres Menstruationszyklus körperliche Veränderungen. Körpergeruch, Attraktivität des Gesichts und sogar die Körperformen ändern sich. Laborversuche haben gezeigt, dass das Gesicht einer Frau auf dem Höhepunkt ihrer Fruchtbarkeit (unmittelbar vor dem Eisprung) am attraktivsten wirkt. Gleichzeitig sinkt das Verhältnis von Taille zu Hüfte, und der Körpergeruch ist am verlockendsten (für heterosexuelle Männer). Wohlgemerkt, diese Veränderungen sind sehr subtil.

Für ein kürzlich in Europa durchgeführtes Experiment fotografierten Wissenschaftler 48 junge Frauen, die angegeben hatten, nicht die Pille zu nehmen. Das ist wichtig, denn die Pille beeinflusst den Hormonhaushalt und damit die körperlichen Veränderungen, indem sie dem Körper eine Schwangerschaft vorgaukelt. Die Frauen wurden zweimal fotografiert, einmal zu Zeiten hoher Fruchtbarkeit, einmal während der Phase geringer Fruchtbarkeit. Nun mussten Probanden – Männer und Frauen – anhand der Fotopaare entscheiden, welches Bild sie attraktiver fanden. In 54 Prozent der Fälle entschieden sie sich für das Bild aus der fruchtbareren Phase. Damit lagen sie von einer Gleichverteilung (50:50) nicht weit entfernt.

> Bei Frauen läuft der Eisprung nahezu unsichtbar ab – und doch merken Männer irgendwie, wann es so weit ist.

Tatsächlich ist die Phase maximaler Empfängnisbereitschaft so schwer zu erkennen, dass Sexualforscher jahrelang davon ausgingen, der menschliche Eisprung laufe im Gegensatz etwa zum Eisprung bei Pavianen und anderen Primaten quasi unsichtbar ab. Aus dem Blickwinkel der Evolution hat das eine tiefgehende Bedeutung: Bei Arten mit verdecktem Eisprung weiß das Männchen nicht, wann der beste Zeitpunkt für die Paarung ist, und muss daher ständig in der Nähe des Weibchens bleiben.

Doch natürlich können wir auch unsichtbare Dinge wahrnehmen. Um das zu zeigen, verfolgten Wissenschaftler der University of New Mexico die Einnahmen von Stripperinnen über ihren Monatszyklus hinweg. Besonders interessierte sie dabei, wie viel die Tänzerinnen mit Lapdances verdienten, also mit »Privatvorstellungen«.

Lapdances sind in den meisten Stripclubs das Brot-und-Butter-Geschäft, mit dem die Tänzerinnen einen Großteil ihrer Einnahmen machen. Normalerweise tanzt eine Stripperin in neunzig Minuten nur zu zwei, drei Liedern auf der großen Bühne, den Rest der Zeit verbringt sie im Zuschauerraum und sucht Kunden für Lapdances. Bei einem Lapdance sitzt ein Mann auf einem Stuhl oder einer Couch, voll angezogen, die Hände an der Seite (in der Regel darf er die Tänzerin nicht berühren). Die barbusige Tänzerin sitzt auf seinem Schoß, entweder dem Kunden zugewandt (um ihre Brüste zu zeigen) oder von ihm abgewandt (um ihren Hintern zu präsentieren). Üblicherweise besteht intensiver rhythmischer Kontakt zwischen ihrem Becken und seinem. Normalerweise machen Lapdances 90 Prozent des Einkommens von Tänzerinnen aus. Insgesamt untersuchten die Forscher über zwei Monate hinweg 5 300 Lapdances.

Dabei fanden sie heraus, dass die Einnahmen der Tänzerinnen stark von ihrer aktuellen Fruchtbarkeit abhingen: In empfängnisbereiten Zeiten verdienten Tänzerinnen, die nicht die Pille nahmen, durchschnittlich 335 Dollar pro Fünfstundenschicht. Während ihrer Menstruation fielen ihre Einnahmen um 45 Prozent, auf 185 Dollar.

Bemerkenswert durchgängig zeigte sich auch folgendes Muster: Während ihrer Menstruation verdienten alle Tänzerinnen schlechter – egal, ob sie die Pille nahmen oder nicht. Allerdings verdienten Tänzerinnen, die die Pille nahmen, durchgehend weniger als ihre Kolleginnen, und zwar um etwa achtzig Dollar pro Schicht.

> Tänzerinnen, die die Pille nahmen, verdienten durchgängig weniger als ihre Kolleginnen, um etwa achtzig Dollar pro Schicht.

Diese Ergebnisse warfen eine interessante Frage auf: Wenn die Zeichen für die Empfängnisbereitschaft einer Frau so schwer zu erkennen sind, wie Sexualforscher lange angenommen haben, woher wussten die Besucher von Stripclubs dann Bescheid? Die Männer bekamen keine offensichtlichen Hinweise, schließlich tanzten die Frauen oben ohne, nicht unten ohne. Und ihren Kunden verrieten sie auch nicht, ob sie fruchtbar waren oder nicht. Man darf

auch bezweifeln, dass Männer im Schummerlicht eines Stripclubs die feinen Veränderungen im Gesicht einer fruchtbaren Frau bemerken. Das gelang ja schon im oben beschriebenen Laborversuch nur wenigen.
Doch was verriet es den Männern nun? Die Wissenschaftler standen vor einem Rätsel. Irgendwie sandten die Frauen »Signale« über den Stand ihrer Fruchtbarkeit aus, und diese Signale beeinflussten das Verhalten der Kunden.[5] Möglicherweise über ihren Körpergeruch – in anderen Zusammenhängen wurde bereits nachgewiesen, dass Männer bei ihren Konsumentscheidungen auch von Gerüchen beeinflusst werden. So erhöhen bestimmte Düfte nachweislich die Spendierfreude. In einem Experiment gaben Männer in einem Laden durchschnittlich 55 Dollar aus, wenn dort ein »männlicher« Duft schwebte. Roch es »weiblich«, gaben sie nicht einmal die Hälfte aus, 23 Dollar.

Wir müssen also auch unsichtbare Faktoren berücksichtigen, wenn wir uns auf die Suche nach der Quelle menschlicher Fehleinschätzungen machen. Wenn wir einen Kandidaten wählen oder einen Euro ausgeben, nehmen wir an, wir hätten aus rationalen Gründen gehandelt. Folglich suchen wir auch die Fehlerursache auf der rationalen Ebene, wenn wir hinterher feststellen, dass wir das Kreuzchen an der falschen Stelle gemacht oder etwas Unnötiges erworben haben. Wir vergessen, dass wir den Kandidaten aufgrund eines Blitzurteils, allein aufgrund seines Aussehens, gewählt haben. Und wir ziehen die Möglichkeit nicht einmal in Betracht, dass wir in einem Laden deshalb so viel Geld gelassen haben, weil es dort angenehm roch. Oder dass wir der Stripperin deswegen ein sattes Trinkgeld gegeben haben, weil sie Empfängnisbereitschaft signalisierte.

Nicht auf den Wein kommt's an, sondern auf die Flasche

Wir wissen auch, dass unsere Gehirne Verbindungen zwischen bestimmten Eigenschaften und bestimmten Dingen herstellen, auch wenn nicht unbedingt ein Zusammenhang besteht. Nehmen Sie zum Beispiel die beiden Genossen Preis und Qualität. Auf der Verstandesebene wissen wir, dass ein Gut nicht notwendigerweise besser ist als ein anderes, nur weil es mehr kostet. Aber im Inneren unseres Herzens glauben wir doch, dass das Teurere besser ist.

Nehmen Sie beispielsweise edlen Wein. Forscher aus Stanford und vom California Institute of Technology baten kürzlich zwanzig Freiwillige, fünf Weine zu verkosten. Die Flaschen kamen mit der jeweiligen Preisangabe: fünf, zehn, 35, 45 und neunzig Dollar. Die Testpersonen tranken, wie die meisten Leser wohl auch, gerne Wein, waren aber keine Experten. Nach der Verkostung befanden sie, wenig überraschend: Der teuerste Wein habe ihnen am besten geschmeckt.

Nun hatten die Forscher, wie Sie vermutlich schon geahnt haben, ihre Versuchspersonen hinters Licht geführt: Der 90-Dollar-Wein tauchte zweimal auf, in der 10-Dollar-Flasche und in der 90-Dollar-Flasche. Das Gleiche galt für den 45-Dollar-Wein – der befand sich auch in der 5-Dollar-Flasche. Keine Testperson bemerkte das. Wenn der Wein aus der »teureren« Flasche kam, schmeckte er subjektiv auch besser. Das

> Den Versuchspersonen schmeckte der gleiche Wein besser, wenn er angeblich teurer war. Auf »billigeren« Wein reagierte ihr Gehirn mit geringerem Genussempfinden.

ließ sich übrigens objektiv nachweisen: Hirnscans zeigten, dass der teurer ausgezeichnete Wein zu höherer Aktivität in einem Hirnbereich, dem medialen orbifrontalen Kortex, führte, der auf bestimmte angenehme Empfindungen reagiert. Und wenn die Probanden angeblich billigeren Wein tranken, verzeichnete ihr Gehirn ein geringeres Genussempfinden.

Der gleiche Effekt lässt sich auch bei Medikamenten beobachten. In einem im wahrsten Sinn des Wortes schockierenden Experiment bat man 82 Männer und Frauen, die Schmerzen einzustufen, die ihnen durch Elektroschocks an den Handgelenken zugefügt wurden. Die Versuchspersonen sollten die Schmerzen zu zwei Zeitpunkten bewerten, einmal direkt nach dem Stromstoß und dann, nachdem sie eine Tablette gegen ihre Schmerzen bekommen hatten. Der einen Hälfte erzählte man, sie bekäme ein gerade neu zugelassenes rezeptpflichtiges Medikament, das pro Tablette 2,50 Dollar koste. Der anderen Hälfte sagte man, ihre Tablette kostete nur zehn Cent das Stück. In Wirklichkeit bekamen aber alle Placebos, also Tabletten ohne Wirkstoff. Das Ergebnis: 85 Prozent derjenigen, die eine »teure« Pille bekommen hatten, berichteten von einer deutlichen Schmerzlinderung. Auch die »billige« Tablette hatte bei immerhin 61 Prozent der Probanden die Schmerzen deutlich gelindert.

Auf die Farbe kommt es an

Nicht nur der Preis verzerrt unsere Wahrnehmung. Farbe kann das auch. Zum Beispiel zeigte sich in Studien, dass die subjektiv empfundene Wirkung einer Tablette auch von ihrer Farbe abhängt. Bei einem Experiment stuften Probanden schwarze und rote Pillen als »besonders stark« ein, weiße als »schwach«.

Bis zu einem gewissen Grad ist diese Assoziation verständlich. Es hat schon seinen Grund, warum Johnny Cash sich als »Man in Black« stilisierte und nicht als, sagen wir, »Mann in Schweinchenrosa«: Wir bringen Schwarz mit Macht und Stärke in Verbindung. Aber diese Art von Assoziation kann auch nach hinten losgehen und uns zu gravierenden Fehleinschätzungen verleiten. Zwei Forscher zeigten vor einigen Jahren ausgebildeten Schiedsrichtern Videos von einem aggressiven Tackling beim Football. In der einen Version trug der aggressive Spieler ein weißes Trikot, in der anderen ein schwarzes. Schiedsrichter, die die »schwarze«

Version sahen, befanden viel öfter auf Foul als diejenigen Schiedsrichter, die das »weiße« Video sahen. Das aggressive Image der Farbe schwarz hatte die Wahrnehmung der Schiedsrichter beeinflusst.

»Meinetwegen«, sagen Sie jetzt vielleicht. »Theoretisch mag das ja stimmen. Aber werden in der Praxis gegen Teams, die in Schwarz spielen, tatsächlich mehr Fouls gepfiffen?«

Das ist tatsächlich so, wie die Statistiken professioneller Football- und Eishockeyteams von 1970 bis 1986 belegen.

Sie zeigen, dass gegen Mannschaften in schwarzen Trikots deutlich überdurchschnittlich viele Strafen wegen Foulspiels verhängt wurden. Das galt insbesondere im Eishockey. Interessanterweise wechselten im untersuchten 16-Jahres-Zeitraum zwei Mannschaften zu schwarzen Trikots: die Pittsburgh Penguins und die Vancouver Canucks. Die Canucks wechselten zu Beginn der Saison 1978/79 die Trikots, die Penguins im Verlauf der nächsten Saison.

> Gegen Mannschaften in schwarzen Trikots werden signifikant mehr Strafen wegen Foulspiels verhängt.

Und, was ist wohl passiert? Die Teams kassierten schlagartig mehr Strafminuten. In den ersten 44 Spielen der Saison 1979/80, als die Penguins noch blaue Trikots trugen, bekamen sie im Schnitt acht Strafminuten pro Spiel aufgebrummt. In den restlichen 35 Saisonspielen, die sie in Schwarz absolvierten, sprang der Durchschnitt auf zwölf Strafminuten pro Spiel.

Warum man seine Antwort ändern sollte

Erste Eindrücke üben einen starken Einfluss auf uns aus – egal, ob sie zutreffend sind oder nicht. Haben Sie zum Beispiel jemals bei einer Multiple-Choice-Prüfung eine Antwort angekreuzt und später massive Zweifel an Ihrer vorläufigen Antwort bekommen? Wenn Sie trotz Ihrer

Zweifel die Antwort nicht mehr geändert haben, geht es Ihnen wie vielen. Die meisten Menschen beharren auf ihren ursprünglichen Antworten. So glauben etwa drei von vier College-Studenten, man solle lieber bei seiner ersten Antwort bleiben, statt zu derjenigen zu wechseln, die man eher für richtig hält. Die meisten College-Professoren sind der gleichen Ansicht: In einer Studie erklärten nur 16 Prozent der befragten Dozenten, ihrer Ansicht nach könnten Prüflinge ihre Ergebnisse verbessern, wenn sie die Antworten änderten. Die Mehrheit glaubte, damit würden Studenten ihre Ergebnisse verschlechtern. Barrons Ratgeber *How to Prepare for the SAT* (Wie man sich auf den SAT vorbereitet) etwa ermahnt Prüflinge unter »Taktik Nr. 12«, nicht aus Launenhaftigkeit Antworten zu ändern. »In der Mehrzahl der Fälle wechselt man dabei von der richtigen zur falschen Antwort.«

Obwohl sie es eigentlich besser wissen müssten, liegen Studenten, Professoren und Lehrbuchautoren hier nachweislich falsch. Über siebzig Jahre Forschung haben ergeben: Wer seine Antworten im Zweifelsfall ändert, verbessert seine Ergebnisse. Dies gilt für alle Tests mit geschlossenen Fragen, egal ob die Studenten aus vielen Antwortmöglichkeiten (Multiple Choice) wählen oder sich nur zwischen *richtig* und *falsch* entscheiden müssen. Es spielt auch keine Rolle, ob die Testzeit gestoppt wird oder nicht. Eine Übersichtsstudie fasste 33 Studien über das Ändern von Antworten zusammen – und in keiner einzigen verschlechterten die Prüflinge sich im Durchschnitt, wenn sie ihre Antworten änderten.

> Wer im Zweifelsfall seine Antwort ändert, verbessert seine Ergebnisse.

Und trotzdem überlebt der Mythos bis heute, dass man bei seiner ersten Antwort bleiben solle. Studien haben gezeigt, dass Studenten *selbst dann* noch dazu tendieren, bei ihren ersten Antworten zu bleiben, wenn sie die Ergebnisse der Forschung kennen.

»Viele Leute sind sehr überrascht, wenn dieser Mythos entlarvt wird«, sagt Justin Kruger, Professor an der Stern

School of Business an der New York University, der sich ausführlich mit diesem Thema beschäftigt hat. »Es läuft der Intuition von Lehrenden und Prüflingen entgegen. Allgemein glauben die Menschen an die Binsenweisheit, man solle seinem ersten Instinkt vertrauen. Tatsächlich deutet nicht viel darauf hin, dass das stimmt.«

Die Rolle der Reue

Warum kann sich dieser widerlegte Mythos dennoch so hartnäckig halten? Vermutlich deswegen, weil unser Gefühl unseren Verstand in dieser Frage überstimmt. Das Stichwort lautet hier Reue. Wir alle haben schon Entscheidungen getroffen, deren Folgen wir später bereuten: Warum um Himmelswillen haben wir nur diesen Partner geheiratet, diese Schrottmühle gekauft, in Lehman-Zertifikate investiert?

Dabei gilt das generelle Prinzip, dass uns Fehlentscheidungen mehr reuen, wenn wir aktiv gehandelt haben. Wenn wir etwas unterlassen haben, schmerzt uns das weniger, auch wenn die Folgen aufs Gleiche hinauslaufen. Das liegt daran, dass wir uns für unsere *Handlungen* verantwortlicher fühlen und nicht für unsere *Untätigkeit*. Uns sind Fehler lieber, die wir durch Unterlassen begangen haben. Passivität betrachten wir als Nichtereignis – wir haben ja nichts *getan*. Und weil wir nichts getan haben, fühlen wir uns weniger verantwortlich für die Folgen.

Kruger und Kollegen belegten das in einer Reihe von Experimenten. Sie untersuchten die Prüfungsgewohnheiten von mehr als 1 600 College-Studenten. Wie erwartet, stellte sich wiederum heraus: Prüflinge, die im Zweifelsfall ihre Antwort änderten, verbesserten im Schnitt ihre Ergebnisse. In zwei von drei Fällen wechselten die Studenten von einer falschen zur richtigen Antwort, nur in einem Drittel der Fälle trat das Gegenteil ein.

So weit, so bekannt. In der anschließenden Befragung erklärten die Studenten, warum es ihnen so widerstrebte, Antworten zu ändern: Die Vorstellung, eine schon angekreuzte richtige Antwort noch in eine falsche zu verwandeln, sei enorm schmerzlich. Viel leichter ließ sich in ihren Augen der umgekehrte Fall verkraften, bei dem man es unterließ, eine falsche Antwort zu korrigieren. Kurz gesagt: Nichtstun löste weniger Bedauern aus als die aktive Veränderung einer richtigen Antwort in eine falsche.

> Wenn wir schon Fehler begehen, dann lieber durch Unterlassen.

Die Antworten der Studenten warfen eine weiterführende Frage auf: Führt größeres Bedauern auch dazu, dass wir uns intensiver an das jeweilige Ereignis erinnern? Stellen Sie sich zwei Szenarien bei einer Prüfung vor: Im ersten entscheiden Sie sich gegen Ihren Instinkt, ändern Ihre ursprüngliche Antwort und fallen deswegen durch. Im zweiten Szenario bleiben Sie bei Ihrer ursprünglichen (falschen) Wahl und fallen deswegen durch. Werden Sie sich an beide Prüfungen gleich gut erinnern?

Manche Fehler prägen sich stärker ein

Um diese Frage zu überprüfen, legte Kruger Studenten Multiple-Choice-Prüfungen vor. Er bat sie, ihre Antworten erst auf zwei Möglichkeiten einzugrenzen und dann festzuhalten, zu welcher der zwei Möglichkeiten sie instinktiv tendierten. Einen Monat später befragte er sie detailliert dazu, wie sie die Testfragen beantwortet hätten.

Er stellte fest, dass die Studenten eine deutlich verzerrte Erinnerung hatten – und dass diese Verzerrung mit ihrem Bedauern zusammenhing. Bei der Analyse der Prüfungen ergab sich wieder einmal, dass die Studenten eher falsch lagen, wenn sie bei ihrer ersten Antwort blieben. Aber interessanterweise waren das nicht die Fälle, an die sich die Studenten erinnerten. Als Kruger fragte, in wie vielen Fällen sie ihre Antwort geändert und damit falsch gelegen hätten, überschätzten sie die Zahl. Als er sie fragte, wie oft sie bei der ersten Antwort geblieben waren und damit falsch gelegen hätten, unterschätzten sie die Zahl.

Diese beiden Fehleinschätzungen stützten die Auffassung der Studenten, die Strategie »bei der ersten Wahl bleiben« sei die bessere. Asymmetrische Erinnerung ist also der Grund, warum sich der Mythos hartnäckig hält, man solle seine Antwort nicht noch einmal ändern.

»Die Testergebnisse belegen, dass das Antworten-Wechseln etwas bringt, aber paradoxerweise spiegelt einem das Gedächtnis genau das Gegenteil vor«, sagt Kruger.

4. Kapitel
Wir tragen rosarote Brillen

Wer ist der tollpatschigste Mensch auf Erden? Klar, die Liste der Bewerber ist endlos, aber der Casinomogul Steve Wynn dürfte sich gute Chancen auf den Titel ausrechnen: Er durchstieß im Jahre 2006 einen Picasso. Ein paar prominente Freunde waren zu Besuch gekommen, darunter die Nachrichtenmoderatorin Barbara Walters und die Drehbuchautorin Nora Ephron. Wynn, ein renommierter Kunstsammler, nutzte die Gelegenheit, eines seiner wertvollsten Gemälde herzuzeigen, *Le Rêve* (Der Traum) von Pablo Picasso.

Dieses Porträt von Marie-Thérèse Walter, Picassos Geliebter, entstand 1932 und ist aus mehreren Gründen bemerkenswert, unter anderem deswegen, weil der obere Teil des Kopfs von Marie-Thérèse einen Penis darstellt. Wenn Sie schon mal in Las Vegas waren, haben Sie das Bild vielleicht gesehen; es hing im Bellagio, als das Hotel noch Wynn gehörte.

Außerdem zählte das Gemälde zu den wertvollsten Kunstwerken der Welt. Nur einen Tag vor dem Besuch hatte Wynn zugesagt, das Gemälde für die stattliche Summe von 139 Millionen Dollar an den milliardenschweren Hedgefondsmanager Steven Cohen zu verkaufen. Damit wäre das Bild das teuerste Kunstwerk aller Zeiten gewesen.

Doch als Wynn das Bild gestenreich vorführte, rammte er seinen Ellbogen durch die Leinwand.

»Oh shit, seht nur, was ich getan habe«, sagte Wynn, wenn man Nora Ephrons Blog über den Vorfall glauben darf.[6]

Wynn allerdings erinnerte sich an eine etwas gewähltere Formulierung. In einem wenige Monate später veröffentlichten Interview erzählte er:

»Ich drehte mich um und sagte: ›O mein Gott! Wie konnte ich das nur tun!‹«

Der Unterschied in der Formulierung ist klein, aber bezeichnend. Bei der Erinnerung an unsere eigenen Handlungen setzen wir gern die rosarote Brille auf. Dabei versuchen wir nicht notwendigerweise, die Geschichte absichtlich zu verzerren, aber wir neigen unweigerlich dazu, uns in einem besseren Licht darzustellen, als ein objektiver Zeuge es vielleicht täte.

Wir erinnern uns an unsere guten Noten

Um das zu demonstrieren, möchte ich Ihnen eine Frage stellen, bei der Sie die Antwort objektiv nachprüfen können – wenn Sie Ihre alten Zeugnisse aufgehoben haben. Also: Wie gut waren Sie in der Schule?

Die Antwort darauf lautet: Möglicherweise nicht so gut, wie Sie sich zu erinnern glauben. Für eine Studie wurden Absolventen der Ohio Wesleyan Highschool nach ihren früheren Noten befragt. Danach überprüften die Forscher die Angaben anhand der alten Notenlisten. Ergebnis: In nicht weniger als 29 Prozent erinnerten sich die Befragten falsch. Damit schnitten sie immerhin noch besser ab als deutsche Studenten, die in einer ähnlichen Studie bei 43 Prozent ihrer Noten daneben tippten. Wohlgemerkt, es ging hier nicht um Erstklasszeugnisse, sondern um Noten, die gerade mal ein paar Jahre alt waren.

Wie sich zeigte, lagen die Studenten sehr einseitig daneben: Viel mehr Noten wurden geschönt (Erinnerung an ein »sehr gut« statt an »gut«) als unterschätzt. Studenten erinnerten sich an gute Noten besser als an schlechte; keine besondere Überraschung. An »sehr gute« Noten erinnerten sich die Befragten in 89 Prozent der Fälle richtig, an »ausreichende« nur in 29 Prozent der Fälle. »Mangelhafte«

> An »sehr gute« Noten erinnerten sich die Befragten in 89 Prozent der Fälle richtig, an »ausreichende« Leistungen nur in 29 Prozent der Fälle.

und »ungenügende« Leistungen ließen die Forscher unberücksichtigt. Fast durchgängig, zu fast 79 Prozent, erinnerten sich die Befragten zu wohlwollend an ihre Noten. An übertrieben schlechte Zensuren erinnerte sich nur eine zu vernachlässigende Minderheit.[7]

Die Ergebnisse an der Ohio Wesleyan sind kein Einzelfall. Immer wieder wurde Menschen nachgewiesen, dass sie ihre Erinnerungen »frisierten«, um in einem schmeichelhafteren Licht dazustehen. Rückblickend stellten beispielsweise Eltern ihre Erziehungsmethoden als viel vorbildlicher hin, als sie in Wirklichkeit gewesen waren. Auch Zocker erinnern sich an ihre Gewinne deutlich besser als an ihre Verluste. Und verblüffenderweise erinnern die meisten von uns sich an mehr Sexpartner, als sie tatsächlich gehabt haben.

Diese Neigung zur »selbstwertdienlichen Verzerrung« (»self-serving bias«) ist so stark, dass wir *selbst* drauf hereinfallen. Kürzlich zeigten Nicholas Epley von der University of Chicago und Erin Whitchurch von der University of Virginia in einer Reihe von Versuchen, dass wir unser eigenes Gesicht für attraktiver halten, als es wirklich ist. In den Experimenten wurden die Probanden gebeten, aus einer Reihe von Porträts ihr eigenes Bild herauszusuchen. Die Teilnehmer fanden ihr eigenes Bild viel schneller, wenn ihre Gesichter mit Hilfe eines Computerprogramms leicht verschönert worden waren. Nicht nur das: Wenn ihnen Originalbilder und retuschierte Bilder ihres Gesichts vorgelegt wurden, neigte die Mehrheit dazu, das aufgeschönte Bild für das »wahre« zu halten. Wenn sie die Bilder von Fremden betrachteten, zeigten die Probanden diese Tendenz nicht.

Die Neigung, sich in einem übermäßig guten Licht zu sehen, steckt so tief in uns drin und wirkt gleichzeitig so subtil, dass sie uns überhaupt nicht auffällt – eine Parallele zu vielen anderen, in diesem Buch vorgestellten Irrtümern. Der israelisch-amerikanische Psychologe und Nobelpreisträger Daniel Kahneman sinnierte schon vor langer Zeit in einem Interview über das Phänomen der selbstwertdienlichen Verzerrung: »Ich finde es absolut verblüffend, dass die meisten Leute glauben, ihre Meinung kaum je zu ändern. Oft merken wir überhaupt nicht, wenn wir unsere Meinung geändert haben. Und wenn Leute plötzlich eine neue Auffassung vertreten, dann drehen sie ihre früheren Ansichten so hin, als hätten sie im Grunde immer schon diese Meinung gehabt. Und die Leute glauben wirklich, sie hätten immer schon so gedacht.«

Geschichtsklitterungen dieser Art würden auch nicht weiter schaden, wenn sie sich auf unsere früheren *Meinungen* beschränkten. Was soll's, wenn wir uns für bessere Eltern halten, als wir in Wirklichkeit waren? Da mag bei Familientreffen der eine oder andere die Augen verdrehen, aber das war's dann auch. Doch wenn es wirklich darauf ankommt, etwa weil wir unter Eid stehen, werden wir uns doch an *Fakten* richtig erinnern können, oder?

Ihre Welt dreht sich um Sie

Einige von Ihnen kennen vielleicht den Namen John Dean. Er schrieb das Buch *Conservatives Without Conscience* (Konservative ohne Gewissen) und tritt gelegentlich als politischer Kommentator im amerikanischen Pay-TV auf. Dean erlangte seinen traurigen Ruhm während des Watergate-Skandals als Berater des damaligen Präsidenten Nixon. Im Juni 1973 sagte Dean vor dem Senatsausschuss zur Untersuchung des Skandals aus. Es ging um Unterhaltungen zwischen Dean und Nixon im Oval Office – die sensationelle Tatsache, dass alle Gespräche dort aufgezeichnet worden waren, kam erst später ans Licht.

Ulric Neisser, Psychologe an der Cornell University und eine der weltweit führenden Kapazitäten auf dem Gebiet des menschlichen Gedächtnisses, machte sich diese Gelegenheit zunutze und verglich die Tonbandaufzeichnungen mit der Erinnerung Deans an die Gespräche.

»Eine wunderbare Gelegenheit«, befand der mittlerweile emeritierte Neisser.

Er stellte fest, dass Deans Erinnerung, genau wie die der Schüler an der Ohio Wesleyan Highschool, systematisch verzerrt war, und zwar zu seinen Gunsten. Viele der Verzerrungen spiegelten Deans Selbstbild wider, wonach er damals eine zentrale Rolle gespielt habe. Noch wichtiger: Dean täuschte sich nicht nur in Details, sondern oft auch in der Hauptsache. Neisser fasst zusammen: »Der Vergleich mit den Abschriften der Bänder zeigt, dass kaum ein Wort von Deans Bericht stimmt.«

Unten folgt ein Auszug aus Deans schriftlicher Aussage, in dem er ein Treffen mit Nixon am 15. September 1972 schildert. Seine schriftlich eingereichte Aussage ist ziemlich umfangreich, insgesamt 245 Seiten, fast so lang wie dieses Buch. Sie und ich würden wohl kaum ein derart langes Manuskript aus dem Gedächtnis diktieren können – und Dean tat das auch nicht, wie sich herausstellte. Um eine Aussage von dieser Länge vorlegen zu können, musste Dean die Ereignisse rekonstruieren. Dazu konsultierte er eine Akte mit Zeitungsausschnitten, die er am Tag des Watergate-Einbruchs angelegt und bis zu den Watergate-Anhörungen fortgeführt hatte. Er benutzte die Akte als Erinnerungshilfe, rekonstruierte anhand der Artikel den groben Ablauf des Geschehens und rief sich dann die jeweils beschriebenen Situationen ins Gedächtnis zurück. Nur das habe ihm erlaubt, erklärte Dean den Senatoren, sich derart detailliert zu erinnern.

Wieder lohnt es sich hervorzuheben, dass sich Dean, ebenso wie die Schüler der Ohio Wesleyan, nicht an Geschehnisse aus grauer Vorzeit erinnerte, sondern an gerade einmal neun Monate alte Ereignisse. Bemerkenswert ist ebenfalls, dass Dean berühmt für seine Fähigkeit war, sich Details zu merken. Manche Journalisten nannten ihn sogar »das menschliche Aufnahmegerät«. Dean schien solche Einschätzungen noch zu ermutigen. Im Verlauf der Befragung fragte ihn ein Senator direkt, wie er sich denn eine derartige Menge an Information so detailliert habe merken können.

»Nun, Senator«, sagte Dean, »ich habe wohl ein gutes Gedächtnis. Ich denke, jeder, der sich an meine Studientage erinnert, weiß, dass ich mir unheimlich schnell Dinge einprägen konnte. Deswegen habe ich mich in der Uni immer leichtgetan.«

Hier nun ein Auszug aus Deans Aussage:

Am 15. September kündigte das Justizministerium die Weiterreichung von sieben Anklagen der Federal Grand Jury an, die den Watergate-Fall untersuchte. Am späten Nachmittag wurde ich telefonisch ins Oval Office des Präsidenten zitiert. Dort traf ich auf Haldeman und den Präsidenten. Der Präsident bat mich, mich zu setzen. Beide Männer schienen bester Laune, ich wurde sehr herzlich empfangen. Dann berichtete der Präsident, Bob [Haldeman] habe ihn auf dem Laufenden gehalten, wie ich den Watergate-Fall gehandhabt hätte. Er lobte mich für meine gute Arbeit und erkannte an, wie schwierig die Aufgabe gewesen sei. Der Präsident war erfreut, dass der Fall mit [der Verhaftung von] Liddy abgeschlossen wäre. Ich entgegnete, nicht mir gebühre der Dank, schließlich hätten andere viel schwierigere Dinge erledigt. Bei der Besprechung der aktuellen Situation berichtete ich dem Präsidenten, mir wäre nur gelungen, den Fall einzudämmen und vom Weißen Haus fernzuhalten. Ich sagte ihm auch, dass die Geschichte noch lange nicht abgeschlossen sei und ich ihm keinesfalls garantieren könne, dass nicht noch einmal der Tag komme, an dem die ganze Sache aufgedröselt werde.

Den Tonbandprotokollen zufolge sagte Nixon aber nichts von dem, was ihm da zugeschrieben wurde. Er bat Dean nicht, sich hinzusetzen. Er sagte nicht, Haldeman habe ihn auf dem Laufenden gehalten. Er sagte nicht, Dean habe einen guten Job gemacht (jedenfalls nicht in diesem Teil des Gesprächs). Und er erwähnte weder Liddy noch die Anklage. Auch Dean sagte in Wirklichkeit etwas ganz anderes, wie aus den Tonband-Abschriften erkennbar:

Präsident: Hallo, wie gehts? War ganz schön was los heute, was? Sie haben Watergate auf den Weg gebracht, stimmt's?

Dean: Wir haben es versucht.
Haldeman: Wie ist alles ausgegangen?
Dean: Hm, gut, kann man glaube ich sagen. Bis hierher. Die Presse hat genauso reagiert, wie wir erwartet haben.
Haldeman: Beschönigend?
Dean: Nein, noch nicht ... Die Geschichte momentan ...
Präsident: Es ist eine große Story.
Haldeman: Fünf Anklagen, dazu der ehemalige Mitarbeiter des Weißen Hauses und all das.
Dean: Und zwei Präsidentenberater.
Haldeman: Das ist gut. Macht es leichter, die Sache zu beschönigen. Genau das sagte Mitchell immer: Die Leute da draußen glauben, Liddy und Hunt seien große Nummern gewesen. Das ist vielleicht gut.
Präsident: Wie hat MacGregor sich geschlagen?
Dean: Sehr gut, finde ich. Er machte eine gute Aussage, in der es hieß, jetzt wo ein Untersuchungsausschuss zusammengekommen sei, müsse man nun merken, dass eine Entschuldigung angebracht sei.
Haldeman: Träum weiter.
Dean: Holt den verdammten [unverständlich].
Haldeman: Das können wir nicht machen.
Präsident: Vergesst nur nie, all den Ärger tun wir uns nur an, um später die Chance auf ein Comeback zu haben. Wie läuft es mit der anderen Untersuchung?

Die Unterhaltung wird kurz unterbrochen, während Nixon einen Anruf entgegennimmt. Nachdem Nixon aufgelegt hat, erinnert Dean ihn daran, wie gut die Dinge laufen:

Dean: Vor drei Monaten hätte ich kaum vorherzusagen gewagt, dass einmal der Tag kommen würde, an dem diese Geschichte vergessen sein würde. Aber ich glaube, dass uns in 54 Tagen [am Tag der Präsidentschaftswahlen im November] keine böse Überraschung erwartet.
Präsident: Dass was?
Dean: Uns keine böse Überraschung erwartet.

Ich kontaktierte Dean, um ihn zu fragen, was er von Neissers Einschätzung halte. Per E-Mail teilte er mir mit, er sei mit Neissers Analyse seiner Aussage vor dem Senat nicht vertraut. Allerdings, fügte Dean hinzu, sei Neisser nicht der Erste gewesen, der seine Aussage mit den Tonbändern verglichen habe. »In der Regel haben diejenigen, die das getan haben, aber meine mündliche Ergänzung außer Acht gelassen, bei der ich erklärte, dass ich nur den Kern früherer Gespräche wiedergeben könne, schließlich sei mein Gedächtnis – ebenso wenig wie das anderer Leute – kein Tonbandgerät. Da ich ahnte, dass Nixon alle Gespräche aufgezeichnet hatte, ließ ich bei meiner Aussage sogar noch Dinge weg, an die ich mich zu erinnern glaubte.«

Daher sandte ich ihm eine Kopie von Neissers Artikel, in der Hoffnung auf eine detailliertere Analyse. Als Antwort erhielt ich eine kurze Notiz:»Ich glaube, Neisser hat sowohl meine Aussage als auch den Inhalt der Bänder verzerrt dargestellt«, schrieb er. »Das Problem ist aber, dass es sehr viel Zeit erfordern würde, alle Informationen zu ordnen; Zeit, die ich nicht habe.« Auf weitere Rückfragen antwortete Dean nicht mehr.

Hinterher ist man nicht immer klüger

Deans Reaktion bestätigt eine wichtige Erkenntnis: Hinterher ist man nicht immer klüger. Ganz im Gegenteil gehören Rückschaufehler zu den wichtigsten Quellen menschlicher Irrtümer. Denn das Wissen, wie etwas ausgegangen ist, beeinflusst enorm, wie wir Ereignisse aus der Vergangenheit wahrnehmen und wie wir uns an sie erinnern. Das gilt selbst für private Angelegenheiten. Egal ob es nun um die Fußballmeisterschaft 1975/76, Omas Chemotherapie oder die Kastration

> Das Wissen, wie etwas ausgegangen ist, beeinflusst in hohem Maße, wie wir Ereignisse der Vergangenheit wahrnehmen und wie wir uns an sie erinnern. Aus der Rückschau wirkt das Ergebnis geradezu unvermeidlich.

von Bello geht – unsere Kenntnis der Ergebnisse verändert unsere Wahrnehmung der Geschichte.

Selbst Historiker tappen in diese Falle. Hinterher – nach der Schlacht von Waterloo oder dem Überfall auf Pearl Harbor – ist es viel leichter, die relevanten Faktoren von den irrelevanten zu trennen. Wer über diese Ereignisse schreibt, wird die Ergebnisse immer als mehr oder weniger unvermeidlich erscheinen lassen. Aber diese spannende Art, die Abläufe als »natürlich« darzustellen, erreicht man nur, wenn man einige Fakten zugunsten anderer unterdrückt. Dieser Prozess heißt schleichender Determinismus.

Gegen Ende ihrer wegweisenden Geschichte der Bombardierung von Pearl Harbor schreibt die Militärhistorikerin Roberta Wohlstetter: »Nach dem Ereignis ist es natürlich immer sonnenklar, was eine Meldung bedeutete. Wir sehen jetzt, was für eine Katastrophe es ankündigte, weil die Katastrophe eingetroffen ist. Aber vor dem Ereignis ist die Meldung meist unverständlich und mehrdeutig.«

Experimente zum Rückschaufehler zeigen, dass Leute ihr Wissen von damals nicht nur übertrieben darstellen – sie sind tatsächlich überzeugt davon, damals mehr gewusst zu haben, als sie es tatsächlich taten. Das gilt insbesondere dann, wenn diese Leute damals falsch lagen.

Ein Großteil der Pionierarbeit zum Rückschaufehler stammt von Baruch Fischhoff. Damals, in den 1970ern, lehrte er an der Hebrew University in Jerusalem. Auch Fischhoff profitierte, wie Neisser, bei seinen Studien zum Rückschaufehler von Richard Nixon. 1972 unternahm dieser zwei historisch bedeutsame Auslandsreisen: nach China und in die Sowjetunion. Die Presse spekulierte ausführlich darüber, was Nixon auf diesen Reisen erreichen oder nicht erreichen könnte. Für Fischhoff waren diese Überlegungen aber zweitrangig. Für ihn zählte, dass die Reisen eine perfekte Gelegenheit für die Untersuchung real existierender Rückschaufehler boten.

Bevor Nixon losflog, befragten Fischhoff und seine Kollegin Ruth Beyth eine Gruppe israelischer Studenten, für wie wahrscheinlich sie bestimmte Ergebnisse hielten. Sie stellten Fragen wie: »Wie wahrscheinlich ist es, dass Nixon den Großen Vorsitzenden Mao trifft?« oder »Wie wahrscheinlich ist es, dass Nixon Lenins Grab besucht?«

Nach Nixons Rückkehr bat Fischhoff seine Probanden, sich möglichst genau an ihre Vorhersagen zu erinnern. Dazu stellte er ihnen eine wichtige ergänzende Frage: Hatte das jeweilige Ereignis, z.B. Nixon trifft Mao, ihrer Meinung nach stattgefunden?

Fischhoff fand heraus, dass seine Probanden sich hinterher falsch an ihre früheren Vorhersagen erinnerten, genau wie die ehemaligen Schüler der Ohio Wesleyan sich falsch an ihre Noten erinnerten. Und genau wie die Schüler – von John Dean ganz zu schweigen – schönten auch die Studenten ihre Erinnerungen zu ihren Gunsten.

Insbesondere stellte Fischhoff fest: Wenn jemand glaubte, dass ein bestimmtes Ereignis tatsächlich stattgefunden hatte, übertrieb er die Wahrscheinlichkeit, die er in seiner ursprünglichen Vorhersage dafür angegeben hatte. Hatte er beispielsweise eine Wahrscheinlichkeit von 30 Prozent angegeben, erinnerte er sich möglicherweise an eine vorhergesagte Wahrscheinlichkeit von 50 Prozent. Glaubten die Studenten hingegen, ein Ereignis habe *nicht* stattgefunden, täuschten sie sich in entgegengesetzter Richtung. Dann untertrieben sie ihre ursprünglich angegebene Wahrscheinlichkeit; aus »50 Prozent« wurden dann schnell einmal »30 Prozent«. In beiden Fällen war der Effekt der gleiche: Die Teilnehmer der Studie erinnerten sich derart an ihre eigenen Handlungen, dass ihre Prognosekünste besser schienen, als sie tatsächlich waren. Einen seiner Forschungsberichte nannte Fischhoff daher »Rückschau ≠ Vorschau«.

Erinnerung an unsere Sexualpartner

In unserem Alltag wimmelt es nur so von ähnlichen Erinnerungsfehlern. Nehmen Sie zum Beispiel Sex. Wahrscheinlich erinnern Sie sich, mit wie vielen Menschen Sie im Lauf Ihres Lebens geschlafen haben. Und Sie glauben sicher, dass diese Zahl auch stimmt. Was wäre aber, wenn Sie Ihre

Freunde zur Zahl *ihrer* Sexualpartner befragen würden? Wahrscheinlich würden Ihre männlichen Freunde höhere Zahlen nennen als Ihre weiblichen Freunde. Das zumindest stellten professionelle Meinungsforscher fest. Weltweit erhobenen Zahlen zufolge hatten Männer durchschnittlich 11,7 Sexualpartnerinnen, Frauen aber nur 4,6 Sexualpartner – wobei die Zahlen natürlich gleich sein müssten, da zum Sex bekanntlich zwei gehören.[8]

> Männer geben regelmäßig eine höhere Gesamtzahl an Sexualpartnern an als Frauen.

Woher diese Diskrepanz kommt, ist ungeklärt. Doch eines scheint klar: Die befragten Männer und Frauen logen nicht absichtlich in Hinblick auf ihr Sexualleben. Klar, manche Leute schwindeln bei solchen Fragen sicher. Wenn aber Männer und Frauen über ähnlich intime Aspekte ihres Sexuallebens befragt wurden, gaben sie ähnliche Antworten. Beispielsweise geben Männer und Frauen etwa gleich häufig an, oralen oder analen Sex praktiziert zu haben. Auch die Antworten beider Geschlechter über Häufigkeit und Dauer sexueller Begegnungen ähneln sich. Warum aber sollten die Menschen bei diesen Fragen die Wahrheit sagen und bei der Frage nach der Zahl der Sexualpartner lügen?

Die wahrscheinlichste Erklärung ist wohl, dass Männer und Frauen sich einfach falsch erinnerten. Das geschah, wie bei den Absolventen der Ohio Wesleyan Highschool, mit einer bestimmten Tendenz: so, dass man (nach dem klassischen Stereotyp) besser dastand. Männer übertrieben die Zahl ihrer Bettgenossinnen, Frauen untertrieben, mit wie vielen Männern sie geschlafen hatten.

Warum Zocker so selbstsicher sind

Eine ähnliche Form der Geschichtsklitterung unterläuft auch Menschen, die gerne wetten, insbesondere auf Sportergebnisse. Wenn Sie so jemanden kennen, fragen Sie ihn nach einigen seiner Gewinne. Und dann fragen Sie ihn nach einigen Fällen, wo er daneben lag. Hören Sie genau hin. Mit hoher Wahrscheinlichkeit erinnert sich der Wetter asymmetrisch. Zocker tendieren in der Regel dazu, ihre Gewinne als selbstverständlich hinzunehmen, ihre Verluste aber wegzuerklären.

Vor Jahren untersuchte Tom Gilovich für seine Doktorarbeit an der Stanford University die Wettgewohnheiten von Menschen, die regelmäßig auf Ergebnisse im Profifootball und Collegebasketball setzten.

»Ich sah mich um und fand, dass ich etliche solche Leute in meinem Bekanntenkreis hatte«, erzählte Gilovich. »Und ich wunderte mich, wie diese Menschen so selbstsicher sein konnten. Sie fallen regelmäßig auf die Schnauze, aber sie stehen immer wieder auf. Irgendwie ist das bewundernswert. Andererseits kann man so aber auch sein Leben ruinieren.«

Gilovich verfolgte nicht nur, ob die Wetter gewannen oder verloren, sondern auch, wie sie die jeweiligen Ergebnisse *interpretierten*. Zu diesem Zweck gab er den Wettern Bandgeräte und bat sie, ihre Gedanken festzuhalten, wenn sie eine Wette gewannen oder verloren. Die Bänder wurden abgeschrieben und analysiert. Gilovich stellte fest: Wenn die Wetter gewonnen hatten, fühlten sie sich in ihrer Gewissheit bestätigt und reagierten mit Kommentaren wie »ich wusste, das würde passieren!« Lagen sie aber falsch, redeten sie ihre Irrtümer gerne klein, indem sie sie »ungeschehen« machten: Sie erklärten, warum das Spiel eigentlich anders hätte enden müssen. Zur Rechtfertigung führten sie unglückliche Zufälle an, zum Beispiel einen ganz knapp verfehlten Wurf im letzten Viertel. In ihren Augen hatten sie die Wette nicht verloren, sondern beinahe gewonnen. Der Effekt der selbstbestätigenden und der »ungeschehen machenden« Kommentare war jeweils der gleiche: Die eigene Voraussicht wurde im Nachhinein geschönt.

> **Blickt ein Glücksspieler zurück, sieht er keine Niederlage, sondern einen Beinahe-Sieg.**

Wir sind oberflächlicher, als wir denken

Der typische Erinnerungsirrtum, den wir beim Rückschaufehler begehen, hat eine implizite, aber wichtige Folge: Wir merken oft gar nicht, dass wir verzerrt wahrnehmen. Wir reden hier aber nicht von Voreingenommenheit, also offenen Vorurteilen gegen Leute oder Ideen, sondern von einer sehr subtilen Beeinflussung unseres Urteils, die völlig unbemerkt stattfindet.

Denken Sie an den Abschnitt über erste Eindrücke zurück. Erinnern Sie sich, was geschah, als Forscher ihren Probanden Bilder von Politikern vorlegten? Ohne dass die Testpersonen deren Wahlprogramme gelesen hatten oder die Politiker auch nur hätten reden hören, fällten sie erstaunlich schnelle Urteile über deren Kompetenz, allein aufgrund der Fotos.

Wichtiger noch, diese Blitzurteile blieben haften; allem Anschein nach hätten sie wohl tatsächlich beeinflusst, wie die Testteilnehmer wählten. Als die Forscher Scheinwahlen abhielten, stellten sie fest, dass die zusätzlichen Informationen über Politiker, die ein Wähler während einer Kampagne sammelt, diesen ersten Eindruck zwar abschwächen, aber nicht auslöschen. Das tatsächliche Abstimmverhalten der Teilnehmer war verankert in der Zehntelsekunden-Beurteilung des Politikers anhand seiner Gesichtszüge.

Dieses Ergebnis hat tiefgreifende Folgen, nicht nur, was unsere Rationalität an der Wahlurne, sondern bei allen möglichen wichtigen Entscheidungen betrifft: Unsere Urteile könnten viel oberflächlicher sein, als wir gerne glauben würden. Tatsächlich ist es uns oft nicht einmal bewusst, dass wir bereits eine Entscheidung getroffen haben. Im Fall der oben geschilderten Wähler schrieben die Autoren der Studie: Weil diese Urteile so rasch gefällt werden, »erkennen die Wähler nicht so leicht, wie sehr sie ihre Wahlentscheidung beeinflusst haben«. Mit anderen Worten: Das Urteil der Wähler wurde möglicherweise beeinflusst, ohne dass sie sich dessen bewusst waren.

Für viele von uns, die stolz auf ihr unabhängiges Urteil sind, mag das schwer zu verkraften sein.

»Menschen halten sich immer für unvoreingenommen – selbst wenn man ihnen eine gewaltige Voreingenommenheit statistisch nachweisen kann«, sagt George Loewenstein, Professor an der Carnegie Mellon University und eine Kapazität auf dem Gebiet der Verzerrung in Entscheidungsprozessen. Und weil wir gar nicht wissen, dass wir voreingenommen sind, können wir dieser Falle kaum entgehen.

> Worum es auch immer geht, Menschen halten sich immer für unvoreingenommen – selbst wenn man ihnen eine gewaltige Voreingenommenheit statistisch nachweisen kann.

Ärzte stehen unter Medikamenten-Einfluss

Betrachten Sie nur den Fall, dass ein Arzt Ihnen oder sonst irgendjemandem ein Rezept ausschreibt. Der Verbrauch an rezeptpflichtigen Medikamenten steigt in den westlichen Ländern rasant. Allein von 2004 bis 2008 sind die Ausgaben der gesetzlichen Krankenkassen für Arzneimittel und Impfstoffe in Deutschland von knapp 22 Mrd. auf über 27 Mrd. Euro gestiegen. Fast jeder zweite Amerikaner nimmt regelmäßig mindestens ein rezeptpflichtiges Medikament.

Doch ein guter Teil dieser Arzneien scheint überflüssig zu sein. Eine Übersichtsstudie wertete fast dreißig Artikel aus, die sich mit den Verschreibungsgewohnheiten von Ärzten beschäftigten. Unter anderem stellte sich heraus, dass die Interaktion zwischen Ärzten und Pharmaunternehmen zu »nicht-rationaler Verschreibung« führte, wie die Autoren es freundlich ausdrückten. Zwischen 1989 und 2000 ließ die zuständige amerikanische Behörde über tausend neue Arzneien zu. Dagegen wäre natürlich gar nichts zu sagen, wenn sie alle große Fortschritte repräsentierten. Doch dem war nicht so. 76 Prozent dieser neuen Medikamente, so die Zulassungsbehörde, seien lediglich leicht veränderte Abwandlungen bereits vorhandener Arzneien gewesen.

Dennoch stiegen die Preise rasant. Im Jahr 2000 kosteten die neuen Medikamente fast doppelt so viel wie die herkömmlichen, ebenso guten Arzneien gegen die gleichen Leiden. Die damit erzielten Extraumsätze erlaubten den Pharmaunternehmen, pro Arzt in Amerika jährlich 8 000 Dollar zur Absatzförderung auszugeben.⁹ Beeinflusst diese Großzügigkeit das Urteil von Ärzten? Nein, versichern die Ärzte bei Befragungen regelmäßig. Doch etliche Forschungsergebnisse lassen etwas anderes vermuten. Eine Umfrage zeigte zum Beispiel, dass 84 Prozent aller Ärzte glauben, ihre Kollegen würden durch Geschenke der Pharmaindustrie beeinflusst. Und sie selbst? Nur 16 Prozent der Ärzte glaubten, dadurch ebenfalls beeinflusst zu sein.

> Einer Umfrage zufolge glaubten 84 Prozent aller Ärzte, ihre Kollegen würden durch Geschenke der Pharmaindustrie beeinflusst. Und sie selbst? Nur 16 Prozent der Ärzte glaubten, dadurch ebenfalls beeinflusst zu sein.

Verzerrungen verschwinden nicht, nur weil sie aufgedeckt werden

Im Fall der von der Pharmaindustrie umworbenen Ärzte haben wir es mit einem klassischen Interessenkonflikt zu tun. Tut der Arzt, was in seinem besten Interesse liegt, oder tut er, was im besten Interesse des Patienten liegt? In solchen Fällen wird oft die Lösung vorgeschlagen, den Interessenkonflikt sichtbar zu machen. So müssen Aktienanalysten in der Regel offenlegen, wenn sie Anteile der Unternehmen halten, über die sie schreiben. Anwälte müssen ihren Mandanten sagen, wenn sie andere Mandanten vertreten, deren Interessen denjenigen des Mandanten entgegenstehen könnten. Manche Ärztegremien fordern nun, dass ihre Mitglieder Patienten über bestehende Interessenkonflikte aufklären sollten. Die amerikanische Vereinigung orthopädischer Chirurgen etwa legt in ihren neuen Richtlinien fest, dass ihre Mitglieder dem Patienten darlegen müssen, welche finanziellen Verbindungen sie mit den

Unternehmen haben, die bei seiner Behandlung eine Rolle spielen.[10]

Hinter all diesen Fällen steht das gleiche Prinzip: Lasst den Kunden beurteilen, ob es möglicherweise falsche Anreize gibt, und ihn diese Verzerrung gegebenenfalls im Geist korrigieren.

Aber funktioniert diese Offenlegung? Dieser Frage ging George Loewenstein nach. Zu diesem Zweck erfand er mit seinen Kollegen an der Carnegie Mellon University ein Spiel, das die Mechanismen einer Investitionsentscheidung an der Börse nachstellt. Bevor wir investieren, müssen wir uns ein Urteil darüber bilden, was eine bestimmte Aktie wert ist. Zehn Euro? Zwanzig? Da wir selbst oft keine Ahnung haben, verlassen wir uns auf den Rat einer Person, die hoffentlich besser Bescheid weiß als wir: eines Anlageberaters.

In Loewensteins Spiel standen die »Investoren« vor einer ähnlichen Entscheidung. Nur mussten sie nicht den Wert einer Aktie einschätzen, sondern den Wert eines Einmachglases voller Münzen. Bei der Entscheidung konnten sie sich von einem Berater helfen lassen, der tatsächlich mehr über den Wert der Münzen im Glas wusste. Die Aufgabe des Beraters bestand darin, den Investoren beim Schätzen zu helfen.

Der Knackpunkt des Experiments bestand darin, wie diese Ratgeber bezahlt wurden. In einem Teil der Fälle wurde der Berater danach bezahlt, wie gut sein Klient schätzte: je genauer die Schätzung, desto höher sein Lohn. Doch in einem anderen Teil der Fälle wurde der Berater nach der *Höhe* der Schätzung bezahlt. Je höher die Schätzung, desto höher die Bezahlung des Beraters. Bei dieser Konstellation bestand ein klarer Konflikt zwischen den Interessen des Beraters und den Interessen des Kunden: Der Kunde erwartete vom Berater eine *zutreffende* Schätzung, im finanziellen Interesse des Beraters lag aber eine möglichst hohe Schätzung. In einem Teil dieser Fälle wurde der Kunde über den Interessenkonflikt aufgeklärt, in einem anderen nicht.

Dann begann das Spiel. Wenn Sie selbst in Aktien investieren, werden Sie die Ergebnisse vermutlich vielsagend, aber wenig ermutigend finden. Erstens hatte der Interessenkonflikt genau den zu erwartenden Effekt: Die vom Berater abgegebenen Schätzungen stiegen. Legte man den Interessenkonflikt offen, verschlimmerte sich dieser Effekt sogar noch. Loewenstein stellte fest, dass die Berater ihre Schätzungen durchgängig aufblähten, in der Regel sehr stark. Wurden die Berater nach der Genauigkeit der Gebote bezahlt, die ihre Kunden schließlich abgaben, lagen ihre Schätzungen bei 16 Dollar. Kam es hingegen auf die Höhe der Gebote an, erhöhten sie ihre Schätzungen auf über zwanzig Dollar. Wurden die Berater nach Höhe des Gebots bezahlt und dieser Interessenkonflikt offengelegt, kletterten die Schätzungen auf sagenhafte 24 Dollar.

> Wusste der Kunde vom Interessenkonflikt des Finanzberaters, gab der Berater schlechteren Rat, als wenn der Kunde nichts davon wusste.

Das führt uns zur in mehrfacher Hinsicht wichtigeren nächsten Frage: Wie reagierten die Investoren? Wussten sie von dem Interessenkonflikt, zogen sie tatsächlich etwas vom Betrag ab, den der Berater nannte – aber nicht annähernd genug. Im Durchschnitt zogen die Investoren vier Dollar ab, doch die Berater hatten um acht Dollar übertrieben! Mit anderen Worten, die Investoren senkten den Betrag nur halb so weit, wie sie es hätten tun sollen.

> Wussten die Anleger von dem Interessenkonflikt, zogen sie tatsächlich etwas vom Betrag ab, den der Berater nannte – aber nicht annähernd genug.

Für diese Ergebnisse gibt es zwei mögliche Erklärungsansätze: Die einfache und offensichtliche Erklärung ist, dass die Berater vorwegnahmen, dass der Kunde etwas von ihrer Schätzung abziehen würde, wenn er vom Interessenkonflikt wusste, und deshalb vorsorglich noch ein paar Dollar auf die Schätzung packten.

Eine weniger offenkundige, aber interessantere Erklärung hat mit einem Effekt zu tun, den Psychologen »Moral-« oder »Self-licensing« (»moralischen Freifahrtschein«) nennen.

In Laborexperimenten haben Forscher nachgewiesen: Wenn Leute sich in einem Experiment moralisch einwandfrei verhalten können, *steigt* die Wahrscheinlichkeit, dass sie sich im folgenden Experiment schäbig verhalten. So zeigten Wissenschaftler der Princeton University kürzlich, dass Leute, die zuvor Gelegenheit bekamen, sich als vorurteilslos zu demonstrieren, danach mit *größerer* Wahrscheinlichkeit über Minderheiten herzogen.

> Wenn Leute sich bei einer Gelegenheit moralisch einwandfrei verhalten können, *steigt* die Wahrscheinlichkeit, dass sie sich bei der nächsten Gelegenheit schäbig verhalten.

Das Prinzip »He, wir haben euch gewarnt!«

Ein Beispiel dafür durfte man während des amerikanischen Präsidentschaftswahlkampfs 2008 bestaunen. Da schwadronierte der bekannte schwarze Bürgerrechtler Jesse Jackson beim Sender Fox von »Niggern« – allerdings bei ausgeschaltetem Mikro. Berühmt wurde Jacksons rassistische Bemerkung ein paar Jahre zuvor, als er New York »Itzig City« nannte.

Ein noch schlagenderes Beispiel liefert die amerikanische Tabakindustrie. Als die Regierung die Konzerne 1965 zwang, Warnhinweise auf die Packungen zu drucken, feierten Verbraucherschützer das als großen Sieg. Doch seitdem verteidigt sich die Branche gegen jede Schadenersatzforderung mit dem Hinweis, die Warnung habe den Verbraucher doch ausdrücklich auf die Gefahren des Rauchens hingewiesen. Die Konzerne vertraten den Standpunkt: »He, wir haben euch gewarnt!«

Bei der Offenlegung von Interessenkonflikten geschieht Ähnliches. Der Berater sagt: »He, ich hab dich gewarnt!« – und fühlt sich danach moralisch berechtigt, seine Interessen zu verfolgen, nicht die seines Klienten. (»Ich hab dich ja gewarnt!«)

Auch wenn Loewensteins Ergebnisse im Labor erzielt wurden, glaubt er, dass diese Mechanismen unseren Alltag »ziemlich stark durchdringen«.

»Angenommen, Sie sind ein Privatanleger und erfahren, dass die Rechnungsprüfungsfirma bei IBM dort auch als Unternehmensberatung arbeitet und von einer geschönten Bilanz wirtschaftlich profitiert«, sagt Loewenstein. »Oder angenommen, Ihr Arzt rät Ihnen zu einem Kernspin und verrät Ihnen dann, dass er für jede Überweisung zum Kernspin eine Provision erhält. In beiden Fällen wüssten Sie nicht, was Sie denken sollen. Würden Sie trotzdem zum Kernspin gehen? Und wie viel ist IBM in Wirklichkeit weniger wert? Um die Hälfte? Um zehn Prozent? Um fünf?«

> **Normalerweise wissen Leute nicht, was sie mit der Information über einen Interessenkonflikt anfangen sollen.** »**Und deswegen ignorieren sie sie.**«

Normalerweise, so Loewenstein, wissen Leute nicht, was sie mit der Information über einen Interessenkonflikt anfangen sollen.

»Und deswegen ignorieren sie sie.«

Das ist der Grund, warum die Auswirkung einer Verzerrung nicht dadurch verschwindet, dass man sie aufdeckt. Die beste Art, den Effekt zu verhindern, besteht darin, den Interessenkonflikt selbst zu beseitigen. Legt man einen Interessenkonflikt nur offen, das zeigt Loewensteins Forschung, ändert sich für den Geschädigten gar nichts.

5. Kapitel
Wir können gleichzeitig gehen und Kaugummi kauen – aber nicht viel mehr

Denken Sie an Flugkapitän Robert Loft, bevor Sie das nächste Mal in ein Flugzeug steigen. Loft, der Pilot von Eastern Airlines Flug 401, befand sich am 29. Dezember 1972 gerade im Anflug auf Miami, als ein Fehler auftrat. Loft hatte das Fahrgestell ausgefahren, aber die grüne Kontrollleuchte ging nicht an. Also flog er Schleifen, hielt eine Höhe von 2000 Fuß und machte sich auf Fehlersuche.

Als Loft, einer der erfahrensten Piloten der Airline, nichts fand, rief er den Ersten Offizier. Auch der fand nichts. Schließlich riefen sie den Flugingenieur. Und wie der Zufall so spielte, befand sich an jenem Tag ein Mechaniker von Boeing an Bord und saß im Notsitz des Cockpits. Auch ihn holte man noch hinzu. Nur steuerte niemand mehr das Flugzeug, das immer tiefer sank. Plötzlich fiel das dem Piloten siedend heiß ein.

»He!«, rief er. »Was ist hier los?«

Das waren seine letzten Worte. Fünf Sekunden später raste das Flugzeug in die Everglades und ging in Flammen auf. 99 Menschen starben, darunter Kapitän Loft. Eine Untersuchung des Absturzes ergab später, dass die Crew sich völlig auf das eine Problem konzentriert und die Gesamtsituation aus den Augen verloren hatte. All das wegen einer schadhaften 12-Dollar-Glühbirne.

Der Absturz war kein krasser Einzelfall. Tatsächlich zerschellen so oft voll funktionsfähige Flugzeuge am Boden, dass ein Ingenieur beim Luftfahrtkonzern Honeywell einen eigenen Ausdruck dafür prägte: »Controlled Flight into Terrain« (Kontrollierter Flug in den Boden), kurz CFIT. Trotz einer Reihe technischer Neuerungen bleibt CFIT eine der tödlichsten Gefahren im Flugverkehr. 40 Prozent aller Flugzeugunglücke und deutlich über die Hälfte aller Todesfälle im Flugverkehr lassen sich auf CFIT zurückführen, auch heute noch.

> Tatsächlich zerschellen so oft voll funktionsfähige Flugzeuge am Boden, dass ein Ingenieur beim Luftfahrtkonzern Honeywell einen eigenen Ausdruck dafür prägte: »Controlled Flight into Terrain« (CFIT).

Das Rätsel lautet natürlich: Wie kann so etwas selbst erfahrenen Piloten passieren? Vor ein paar Jahren ging die amerikanische Luftwaffe dieser Frage nach. CFIT-Unfälle forderten einen schrecklichen Blutzoll bei der Air Force: Zwischen 1987 und 1998 gingen 190 Tote auf ihr Konto; 98 Flugzeuge gingen verloren, es entstanden Sachschäden von 1,7 Milliarden Dollar. Als die Luftwaffe die Umstände untersuchte, die zu diesen Verlusten beigetragen hatten, fand sie eine Gemeinsamkeit: In mehr als der Hälfte aller Fälle hatte die Crew, wie Kapitän Loft, die Gesamtsituation im Cockpit aus den Augen verloren. Die Piloten hatten sich so in ihre Aktivitäten vertieft, dass sie darüber vergaßen, das Flugzeug zu fliegen. Dazu trug sicher bei, was die Air Force »Aufgabensättigung« nannte: Die Betroffenen versuchten zu viele Dinge gleichzeitig zu tun.

Wir »multitasken« eigentlich nicht

Hier unten am Boden sind wir zumindest vor CFITs sicher. Aber es geht uns ähnlich wie den Piloten: Auch wir jonglieren mit mehreren Aufgaben gleichzeitig – durchaus freiwillig. Beim Joggen hören wir auf unseren iPods Musik, beim Autofahren telefonieren wir, im Gehen tippen wir auf Blackberrys herum.

Der Ausdruck »Multitasking« stammt aus der Computerwelt und beschreibt die Fähigkeit eines Rechners, mehrere Aufgaben gleichzeitig zu erledigen. Das erlaubt dem Anwender beispielsweise, gleichzeitig mit Microsoft Word einen Text zu schreiben und mit Firefox etwas aus dem Internet herunterzuladen. Die meisten von uns glauben, unser Hirn funktioniere ganz ähnlich, und tatsächlich fordert die moderne Arbeitswelt immer mehr Multitasking von uns. Gloria Mark ist Professorin an der University of California in Irvine und erforscht Multitasking am Arbeitsplatz. Vor kurzem unternahm sie eine Feldstudie in den Büros einer Investmentbank an der amerikanischen Westküste. Mit einem Kollegen beobachtete sie, wie die Angestellten im Großraumbüro ihren täglichen Verpflichtungen nachkamen. Sie verzeichnete jedes Mal, wenn jemand zwischen verschiedenen Aufgaben hin und her sprang. Sie stellte fest, dass die Angestellten in ihrem Arbeitsfluss häufig durch eingehende Telefonate, hereinkommende Mails usw. unterbrochen wurden, durchschnittlich zwanzigmal pro Stunde. Alle drei Minuten wurden sie also aus ihrer momentanen Tätigkeit gerissen.

Aber Multitasking gehört zu den großen Mythen der modernen Welt. Es ist ein Irrglaube zu denken, wir könnten uns auf mehrere Dinge gleichzeitig konzentrieren. In Wirklichkeit springt normalerweise nur unsere Aufmerksamkeit hin und her. Übrigens »multitasken« Computer eigentlich auch nicht, sie schalten ein paar 1 000-mal pro Sekunde hin und her und erzeugen so bei uns die Illusion, alles geschehe gleichzeitig.[11]

> Übrigens »multitasken« Computer eigentlich auch nicht, sie schalten ein paar 1 000-mal pro Sekunde hin und her und erzeugen so bei uns die Illusion, alles geschehe gleichzeitig.

Unsere Gehirne erzeugen bei uns die gleiche Illusion, der Effekt ist aber leider nicht der gleiche. Es ist uns schlicht nicht möglich, unsere Aufmerksamkeit bewusst auf zwei verschiedene Tätigkeiten zu richten. Unter bestimmten Bedingungen können wir zwei Dinge gleichzeitig im Auge behalten, aber wir treffen nie zwei bewusste Entscheidungen gleichzeitig – egal, wie einfach sie sind. Klar, man kann im Gehen Kaugummi kauen oder Auto fahren und dabei mit dem Beifahrer reden. Das setzt aber voraus, dass man die zugrundeliegende Aktivität (Gehen, Autofahren) fast im Schlaf beherrscht. Und dafür muss man sehr viel geübt haben. Die meisten Alltagsverrichtungen üben wir nicht annähernd oft genug, als dass sie automatisch abliefen. Probieren Sie zum Beispiel beim nächsten Restaurantbesuch, die Rechnung zu prüfen und sich gleichzeitig weiter mit Ihren Gästen zu unterhalten.

Multitasking = Vergessen

Tatsächlich ist die Zeitersparnis, die wir durch Multitasking zu erzielen glauben, oft nur eine Illusion. Und zwar deswegen, weil das Gehirn langsamer wird, wenn es mit mehreren Aufgaben jonglieren muss. Bekanntlich bringt es gar nichts, immer zwei Treppenstufen gleichzeitig zu nehmen, wenn jeder Schritt wegen der größeren Anstrengung doppelt so lang dauert. Der gleiche Effekt zeigt sich beim Versuch, zwei geistige Aufgaben gleichzeitig zu bewältigen. Bei einem Experiment baten die Versuchsleiter Studenten, jeweils einen Knopf zu drücken, wenn sie in einer Abfolge von Bildern ein farbiges Kreuz beziehungsweise ein Dreieck sahen. Klingt kinderleicht, oder? Wenn die Studenten aber gleichzeitig farbige Kreuze und Dreiecke sahen, brauchten sie fast eine volle Sekunde Reaktionszeit, bis sie einen Knopf drückten – und selbst dann machten sie noch etliche Fehler. Bat man die Studenten, die Bilder hintereinander zu identifizieren – erst die Kreuze, dann die Dreiecke –, lief der Prozess fast doppelt so schnell ab.

Das Hin- und Herspringen zwischen Aufgaben schafft weitere Probleme. Eines davon: Wir vergessen, was wir gerade taten oder vorhatten. Diese geistige To-do-Liste nennt man Arbeitsgedächtnis; mit seiner Hilfe merken wir uns all die Dinge, an die wir uns kurzfristig erinnern müssen, zum Beispiel die E-Mail-Adresse, die uns jemand

> Wenn Sie sich einer neuen Aufgabe zuwenden, ist die alte innerhalb von 15 Sekunden vergessen – fatal, wenn Sie etwa als Fluglotse arbeiten.

gerade genannt hat. Doch der Inhalt unseres Arbeitsgedächtnisses verschwindet wie Wasser in der Wüste. Schon nach zwei Sekunden verflüchtigt er sich. Und wenn wir uns einer neuen Aufgabe zuwenden, ist die alte innerhalb von 15 Sekunden vergessen, wie Forscher gezeigt haben. Ganz offensichtlich birgt das ein gewaltiges Fehlerpotenzial – mit möglicherweise katastrophalen Folgen, wenn Sie etwa als Fluglotse arbeiten.[12]

Wenn wir bei einer Aufgabe unterbrochen werden, braucht es eine Weile, bis wir uns danach wieder in sie hineinfinden. Diese Umstellungszeiten sind natürlich Kosten des »Multitasking«, auch wenn sie oft vergessen werden.

Arbeitsplatzstudien zufolge braucht es bis zu 15 Minuten, bis wir nach einer Ablenkung – etwa einem Telefonanruf – unsere volle Konzentration wiedergefunden haben. Das bestätigte eine Untersuchung der Arbeitsgewohnheiten bei dem Softwareriesen Microsoft: Dort brauchten die Angestellten im Durchschnitt 15 Minuten, bis sie nach dem Beantworten einer hereinkommenden E-Mail wieder zu anspruchsvollen geistigen Tätigkeiten wie Programmieren zurückkehrten. Warum dauerte es so lang? Die Angestellten reagierten auf die Mail, beantworteten gleich noch weitere Mails, fingen an im Internet zu surfen – kurz, sie ließen sich immer weiter ablenken.

> Arbeitsplatzstudien zufolge braucht es bis zu 15 Minuten, bis wir nach einer Ablenkung – etwa einem Telefonanruf – unsere volle Konzentration wiedergefunden haben.

Nun droht zum Glück keine Gefahr für Leib und Leben, wenn ein Programmierer mal unkonzentriert ist. Bei anderen Berufen – Piloten, Ärzten, Brummifahrern usw. – sieht das schon ganz anders aus. Und selbst im Privatleben kann Multitasking recht gefährlich sein, wie Forscher herausgefunden haben. Nehmen Sie nur mal das Telefonieren am Steuer. 1999 untersuchte die US-Army, wie es sich auf die Fahrkünste auswirkte. Das Ergebnis: »Alle Formen des Mobiltelefongebrauchs führten zu einer erheblichen

Verringerung der Fähigkeit, auf Verkehrssituationen auf Schnellstraßen zu reagieren.«

Das galt der Studie zufolge insbesondere für ältere Fahrer. Je älter wir werden, desto schwerer fällt es uns, Ablenkungen auszublenden. Schlechte Nachrichten für alle, die sich noch immer jung fühlen: Dieser Effekt macht sich vom vierzigsten Lebensjahr an deutlich bemerkbar.[13]

> Je älter wir werden, desto schwerer fällt es uns, Ablenkungen auszublenden. Schlechte Nachrichten für alle, die sich noch immer jung fühlen: Dieser Effekt macht sich vom vierzigsten Lebensjahr an deutlich bemerkbar.

Brücke? Welche Brücke?

Noch bedenklicher: Wenn wir versuchen, auf mehrere Dinge gleichzeitig zu achten, kann das zu einem gefährlichen Phänomen namens Unaufmerksamkeitsblindheit führen. Dabei sieht ein Mensch etwas direkt an und nimmt es trotzdem nicht wahr. Dieser Effekt wurde in den 1990ern intensiv erforscht. In verschiedenen Experimenten zeigte sich, dass eine erstaunlich hohe Zahl von Teilnehmern bestimmte Objekte, die ihnen in visuellen Tests vorgelegt wurden, überhaupt nicht bemerkten. Und sie übersahen keine Kleinigkeiten, sondern Gorillas in einem Basketballspiel.

Sehr anschaulich belegt wurde das Phänomen im Jahr 2004 nahe Washington. Am Morgen des 14. November holte der Busfahrer James Jones eine Schülergruppe vom Flughafen ab, um sie zu George Washingtons Haus in Mount Vernon zu bringen. Jones war stinksauer, weil sein Kollege im ersten Bus ohne ihn vom Flughafen abgefahren war und es unterlassen hatte, ihm zu sagen, wo es genau hinging. Jones hing also in der Luft. Er rief seinen Boss an, um sich zu beschweren, blitzte dort aber offenbar ab. Also zückte er sein Handy, rief seine Schwester an und machte seinem Ärger Luft.

Er nahm den George Washington Memorial Parkway, eine hübsche Route durch Hügelland. An einer Stelle unterquert die Straße die Alexandria Avenue, durch die Bögen eines malerischen Viadukts aus den 1930ern. Schon einen knappen halben Kilometer vor dem Viadukt warnte ein großes gelbes Schild am Straßenrand, dass die Bögen des Viadukts auf der rechten Spur eine maximale Durchfahrtshöhe von knapp über drei Metern erlaubten. Jones' Bus war 3,60 Meter hoch, er hätte also auf die mittlere Spur wechseln und den Bogen an seiner höchsten Stelle durchfahren müssen. Genau das hatte der Fahrer des anderen Busses getan.

Jones aber blieb auf der rechten Spur und redete weiter mit seiner Schwester, bis der Bus ungebremst in die Brücke knallte. Die Wucht des Aufpralls riss die rechte Seite des Busdachs auf. Glasscherben regneten auf die Schüler herab, in der Seitenwand klaffte ein riesiges Loch.

»Es war surreal«, sagte David Gusella, einer der Schüler an Bord. »Man schaute nach rechts und sah nur Straße. Kein Dach, keine Fenster, nichts.«

Glücklicherweise kam keiner der 27 Schüler bei dem Unfall ums Leben, nur einer wurde schwer verletzt. Hinterher wurde Jones von Beamten der Verkehrssicherheitsbehörde befragt, die den Unfall untersuchten. Seine Aussage belegt, wie total die Unaufmerksamkeitsblindheit sein kann. Jones erklärte den Untersuchungsbeamten, er hätte nicht nur das Schild, sondern die ganze Brücke *übersehen*.

Augen auf die Straße!

Inzwischen ist man sich auf offizieller Seite bewusst, wie viele Unfälle durch abgelenkte Fahrer verursacht werden. Um die Sache näher zu untersuchen, rüstete die für die Sicherheit auf amerikanischen Highways zuständige Behörde Autos mit Videokameras aus und ließ das Fahrverhalten der Leute filmen.

Charlie Klauer, einer der beteiligten Wissenschaftler, meinte hinterher: »Bei etwa 78 Prozent der gefilmten Unfälle und 65 Prozent der gefilmten Beinahe-Unfälle sahen die Fahrer woanders hin oder beschäftigten sich mit einer nebensächlichen Aufgabe«, fummelten am Handy herum oder tippten etwas in den Blackberry. Früher hatte sich die Behörde für ihre Unfallanalysen darauf verlassen, was Fahrer über ihr Verhalten am Steuer *aussagten*. Jetzt zeigten die Videobänder, wie sie sich *tatsächlich* verhielten. Dies führte zu einer radikalen Neubewertung des Unfallrisikos Ablenkung: Vorher glaubte man, 25 Prozent der Unfälle würden durch abgelenkte Fahrer verursacht, danach schätzte man den Anteil auf 78 Prozent.

Klauer führt aus, dass Fahrer gar nicht lange abgelenkt sein müssen. Schon ein einziger zweisekündiger Blick zur Seite verdoppelt die Unfallwahrscheinlichkeit. Das Gleiche gilt für viele kurze Seitenblicke, die sich zu zwei Sekunden oder mehr addieren. So lange brauchen die meisten von uns leicht, um eine Telefonnummer ins Handy zu tippen oder im Navi ein neues Ziel einzugeben. 2004 untersuchte eine Studie, wie lange Fahrer brauchten, um eine Adresse in ein Navigationssystem mit Touchscreen einzugeben: durchschnittlich 86 Sekunden, also fast eineinhalb Minuten. In dieser Zeit sahen die Fahrer in der Regel zwischen zwanzig- und 35-Mal von der Straße weg, ältere Fahrer brauchten mehr Seitenblicke.

> **Fahrer müssen gar nicht lange abgelenkt sein. Ein einziger zweisekündiger Blick zur Seite verdoppelt schon die Unfallwahrscheinlichkeit.**

Die Aufgabe, eine neue Adresse einzugeben, fesselte die Aufmerksamkeit der Fahrer derart, dass sie beim Tippen oft von ihrer Spur abkamen. Aus diesem Grund ist es in Japan verboten, im Fahren ein neues Ziel einzugeben. Bei uns ist es bekanntlich verboten, am Steuer mit dem Handy zu telefonieren, aber am Navi dürfen wir in voller Fahrt rumfummeln. In den USA gab es lange wenige oder sogar überhaupt keine Beschränkungen für den Gebrauch elektronischer Geräte am Steuer. Angesichts der steigenden Zahl von Todesfällen aufgrund unaufmerksamer Fahrer ändert sich das aber allmählich. New York City erwägt etwa, das Tippen von SMS am Steuer zu verbieten. Auslöser der Überlegung war ein Unfall im Jahr 2007, bei dem ein Geländewagen mit fünf Teenagerinnen frontal in einen Sattelschlepper krachte. Alle starben. Den Unterlagen der Telefongesellschaft entnahm die Polizei, dass die Fahrerin unmittelbar, bevor sie auf die Gegenfahrbahn kam, eine SMS getippt hatte.

Doch profithungrige Autohersteller statten ihre Fahrzeuge mit immer mehr ablenkendem Schnickschnack aus. Ein fest installiertes Navi gehört inzwischen fast zum Standard, aber auch Unterhaltungssysteme für Kinder, automatische Kollisionswarnsysteme und nach hinten sehende Kameras werden angeboten. Manche Hersteller bauen sogar Nachtsichtsysteme ein. BMW bietet beispielsweise für knapp 2 000 Euro eine Wärmebildkamera an, die bei Dunkelheit Menschen, Tiere und andere Hindernisse erkennt. Das Bild der Kamera wird auf einem kleinen Monitor am Armaturenbrett dargestellt.

Wohnzimmer auf Rädern – oder Leichenwagen?

2007 erklärte Chrysler-Chef Robert L. Nardelli gegenüber Journalisten, Autos sollten »das Lieblingszimmer der Menschen sein«.

»Das finde ich wirklich«, sagte er. »Ich meine, es muss einem Freude machen, sich darin aufzuhalten. Dass einen das Auto von A nach B bringt, ist nebensächlich, oder?« Allerdings fuhr Chrysler mit seinen rollenden Wohnzimmern 2007 einen Verlust von fast zwei Milliarden Euro ein.

In ein Wohnzimmer gehört natürlich ein Unterhaltungssystem. Die Fahrten zum Arbeitsplatz werden in den USA immer länger, Amerikaner verbringen immer mehr Zeit in ihren Autos. In großen Teilen des Landes sitzen die Menschen durchschnittlich neunzig Minuten täglich am Steuer. Und meistens langweilen sich die Leute. Deshalb suchen Konzerne wie Microsoft nach Möglichkeiten, den Autofahrer zu unterhalten. 2007 erklärte Bill Gates, damals noch Microsoft-Chef,

> »Unser Ziel ist es, Ihnen 24 Stunden am Tag vernetzte Erlebnisse zu verschaffen«, erklärt Bill Gates.

in seiner Rede auf der Consumer Electronics Show in Las Vegas, das Unternehmen wolle die Menschen erreichen, egal, wo sie sich aufhalten und was sie gerade täten.

»Unser Ziel ist es, Ihnen 24 Stunden am Tag vernetzte Erlebnisse zu verschaffen«, verriet Gates der Menge. »Zugegeben, wir wissen noch nicht recht, was wir für Sie tun können, während Sie schlafen. Aber die restliche Zeit sollen Sie durch uns all die Information bekommen, die Sie brauchen. Schon Ihr Wecker soll in der Lage sein, Ihnen die Verkehrslage mitzuteilen ...«

Und dann ging er speziell auf das Auto ein.

»Über kurz oder lang«, sagte Gates, »wird die Unterhaltungselektronik, die Sie bisher im Auto haben, rausfliegen – Sie werden auch im Auto nicht auf die tollen Dinge verzichten wollen, die Sie daheim haben.«

Um den Menschen diese tollen Dinge auch im Auto bieten zu können, schloss Microsoft kürzlich einen Vertrag mit Ford. Seit dem Modelljahr 2008 bietet Ford ein Produkt an, das es gemeinsam mit Microsoft entwickelt hat. Es heißt Sync und ist eine einheitliche Steuerzentrale für Mobiltelefon, iPod und andere Unterhaltungselektronik im Auto.

Ford verspricht, Sync werde »Kommunikation und Unterhaltung im Auto revolutionieren«. Die Technik ist tatsächlich beeindruckend: Eine hochentwickelte Spracherkennungssoftware und Knöpfe auf dem Lenkrad erlauben dem Fahrer, auf ganz neue Art zu multitasken. So kann er nicht nur Musik von einem Flashspeicher oder einem iPod abspielen, sondern auch während der Fahrt neue Abspiellisten erstellen. Kommt ein Anruf herein, während die Musik läuft, zeigt Sync den Namen des Anrufers auf einem Monitor an und unterbricht die Musik. Das System ermöglicht es, beim Fahren SMS zu schreiben oder zu empfangen. Es übersetzt sogar Emoticons wie Smileys oder gängige Abkürzungen wie LOL.

> Sync ermöglicht es, beim Fahren SMS zu schreiben oder zu empfangen. Das System übersetzt sogar Emoticons wie Smileys oder gängige Abkürzungen wie LOL.

»Wie nie zuvor integriert es all Ihre elektronischen Geräte – Handy, Zunes, iPods usw. –, all die Dinger, die Sie in der Tasche haben, wenn Sie ins Auto steigen«, sagt Mark Fields, Fords Nord- und Südamerikachef.

»Früher«, erläutert Fields, »hätten wir eine Ausstattung wie Sync bei Luxusautos eingeführt.« Aber das Umsatzpotenzial sei so groß – »absolut gigantisch«, wie Fields meint –, dass Ford das System schon in der Mittelklasse anbietet, gegen 395 Dollar Aufpreis.

Ihr leicht abzulenkendes Gehirn

Ford erklärt, Sync sei sicher, weil es dem Fahrer erlaube, die Hände am Steuer zu lassen. An der wahren Problematik des Multitaskens geht das aber vorbei. Viel von dem, was wir heute über die Auswirkung des Multitasking auf unser Denken wissen, ist schon seit 1935 bekannt. Damals fand der amerikanische Psychologe John Ridley Stroop heraus, dass die Informationsverarbeitung im Zug einer Aufgabe zu »Interferenzen« mit anderen Aufgaben führen könne. Stroop bat Teilnehmer einer Studie, Wörter zu lesen. Die Gemeinheit bestand darin, dass die Wörter Farben bezeichneten, z.B. »Grün«, und in jeweils anderen Farben gedruckt waren. Mit dieser scheinbar leichten Aufgabe taten sich die Probanden recht schwer. Zu Ehren des Entdeckers nennt man diesen »mentalen Verarbeitungskonflikt« heute »Stroop-Effekt«.

> Viele Systeme, die eigentlich der Sicherheit dienen sollen, machen sich im schlechtest möglichen Zeitpunkt beim Fahrer bemerkbar.

Und je zahlreicher und komplexer die elektronischen Geräte im Auto werden, desto mehr wächst die Wahrscheinlichkeit, dass sich bei ihrer Bedienung ein solcher Verarbeitungskonflikt ergibt. Oder, einfacher gesagt: Irgendwann lenken uns all die blinkenden und piepsenden Geräte mit fatalen Folgen vom eigentlich Wichtigen ab, dem Steuern. Nachtsichtsysteme etwa locken den Blick des

Fahrers von der Straße aufs Display. Andere Systeme, die eigentlich der Sicherheit dienen sollen, machen sich beim Fahrer im schlechtest möglichen Zeitpunkt bemerkbar: mitten in einer Aufgabe. Jim Mateja, Autokritiker bei der *Chicago Tribune*, erlebte das während einer Testfahrt mit einem 45 000 Euro teuren Volvo S80. Zu dessen Sonderausstattung gehörte unter anderem BLIS, ein Warnsystem für den toten Winkel.

»Das System ging einem etwa so auf die Nerven wie über eine Tafel kratzende Fingernägel«, befand Mateja. BLIS zeigt mit einem orangefarbenen Blinklicht an den A-Säulen rechts und links neben der Windschutzscheibe an, wenn sich ein Fahrzeug im toten Winkel des Außenspiegels befindet. Bei dichtem Verkehr geht das Licht ständig an und aus, was enorm irritiert. Und gerade in dichtem Verkehr braucht nun wirklich niemand noch zusätzliche Ablenkungen.

Wenn Fahrer zwischen Aufgaben hin und her wechseln, brauchen sie eine gewisse Umstellungszeit, wie die oben erwähnten Büroangestellten. Dieses Umschalten fällt insbesondere älteren Fahrern (ab sechzig) schwer. Die Erholungsphasen nach dem Wechsel von Aufgaben dauern viel länger als bei jüngeren Fahrern, bis zu doppelt so lang. Und der Anteil älterer Autofahrer wächst rasant: In den westlichen Industrieländern werden 2030 etwa doppelt so viele Fahrer über 65 Jahre alt sein wie heute; jeder vierte Einwohner wird dann älter sein als 65. Ältere Fahrer brauchen länger, um sich von einer Aufgabe auf die andere umzustellen, sie reagieren langsamer, ihr Gesichtsfeld ist schmaler, und sie tun sich schwerer damit, Informationen zu verarbeiten.

Folglich könnten Sicherheitssysteme, die den Fahrer/Piloten ablenken, sogar kontraproduktiv wirken. Genau das stellte die amerikanische Air Force nach der Untersuchung ihrer CFIT-Unfälle fest: Viele betroffene Flugzeuge waren mit ausgeklügelten elektronischen Geräten ausgestattet, die (wie BLIS) Piloten vor drohenden Gefahren warnen

> Ältere Fahrer brauchen bis zu doppelt so lange Umstellungsphasen wie jüngere Fahrer.

sollten – zum Beispiel, wenn sie dem Boden zu nahe kamen. Wenn solche Geräte sich aber zu oft melden, achten Piloten bald nicht mehr auf sie – und bei der Luftwaffe sind »riskante« Flugmanöver ja an der Tagesordnung und gewollt. In der Zivilluftfahrt setzten sich bald nach dem Unfall von 1972 Bodenannäherungswarnsysteme allgemein durch; worauf die Zahl von CFITs stark zurückging. Passagiermaschinen mit einem System der zweiten Generation (EGPWS) – in den Industrieländern seit Jahren Pflicht – erlitten bis heute keinen einzigen CFIT. Es handelt sich also um ein System, das die Sicherheit auch tatsächlich erhöht.

Kommt bald: der Copilot fürs Auto

Als Antwort auf ihre Untersuchungsergebnisse begann die Air Force, ein System auszuprobieren, das automatisch übernimmt, bevor ein Pilot sein Flugzeug in den Boden rammen kann. Die Autohersteller folgten auf dem Fuße. In aller Stille arbeiten sie an »Belastungs-Managern« – im Grunde Hightech-Copiloten –, die übernehmen sollen, wenn der Fahrer versagt. Die Systeme analysieren Daten aus Sensoren, die Parameter wie Geschwindigkeit und Verzögerung messen oder melden, ob Licht oder Scheibenwischer angeschaltet sind. Manche Modelle von Volvo verfügen über das Intelligent Driver Information System, das etwa das Klingeln des Telefons unterdrückt, wenn der Fahrer gerade die Spur wechselt oder wendet.

Dennoch, die Beanspruchung der Fahrer wächst immer weiter. Fahrzeuge verwandeln sich nicht nur in Wohnzimmer, wie Bob Nardelli verkündete, sondern auch in Büros. Das gilt vor allem für diejenige Fahrzeugklasse, die einen immer größeren Anteil am Verkehr ausmacht: für Lastwagen. Zwischen 1980 und 2003 blieb die Zahl von Pkws auf amerikanischen Straßen fast unverändert. Die

> **Das Intelligent Driver Information System unterdrückt das Klingeln des Telefons, wenn der Fahrer gerade die Spur wechselt oder wendet.**

Zahl der Laster verdreifachte sich hingegen beinahe. Heute machen sie dort etwa 40 Prozent des Verkehrs aus.

In Lkw-Fahrerhäuschen wimmelt es inzwischen von ablenkender Elektronik, und Trucker sind oft so in andere Aufgaben vertieft, dass sie nicht mehr auf den Verkehr vor sich achten. Oft kommt es zu schrecklichen Unfällen, wenn sie auf Pkws auffahren. Im Jahr 2001 verbrannte zum Beispiel Linda Camacho, nachdem ein Laster von Werner Enterprises ihren Buick von hinten rammte. Das in Omaha, Nebraska, beheimatete Unternehmen unterhält eine der größten Lasterflotten der Erde; 2001 waren es fast 8000 Sattelschlepper, die über eine Milliarde Meilen im Jahr fuhren.

Nach dem Unfall verklagten Camachos Angehörige die Firma. Während des Verfahrens fanden die Anwälte der Familie etwas Verblüffendes heraus: Genau im Augenblick des Unfalls schrieb oder sandte der Trucker gerade eine E-Mail.

Es mag zwar unfassbar erscheinen, aber in Führerhäuschen wird erschreckend viel gemailt. Das E-Mail-System im Laster der Firma Werner stammt von Qualcomm, einem Anbieter von Mobilfunktechnik, und wurde bereits 1988 in den USA eingeführt. Seitdem hat es sich landesweit durchgesetzt; über 2000 Speditionen benutzen es, um per E-Mail mit ihren Fahrern zu kommunizieren und die Positionen der Laster zu überwachen. Alle über das System versandten Nachrichten laufen über das Rechenzentrum des Unternehmens in San Diego. 2005 übermittelte Qualcomm neun Millionen Nachrichten und Positionsmeldungen zwischen Fahrern und Speditionen – pro Tag!

Gerichtsunterlagen zufolge hätte Werner verhindern können, dass der Fahrer des Unternehmens während der Fahrt mailte. Dafür wäre es lediglich notwendig gewesen, eine Sperre einzubauen, die nur bei stillstehenden Rädern ermöglicht, den Computer zu benutzen. Aber selbst nach mehreren ernsten Unfällen, darunter einer mit zwei weiteren Todesfällen, weigerte sich das Unternehmen, diese Änderung vorzunehmen. Ein Unternehmenssprecher lehnte jeden Kommentar zu dem Fall ab.

6. Kapitel
Wir ordnen falsch ein

Vor nicht allzu langer Zeit fiel mir folgende Schlagzeile auf:

Mann hält Porno-Gestöhne für Hilfeschreie einer Frau
Mit gezücktem Schwert eilt er zu Hilfe –
und wird angezeigt

Passiert ist die Geschichte James Van Iveren. Er war zum Zeitpunkt des Vorfalls 39 Jahre alt und lebte noch bei seiner Mutter. Am Morgen des 12. Februar 2007 hörte er Laute – ganz eindeutige Laute, wie er später zu Protokoll gab – aus der Wohnung über ihm. Eine Frau schrie.
»Sie schrie um Hilfe«, berichtete er.
Anfangs versuchte Van Iveren wegzuhören. Aber irgendwann gelang ihm das nicht mehr. Weil er kein Telefon hatte, konnte er nicht die Polizei rufen. Also packte er die einzige greifbare Waffe – ein Schwert aus der Familienerbschaft –, lief die Treppe hinauf, trat die Tür der Wohnung über ihm ein...
... und fand dort seinen Nachbarn, der sich einen Pornofilm ansah. Van Iveren fragte, wo die Frau sei. Sein Nachbar erklärte, hier sei leider keine. Er führte Van Iveren sogar in der Wohnung herum und öffnete Schranktüren, um zu zeigen, dass sich niemand dort verbarg. Van Iveren zog wieder ab, das Schwert in der Hand. Wenig später kam die Polizei und nahm ihn fest. Man warf ihm unter anderem Einbruch vor. Bald bekamen Journalisten Wind von der Sache.
»Jetzt komme ich mir blöd vor«, äußerte Van Iveren Reportern gegenüber. »Das war alles ein Riesenfehler.«

Wie wir Probleme einordnen

Blöd, ja. Aber Van Iverens fehlgeleiteter Rettungsversuch ist ein schönes Beispiel für die Ursache vieler Irrtümer: falsche Einordnung (»Framing«). Viele alltägliche Irrtümer unterlaufen uns, weil wir eine Begebenheit falsch einordnen, sie in einem falschen Zusammenhang betrachten. Wahrscheinlich ist Ihnen das auch schon passiert; möglicherweise, ohne dass Sie es überhaupt gemerkt haben. Sind Sie jemals auf dem Parkplatz vor dem Einkaufszentrum zum falschen Auto gegangen, um es mit dem richtigen Schlüssel aufzusperren?

Die »Einbettung« kann auf verschiedenste Weise erfolgen: visuell, aber auch akustisch. Vor einigen Jahren untersuchten Wissenschaftler in Großbritannien, ob die in Supermärkten gespielte Musik sich darauf auswirkte, welche Weine gekauft wurden. Sie installierten einen Kassettenrekorder über dem Weinregal und stellten im Regal vier französische und vier deutsche Weine auf, die von Preis und Trockenheit vergleichbar waren. Dann spielten sie abwechselnd je einen Tag lang deutsche bzw. französische Musik. Das Ergebnis: Bei französischer Musik verkaufte sich französischer Wein besser, bei deutscher Musik deutscher. Das galt, obwohl die Mehrheit der Supermarktkunden eigentlich französischen Wein bevorzugte.

Die Unterschiede waren erheblich: Wenn französische Musik lief, wurden vierzig Flaschen französischen Weins verkauft. Lief aber deutsche Musik, fiel der Absatz des französischen Weins auf nur zwölf Flaschen. Umgekehrt galt das Gleiche: Bei Beschallung mit deutscher Musik verkauften sich 22 Flaschen deutschen Weins. Während französische Musik lief, fiel der Absatz deutschen Weins auf nur acht Flaschen.

> Wenn französische Musik lief, verkaufte sich französischer Wein gut, wenn deutsche Musik lief, fiel der Absatz französischen Weins stark.

Interessanterweise schienen sich die meisten Kunden gar nicht bewusst, dass sie von der Musik beeinflusst worden waren. Hinter den Kassen baten die Wissenschaftler die Weinkäufer, einen Fragebogen auszufüllen. Nur sechs von 44 befragten Einkäufern (14 Prozent) gaben an, die Musik habe ihre Weinauswahl beeinflusst. Vermutlich beeinflusst uns Framing genau deswegen so stark, weil wir normalerweise gar nicht merken, dass es stattfindet.

Einen guten Teil unseres Wissens über die Macht des Framing verdanken wir der gemeinsamen Arbeit von Amos Tversky und dem Nobelpreisträger Daniel Kahneman. Die beiden Psychologen beschäftigten sich intensiv mit der Frage, wie wir Entscheidungen treffen, insbesondere unter Unsicherheit. In einer ganzen Reihe von Experimenten zeigten sie, dass unsere Reaktionen sehr stark davon abhängen, wie wir ein Problem einordnen.

Bei einem Versuch teilten Kahneman und Tversky ihre Probanden in zwei Gruppen. Beiden wurde das gleiche hypothetische Problem vorgelegt: Die USA bereite sich auf den Ausbruch einer seltenen asiatischen Krankheit vor, die voraussichtlich etwa 600 Menschenleben kosten werde. Der zweite Teil der Problemstellung unterschied sich aber von Gruppe zu Gruppe. Die erste Gruppe wurde so über die Konsequenzen verschiedener Maßnahmen informiert:

Wird Programm A umgesetzt, werden 200 Menschen gerettet.

Wird Programm B umgesetzt, werden mit einer Wahrscheinlichkeit von einem Drittel 600 Leute gerettet. Mit einer Wahrscheinlichkeit von zwei Dritteln wird aber niemand gerettet.

Der zweiten Gruppe wurden die Konsequenzen so mitgeteilt:

Wird Programm C umgesetzt, sterben 400 Leute.

Wird Programm D umgesetzt, stirbt mit einer Wahrscheinlichkeit von einem Drittel niemand, mit einer Wahrscheinlichkeit von zwei Dritteln sterben 600 Leute.

Vergleichen Sie die Szenarien nun kurz. (Eine Möglichkeit, die die Versuchsteilnehmer nicht hatten.) Die beiden Entscheidungsprobleme sind genau gleich. Die Programme A und C beschreiben das gleiche Ergebnis: 200 Menschen werden gerettet, 400 Menschen sterben. Das Gleiche gilt für B und D: mit einer Drittelwahrscheinlichkeit werden alle gerettet, und es besteht eine Zweidrittelwahrscheinlichkeit, dass niemand gerettet wird.

Wenn den Leuten A lieber ist, müsste ihnen auch C lieber sein, da das Ergebnis in beiden Fällen identisch ist. Aber so haben die Teilnehmer sich nicht entschieden. In der ersten Gruppe, wo die Konsequenzen in Zahlen *geretteter* Leben ausgedrückt wurden, bevorzugten 72 Prozent der Teilnehmer Alternative A. Aber in der zweiten Gruppe, wo die Konsequenzen in Zahlen *verlorener* Leben ausgedrückt wurden, drehte sich die Vorliebe um, und 78 Prozent der Teilnehmer stimmten für D.[14]

Wir halten uns an Sicherheiten fest

Kahnemans und Tverskys Ergebnisse deuten auf ein offenbar wiederkehrendes Muster in unseren Entscheidungsprozessen: Wenn Verluste drohen, sind wir geneigt, Risiken einzugehen, um sie zu vermeiden. Wird etwa das obige Seuchenbeispiel in *Opfer*zahlen vorgestellt, wählen wir die riskante Alternative, bei der es zumindest eine *gewisse* Wahrscheinlichkeit dafür gibt, dass alle gerettet werden. Geht es aber um Gewinne, werden wir konservativer und halten lieber den kleinen, aber sicheren Gewinn fest.

Dieses Muster hängt offenbar damit zusammen, wie wir Menschen Risiken wahrnehmen.

»Wir verfügen über zwei Arten, Risiken zu analysieren: die automatische, intuitive und die rationale«, erklärt Paul Slovic, Psychologieprofessor an der University of Oregon. »Unsere Wahrnehmung von Risiken wird hauptsächlich von Gefühlen geleitet, meistens funktionieren wir also entsprechend der ersten Art.«

Wie wir später sehen werden, wirkt sich das unter anderem stark darauf aus, wie wir mit Geld umgehen. Natürlich entscheiden wir auch im Sport oft intuitiv – gelegentlich zu unserem Schaden, wie ein Beispiel aus dem Football zeigt. David Romer, Professor für politische Ökonomie an der University of California in Berkeley, untersuchte für eine Studie das klassische Dilemma jedes Footballtrainers vor einem vierten und letzten Versuch: Soll ich das »Riskante« tun und einen Raumgewinn von zehn Yards anstreben (danach bekommt das Team wieder vier neue Versuche) oder soll ich die »sichere« Option wählen und aufs Tor kicken lassen?

Romer wertete die Daten von über 700 Profiligaspielen aus. Da sich das Kalkül von Trainern ändert, wenn ihre Mannschaft weit vorn liegt oder wenn nur noch wenig Zeit bis zum Halbzeit- oder Schlusspfiff bleibt, betrachtete Romer ausschließlich die ersten Spielviertel.

Anhand der Daten kam Romer zu dem Schluss, dass Trainer im Profifootball zwar gerne den harten Mann markieren, in ihren Entscheidungen aber übervorsichtig sind. Romer berechnete, dass die Teams in 40 Prozent aller vierten Versuche besser einen Raumgewinn anstreben sollten. Tatsächlich versuchten das die Trainer aber nur viel seltener – in 13 Prozent der Fälle.

> In 40 Prozent aller vierten Versuche sollten die Teams besser einen Raumgewinn anstreben. Tatsächlich versuchten das die Trainer aber nur viel seltener – in 13 Prozent der Fälle.

Footballtrainer verhalten sich also systematisch zu risikoscheu – dabei sind sie doch erfahrene und hoch bezahlte Profis. Damit verhalten sie sich genau wie völlig unerfahrene Versuchspersonen im Labor, für die es um nichts geht.

Verblüffend, oder? Diese ausgebufften Profis, die genau für ihre taktische Gewieftheit bezahlt werden, und deren Jobs davon abhängen, dass sie in kritischen Situationen wie diesen die richtige Entscheidung treffen, entscheiden sich bei vierten Versuchen nachweislich und systematisch falsch, nämlich zu risikoscheu. Haben sie denn aus ihrer jahrzehntelangen Erfahrung nichts gelernt? Im Verlauf jedes Spiels kommt es irgendwann zu einem vierten Versuch, man könnte also rasch feststellen, wenn eine Taktik falsch ist, und sie beim nächsten Mal korrigieren.

Trotz alledem fand Romer eine systematische, eindeutige Vorliebe der Trainer für die schlechtere Lösung. Wie groß der Schaden für die Teams war, lässt sich nicht leicht schätzen, da Romer ja ausschließlich Situationen im ersten Viertel untersuchte. Insgesamt, schätzt Romer aber, würde die Strategie, beim vierten Versuch öfter einen Raumgewinn anzustreben, alle drei Spielzeiten einen zusätzlichen Sieg bringen. Zugegeben, ein bescheidener Effekt, der aber in der Hochleistungswelt des Profifootball nicht unerheblich ist.

Eine allgemeinere Schlussfolgerung aus Romers Studie liegt auf der Hand: Wenn hoch bezahlte Profis bei ihren Entscheidungen derart systematisch gravierende Fehler begehen, wie sieht es dann mit uns Laien aus? Verhalten wir uns genauso irrational?

Framing und Geld

Betrachten wir dazu nur einmal unseren Umgang mit Geldanlagen. Ebenso wenig wie Footballtrainer vor einem vierten Versuch zücken wir den Taschenrechner und rechnen die finanziellen Folgen verschiedener Optionen gründlich durch. Wir verlassen uns, wie Paul Slovic es ausdrückte, auf System Nummer eins, unsere Intuition: Entscheidend ist für uns, wie riskant eine Investition *scheint*. Und das wiederum hängt oft davon ab, wie unsere Entscheidungsalternative formuliert ist.

Nehmen Sie folgendes Beispiel aus dem wirklichen Leben: Am 27. November 1997 veröffentlichte die Zeitschrift *Nature* einen Artikel über vielversprechende Ergebnisse des potenziellen Krebsmittels Endostatin, das in der kleinen Biotechfirma EntreMed entwickelt wurde. Am selben Tag schrieb auch die *New York Times* über das Medikament; der Artikel erschien auf Seite 28 des ersten Teils. Danach tat sich mehr als fünf Monate lang nichts. Dann brachte die *Times* auf der ersten Seite die Schlagzeile:

»Hoffnung im Labor: ein Sonderbericht. Vorsichtige Begeisterung über ein Mittel, das bei Mäusen Krebs heilt.« EntreMed und Endostatin kamen in dem Artikel gut weg.

Wichtig in diesem Zusammenhang: Der Artikel brachte keinerlei neue Informationen über das Medikament oder EntreMed. Verändert hatte sich nur die Präsentation, das Framing: Die Informationen war von Seite 28 aufs Titelblatt der Sonntagsausgabe gewandert.

Die Anleger reagierten ähnlich wie unser Nachwuchs-Samurai, der glaubte, einer Frau zu Hilfe zu eilen: Sie stürmten mit ihrem Geld in der Hand die Stufen der Börse hinauf ...

Und standen später ziemlich bedröppelt da. Am Tag nach Erscheinen des Artikels auf Seite eins investierten Anleger hunderte Millionen Dollar in EntreMed-Aktien. Innerhalb von Minuten nach Börseneröffnung versechsfachte sich der Kurs. Bei Handelsschluss lag die Aktie noch immer erstaunliche 330 Prozent im Plus. Kaum eine andere Aktie hatte je so viel an einem Tag dazugewonnen. Aber die Euphorie verebbte schnell. Andere Labors konnten die Ergebnisse nicht bestätigen, von denen die Forscher im November 1997 berichtet hatten. Der Kurs von EntreMed brach ein. Im Oktober 2008 lag der Wert einer Aktie noch bei 34 Cents – meilenweit unter dem Höchstkurs von 85 Dollar am Montag nach dem Erscheinen des Artikels.

Wie Zeit unsere Entscheidungen beeinflusst

Das Framing unserer Entscheidung hängt von einer Vielzahl von Faktoren ab – unter anderem auch vom Faktor Zeit. Und das wir häufig übersehen. Wenn die Folgen unseres Handelns weit in der Zukunft liegen, gehen wir tendenziell größere Risiken ein. Treten die Folgen rasch ein, entscheiden wir uns konservativer. Nehmen Sie als Beispiel Geburten: Die Einstellung von Frauen zu lokaler Betäubung während des Gebärens hängt nachweislich von ihrer aktuellen Situation ab. Bevor die Wehen einsetzen, geben viele Frauen an, während der Geburt auf Schmerzmittel verzichten zu wollen. Haben die Schmerzen aber erst eingesetzt, wünschen die meisten Frauen dann – wenig verwunderlich – doch eine Betäubung. Später, einen Monat nach der Geburt, plädieren sie dann wieder dafür, bei Geburten auf Schmerzmittel zu verzichten.

Auch der zeitliche Horizont wirkt sich auf unsere Entscheidungen aus. Nach dem Terrorangriff auf die USA am 11. September 2001 verkürzte sich der Zeithorizont vieler Amerikaner. Menschen, vor allem in Großstädten wie New York, begannen stärker in den Tag hineinzuleben als früher. Abnehmen und Sport treiben – beides langfristig nützlich, aber kurzfristig anstrengend – kamen aus der Mode. Der Trend ging plötzlich dahin, sich zu verwöhnen, sich hier und heute etwas zu gönnen. Eine Folge: Die Diätkette Jenny Craig verzeichnete »einen Tsunami von Stornierungen«.

Der Zeitpunkt der Entscheidung beeinflusst sogar, welche Nahrungsmittel wir essen, welche Kleidung wir kaufen und welche Filme wir uns ansehen. In einem Experiment bat man Probanden, drei Leihfilme auszuwählen. Eine Gruppe sollte Filme auswählen, die sie später ansehen würde, die andere Gruppe sollte Filme aussuchen und *gleich* ansehen. Was passierte? Die »Später«-Gruppe wählte anspruchsvollere Filme wie *Das Piano* (ein mehrfach preisgekröntes Liebesdrama über eine stumme Klavierspielerin im gerade erst kolonisierten Neuseeland), die »Jetzt«-Gruppe entschied sich für Popcornfilme wie *Das Kartell* (die Verfilmung eines Tom-Clancy-Thrillers mit Harrison Ford).

> Wer sich einen Film erst später ansehen will, wählt einen anspruchsvollen Film; wer ihn sich gleich ansehen will, nimmt einen Popcornstreifen.

Ein vergleichbares Ergebnis registrierten Forscher, die Büroangestellte fragten, welchen Snack sie in einer Woche geliefert bekommen wollten, Obst oder Junkfood. Die Hälfte der Angestellten fragte man am späten Nachmittag, wenn sie eher hungrig war, die andere Hälfte gab ihre Bestellung kurz nach der Mittagspause ab, als sie vermutlich satt war.

Und tatsächlich projizierten die Angestellten ihren aktuellen Hunger in die Zukunft. 78 Prozent der »hungrigen« Gruppe, aber nur 42 Prozent der »satten« Gruppe entschieden sich für das Junkfood. In anderen Worten: Wenn die Leute hungrig waren – das Essen also am liebsten sofort gehabt hätten –, zogen sie Junkfood vor, genau wie die Leute, die sich einen Film sofort ansehen wollten, anspruchslose Filme wählten. Die satten Angestellten, die mit dem Essen noch warten konnten, entschieden sich für gesündere Nahrung. Sie verhielten sich also genau wie die Leute, die sich einen Film erst später ansehen wollten und sich einen anspruchsvolleren Streifen aussuchten.

Etwas Ähnliches passiert, wenn wir Kleidung kaufen. Bei Versandhäusern steigt, wenig überraschend, die Zahl der Bestellungen für warme Kleidung, wenn die Temperaturen sinken. Aber erstaunlicherweise steigt auch die Zahl der Rücksendungen. Wie denn das? In einer kurzen Kältephase überschätzen die Leute, wie viel warme Kleidung sie brauchen – ist die Phase erst mal vorbei, schicken sie nicht getragene, überflüssige Kleidung wieder zurück. Wenn man bei großer Kälte warme Sachen kaufe, sei das, wie wenn man hungrig in den Supermarkt gehe, meint Mike Conlin, Professor an der Michigan State University.

> **Katalogbestellungen für warme Kleidung ziehen an, wenn die Temperaturen fallen – aber auch die Rücksendungen werden mehr. Wenn die kurze Kältephase vorbei ist, merken wir, dass wir die neue Daunenjacke eigentlich nicht brauchen.**

Gemeinsam mit einigen Kollegen analysierte Conlin die Verkaufszahlen eines großen Versandhändlers für Outdoorbekleidung. Die Daten umfassten zwölf Millionen bestellte Artikel über einen Zeitraum von fünf Jahren. Sie verrieten die Postleitzahl des Bestellers, das Kaufdatum und gegebenenfalls das Rücksendedatum. Das Forscherteam verglich die Verkaufszahlen mit den Wetteraufzeichnungen in mehr als 41 000 Postleitzahlengebieten der USA.

Es stellte fest, dass ein Temperatursturz um 16 Grad Celsius (also z.B. von vier auf minus zwölf Grad) am Tag der Bestellung die durchschnittliche Rücksendequote bei warmer Kleidung um fast vier Prozent erhöht. Wobei nicht alle warmen Kleidungsstücke mit gleicher Häufigkeit zurückgeschickt wurden; teurere Artikel wie Jacken und Mäntel wurden doppelt so oft zurückgegeben wie Mützen und Handschuhe. Insgesamt wuchsen die Rücksendungen aber um vier Prozent. Das mag nun unerheblich klingen, aber das Versandgeschäft ist in den USA ein riesiger Wirtschaftsbereich mit Jahresumsätzen von über 100 Milliarden Euro. Selbst kleine Veränderungen in den Rücksendequoten können schon große finanzielle Auswirkungen haben.

Den Preis der Schönheit beziffern

Viele Unternehmen erkennen erst allmählich, welch unterschwellige Faktoren die Entscheidungen ihrer Kunden beeinflussen. Vor nicht allzu langer Zeit erlaubte eine südafrikanische Großbank Sendhil Mullainathan, einem Wirtschaftsprofessor in Harvard, ihr beim Marketing über die Schulter zu sehen und einige Experimente durchzuführen. Wie jede Bank versuchte sie, ihr Kreditgeschäft auszuweiten. Die Frage lautete, wie? Der klassische Ansatz wäre gewesen, die Kreditzinsen zu senken und damit die Nachfrage anzukurbeln.

Stattdessen wagte die Bank etwas Neues. Sie schickte mehr als 50 000 Briefe an ehemalige Kreditnehmer. Darin hieß es: »Herzlichen Glückwunsch!«, die Empfänger gehörten zu den »Auserwählten«, die in den Genuss eines neuen Kredits kämen, wenn sie denn wollten. Es handelte sich um kleine, kurzfristige Barkredite. Die geforderten Zinssätze waren für europäische Standards unverschämt – zwischen 7,75 und 11,75 Prozent *pro Monat* –, in Südafrika aber durchaus im Rahmen des Üblichen. Die durchschnittliche Kreditsumme lag bei gut hundert Euro.

Die Briefe wurden in verschiedenerlei Hinsicht randomisiert, was Mullainathan und seinen Kollegen erlaubte, die

Wirkungen der psychologischen Reize von denjenigen der ökonomischen Anreize (wie z.B. Zinssätzen) zu trennen. Einigen Kunden wurde etwa ein niedrigerer Zinssatz angeboten, manchen ein höherer. Einer dritten Gruppe wurde mitgeteilt, sie könne an der Verlosung eines Handys teilnehmen. Für uns am interessantesten war aber die untere rechte Ecke des Anschreibens. Dort befand sich ein Foto eines Bankangestellten, mal ein Mann, mal eine Frau, mal weiß, mal schwarz. »Die Ergebnisse waren wirklich erstaunlich«, sagte Mullainathan. »Ersetzte man den Mann auf dem Foto durch eine Frau, stieg die Nachfrage von Männern nach Krediten, als wäre der Zinssatz um fünf Prozent gesenkt worden!«[15]

> Ersetzte man im Anschreiben das Foto des Bankangestellten durch das einer Frau, stieg die Nachfrage von Männern nach Krediten, als wäre der Zinssatz um fünf Prozent gesenkt worden!

Die Zynischeren unter uns mag das kaum beeindrucken – insbesondere nach dem, was wir in den vorherigen Kapiteln über den Einfluss von Schönheit auf unser Gehirn gelernt haben. Aber Banken können von solchen Erkenntnissen enorm profitieren. Klar, es ging nur um Kleinkredite, aber Kleinvieh macht bekanntlich auch Mist, besonders, wenn man ohne zusätzliches Risiko fünf Prozentpunkte mehr Zinsen kassieren kann.

Lassen sich diese Ergebnisse auf andere Länder übertragen?

»Sehr schwer zu sagen«, meint Marianne Bertrand, Professorin an der University of Chicago und Mitverfasserin der Studie. Schließlich seien die Daten ausschließlich in Südafrika gewonnen worden. Allerdings seien ähnliche psychologische Manipulationen auch in den Vereinigten Staaten dokumentiert worden, von daher dürfe man davon ausgehen, dass die Ergebnisse universell gültig seien.

Lektionen aus dem Supermarkt

Nun gut. Dass Männer sich von weiblicher Schönheit manipulieren lassen, ist nichts Neues. Aber wir, Männer wie Frauen, lassen uns doch hoffentlich nicht von völlig irrelevanten, fast beliebigen Zahlen in unseren Entscheidungen beeinflussen, oder? Leider doch, wie etliche Studien nachgewiesen haben.

Das Phänomen psychologischer Manipulation, um das es nun geht, nennt sich »Ankern« (Anchoring). Die Manipulation besteht darin, dass man Leuten, die vor einer Entscheidung stehen, eine Zahl ins Gehirn pflanzt, die überhaupt nichts mit dem Problem zu tun haben muss. Aber dennoch beeinflusst diese Zahl unsere Entscheidung. Probieren Sie es selbst aus: Bitten Sie ein paar Freunde, die ersten drei Ziffern ihrer Telefonnummer hinzuschreiben. Bitten Sie sie dann, das Todesjahr von Dschingis Khan zu raten. Dieses Experiment wurde in zahllosen Variationen wiederholt (bei denen man die Länge des Nils oder die Höhe des Bogens von St. Louis schätzen sollte). Immer wieder haben die Ergebnisse eine Korrelation zwischen den Antworten und den Telefonnummern gezeigt – obwohl es da natürlich nicht den geringsten Zusammenhang gibt. Im Dschingis-Khan-Fall schätzten die Leute fast durchgehend, dass der Mongole im ersten Jahrtausend gelebt habe (eine dreistellige Jahreszahl). Doch er lebte und starb im zweiten Jahrtausend, sein Todesjahr ist also vierstellig.[16]

Würde man diese Manipulation durchschauen, könnte man ihr natürlich gegensteuern. Doch genau wie uns die Einbettung, das »Framing«, einer Entscheidung nicht immer bewusst ist (erinnern Sie sich an die Supermarkt-Musik und den französischen Wein?), fällt uns oft auch der Anker nicht auf. Oft merken wir nicht, wenn uns Informationen, etwa Preise im Supermarkt, so präsentiert werden, dass wir unsere Entscheidung an irgendetwas festmachen. Dennoch unterliegen wir diesen Einflüssen bei jedem Einkauf.

Vicki McCracken erinnert sich noch lebhaft an ihre Kindheit in Indiana und die Einkaufstouren ihrer Mutter.

»Wir hatten nie viel Geld«, erzählte sie. »Also achtete Mutter genau auf die Preise.«

Noch Jahre später fand McCracken Preise faszinierend. Was wäre, wenn Hausfrauen wie ihre Mutter *vor* dem Einkauf die Preise in allen örtlichen Lebensmittelläden wüssten? Würde das beeinflussen, was sie wo einkauften? Das waren gute Fragen – so gute Fragen, dass das amerikanische Landwirtschaftsministerium die damalige Masters-Studentin dafür bezahlte, diesen Fragen nachzugehen.

Gemeinsam mit Kollegen an der Purdue University entwickelte McCracken einen einfachen, aber umfassenden Test für Lebensmittelpreise in vier Städten in vier Bundesstaaten. In jeder Stadt heuerten sie Preisbeobachter an. Ihre Aufgabe bestand darin, mit Klemmbrettern in die örtlichen Läden zu gehen und die Preise bestimmter gängiger Artikel zu notieren. Jede Woche veröffentlichten McCracken und Kollegen diese Preise in den jeweiligen Lokalblättern. Abgedruckt wurden die Preise für Einzelpackungen, etwa für eine Dose Folgers-Kaffee. Die Leute reagierten schnell auf die Listen, aber nicht so, wie McCracken erwartet hatte.

»Die Ladeninhaber nahmen die Angelegenheit sehr persönlich«, sagte sie. Mehrere Eigentümer verboten den Preisnotierern den Zutritt zu ihren Läden. Ein Händler drohte sogar, sich umzubringen, wenn McCracken nicht aufhörte, die Preisvergleiche zu veröffentlichen.

»Er war viel teurer als die anderen«, ergänzte sie, verzichtete sicherheitshalber aber trotzdem darauf, seine Preise weiter zu veröffentlichen.

Bei den anderen machte McCracken weiter. Anstatt die Preiskontrolleure mit Klemmbrett durch die Läden laufen zu lassen – wodurch sie sich natürlich verrieten – ließ sie sie einfach die Lebensmittel kaufen, deren Preise sie interessierten. Die Studie ging über ein Jahr. Wenig überrascht stellten die Forscher fest, dass die teuren Läden ihre Preise auf das Niveau der billigen Konkurrenz senkten, nachdem die Listen veröffentlicht wurden.

Aber das interessierte sie nur am Rande.

McCrackens Testkäufer ermittelten nämlich nicht nur die Preise von Lebensmitteln, die sie später auch veröffentlichten, sie verfolgten auch die Preisentwicklung *anderer* Produkte. Sie ermittelten also nicht nur den Preis einer Dose Folgers-Kaffee , den sie veröffentlichten, sondern heimlich auch den Preis einer Dose Kaffee der Konkurrenzmarke Maxwell House. Und hier zeigte sich der Einzelhandel von seiner finsteren Seite.

»Die Händler senkten die Preise für Güter, deren Preise wir veröffentlichen, und erhöhten andere«, erzählte McCracken. Der Preis für Folgers sank also, während der Preis für Maxwell House stieg, vermutlich, so McCracken, als Ausgleich für die geringere Gewinnspanne beim Konkurrenzprodukt.

Die meisten Leute merken das gar nicht – und genau das war ja der Witz an der Sache. Die Händler erwarteten zurecht, dass die Menschen ihre Entscheidung, wo sie einkaufen wollten, an den veröffentlichten Preisen verankern würden, im Geschäft selbst aber nicht mehr so arg auf die Preise achten würden. Ähnliche Beispiele für das Verankern von Entscheidungen findet man bei vielen Einzelhändlern. Händler, die ihre Umsätze erhöhen wollen, und welche wollten das nicht, verwenden oft eine Technik namens Multiple-Unit-Pricing (Preisangabe für mehrere Einheiten). In Supermärkten ist sie bei uns nicht gängig, wohl aber z.B. bei Obst- und Gemüseständen. Diese werben gern mit Angeboten wie »zwei Kilo Spargel 9,99 Euro« oder »drei Mangos 2,99 Euro«. Auch Angebote der Form »drei kaufen, zwei bezahlen« beruhen auf dieser Technik.[17]

> **Käufer verankerten ihre Entscheidung, wo sie einkaufen wollten, an den veröffentlichten Preisen, und merkten nicht, dass andere Güter auf ihrer Einkaufsliste relativ teuer waren.**

Bei diesen Beispielen dienen die Zahlen zwei bzw. drei als Anker. Der Kunde sieht die Zahl und nimmt, ohne groß darüber nachzudenken, mehr Spargel oder Mangos, als er vielleicht vorhatte. Der Einfluss solcher Anker ist erstaunlich stark. Eine Feldstudie verglich die Absatzzahlen in 86 amerikanischen Lebensmittelläden. Ein Multi-Unit-Pricing der Form »vier Dosen Pfirsiche für 1,96 Dollar« führte im Vergleich zum ursprünglichen – genauso günstigen – Angebot von 49 Cent pro Dose zu einer Absatzsteigerung um 32 Prozent.

Ein weiterer Anker, mit dem Läden ihre Kunden dazu verleiten, mehr zu kaufen, sind Mengenbeschränkungen wie »maximale Abgabemenge pro Kunde zwölf Stück«. Hier ist die Zahl zwölf der Anker. Die Auswirkungen von Mengenbeschränkungen auf den Umsatz wurden wissenschaftlich untersucht – und tatsächlich erhöhen sie den Absatz: Je höher der Anker, desto höher die verkaufte Menge. Erst wenn der Anker absurd hoch liegt, etwa bei fünfzig Päckchen Butter, nimmt die Wirkung ab.

> Eine Mengenbeschränkung – etwa maximal zwölf Packungen pro Kunde – steigert den Absatz. Je höher der Anker, desto höher die verkaufte Menge.

Beim Verankern setzt sich übrigens die erste Information fest. Denn Menschen tendieren dazu, Informationen in der Reihenfolge zu verarbeiten, in der sie hereinkommen. Und da hilft es, vorn dran zu sein. Bei Kandidaten der beiden großen amerikanischen Parteien macht es bis zu drei Prozent mehr Stimmen aus, wenn sie in den Vorwahlen oben auf der Liste stehen. Und es stellt einen beträchtlichen Vorteil dar, in einer Verhandlung den ersten Vorschlag zu machen. Und zwar deswegen, weil dieses erste Angebot in der folgenden Diskussion als Anker dient. Das wurde 2001 erstmals empirisch belegt, von Wissenschaftlern in Utah und in Deutschland. Beide Teams fanden heraus, dass bei Verkaufsverhandlungen derjenige das bessere Ergebnis erzielte, der das erste Angebot abgab, egal ob es sich um den Käufer oder den Verkäufer handelte.

> Auf dem Wahlzettel ganz oben zu stehen, kann bis zu drei Prozentpunkte zusätzliche Stimmen bedeuten.

Die Macht des Listenpreises

Dieses Ergebnis gilt auch für die wichtigste Verhandlung, die die meisten von uns in ihrem Leben führen: beim Kauf eines Hauses. Häuser werden normalerweise nicht in Mehrfachpackungen (»vier für zwei Millionen«) angeboten, auch Mengenbeschränkungen (maximal drei Wohnungen pro Käufer) findet man wohl nie. Aber der Preis, den wir am Ende bezahlen, ist letztlich doch an einer Zahl verankert: dem Startpreis.

Die Macht des Startpreises wurde in einem erhellenden Feldversuch illustriert, bei dem Studenten gegen erfahrene Immobilienmakler antraten. Die Teilnehmer wurden gebeten, den Wert bestimmter Immobilien in Tucson, Arizona, zu schätzen. Als Hilfestellung bekam jeder ein zehnseitiges Exposé mit zahlreichen Informationen. Vermerkt waren alle möglichen Details, die einen möglichen Käufer interessieren könnten: aktuelle Verkaufspreise anderer Immobilien in der Gegend, der Startpreis des Hauses, sozusagen die Verhandlungsbasis, und ein Kurzexposé des Hauses.

Dann folgte die Besichtigung. Die Teilnehmer durften frei im Haus und in der Nachbarschaft herumgehen, wie bei einer echten Hausbesichtigung auch. Am Ende der Besichtigung gab man Experten wie Amateuren einen Taschenrechner und bat sie, den Wert der Immobilie zu schätzen. Parallel dazu sollten sie eine Checkliste ausfüllen, wie sie zu ihrer Einschätzung gekommen waren.

Die Studie erzielte einige verblüffende Ergebnisse, die nicht das beste Licht auf Makler werfen. Erstens lagen die Ergebnisse der Amateure und der Experten nicht weit auseinander. Bei der Schätzung des Marktwerts gaben beide Gruppen Zahlen an, die nur ein paar tausend, manchmal nur ein paar hundert Dollar auseinander lagen. Zweitens wurden die Schätzungen beider Gruppen durch den Startpreis der Immobilie stark beeinflusst. All den Informationen zum Trotz, über die alle Versuchspersonen verfügten, verankerten Makler und Laien ihre Schätzungen an nur einer Zahl: am Startpreis. Je höher der angegebene Startpreis lag, desto höher schätzten die Teilnehmer den Marktwert des Hauses. So erklärt sich, warum viele Immobilien erstmal unrealistisch teuer angeboten werden: Der Startpreis ist das Eröffnungsangebot in einer Verhandlung und damit der Anker, an dem sich der Käufer orientiert.

> **Je höher der angegebene Startpreis lag, desto höher schätzten die Teilnehmer den Marktwert des Hauses.**

Damit zahlt er tendenziell einen zu hohen Preis – aber wir wissen ja bereits, dass bei Verhandlungen derjenige im Vorteil ist, der das erste Angebot abgibt.

Drittens, und das ist in vielerlei Hinsicht der wichtigste Punkt, fielen auch die Immobilienprofis auf den Ankereffekt herein. Wie Ärzte, die von Pharmaunternehmen umworben wurden, waren auch die Makler blind für ihre eigene Voreingenommenheit. Sie dachten, ihre professionelle Beurteilung des Werts einer Immobilie würde von einem zufällig gewählten Startpreis nicht beeinflusst – genau das passierte aber. Als die Makler nach dem Experiment befragt wurden, ob sie sich am Startpreis orientiert hätten, »leugneten sie das rundweg«. Als die Wissenschaftler aber die Entscheidungs-Checklisten der Makler ansahen, stellten sie genau das Gegenteil fest.[18]

Die genannten Beispiele zeigen, dass man der psychologischen Manipulation durch den Ankereffekt kaum entkommen kann. Der Ankereffekt wirkt in den verschiedensten Lebensbereichen, beim Einkaufen ebenso wie beim Wählen. Hier sind einige Tipps, wie sie ihn möglicherweise vermeiden können:

1) Probieren Sie, das Problem neu zu formulieren (»Reframing«). Verhandeln Sie beim Immobilienkauf nicht über den – vom Verkäufer vorgegebenen – Startpreis (z.B. 250 000 Euro), sondern über den Preis pro Quadratmeter (z.B. »Ich biete 2 000 Euro für den Quadratmeter.«).
2) Machen Sie den ersten Schritt. Natürlich geht das manchmal nicht. Wenn aber eine Immobilie in die

Zwangsvollstreckung gerät, kann es sich auszahlen, gleich zum Eigentümer oder zur Bank zu gehen und ein Angebot zu machen. So bringen Sie sich in die Poleposition, und Ihr Angebot setzt den Anker für die folgenden Verhandlungen.

3) Hüten Sie sich vor »Sonderangeboten«. Mit ihnen will der (Lebensmittel-)Händler Sie dazu verführen, genau den Preis als Ankerpreis zu nehmen, den er Ihnen hinstreckt. Aktuelle Untersuchungen haben aber gezeigt, dass die relativ hohen Preise anderer Artikel im Sortiment die Ersparnis von Schnäppchenjägern tendenziell wieder auffressen. Heben Sie mal Ihre Kassenzettel auf und vergleichen Sie, was Sie woanders für Ihren gesamten Einkauf bezahlt hätten. Wenn Sie in Sachsen, Sachsen-Anhalt oder Thüringen wohnen, finden Sie aktuelle Lebensmittelpreise auf der Website www.discount-teufel.de.

7. Kapitel
Wir sind Querleser

Nur wenige Branchen legen ihre Patzer offen. Eine tut es aber, und zwar täglich: die Zeitungsbranche. Demjenigen, der einen Sinn dafür hat, bieten die Fehlerteufelspalten der Zeitungen köstlichen Lesestoff. So köstlichen, dass der kanadische Journalist und Autor Craig Silverman 2004 eine eigene Website, regrettheerror.com eröffnete, auf der er Zeitungsschnitzer sammelt. Jedes Jahr vereint er die amüsantesten Schnitzer der Branche in einem Buch. Es fällt mir schwer, einen Favoriten herauszupicken, teilweise, weil auch ich über die Jahre den einen oder anderen Patzer beigetragen habe. Ein besonders grandioser bleibt mir aber unvergesslich. Er ist ein paar Jahre alt und unterlief meiner Alma Mater, dem *Wall Street Journal*. Der Text der vollständigen Korrektur lautet wie folgt; die Kursivierung stammt von mir:
»Bei einem Clownfestival in Großbritannien fuhren einige Teilnehmer auf *Einrädern* und nicht, wie gestern auf Seite eins berichtet, auf *Einhörnern*.«

Schade; das wäre ein deutlich spektakulärerer Auftritt gewesen! Aber wie, um Himmelswillen, konnte ein derart offensichtlicher Fehler passieren?

Wir achten auf Anfänge

Es läge nahe, solche Fehler schlicht mit Nachlässigkeit zu erklären. Aber wie so oft ist der Fall etwas komplizierter. Wenn wir Zeitungsartikel lesen, tun wir das nicht Buchstabe für Buchstabe, Wort für Wort. Als erfahrene Leser haben wir alle so viele Wörter und Sätze entziffert, dass wir Muster sehen. Beginnt ein Satz mit »der durstige Mann leckte sich die ...«, endet er wahrscheinlich auf »Lippen«.

Das Gleiche gilt für häufig auftretende Kurzworte. Lesen englische Muttersprachler ein kurzes Wort, das mit »th« beginnt, erwarten sie dahinter ein *e*. Genau das wurde auch im Versuch nachgewiesen: Bei einem Experiment bat man Amerikaner, in einem Text jedes e auszustreichen. Es stellte sich heraus, dass ein *e* umso seltener entdeckt wurde, je später es im Wort auftauchte. Besonders das *e* in »the« wurde gern übersehen – in 32 Prozent aller Fälle.

Übersehene Fehler dieser Art kommen so häufig vor, dass die Wissenschaft ihnen einen eigenen Namen gegeben hat: »proofreader's error« (Fehler des Korrekturlesers). Diese Flüchtigkeitsfehler verraten einige interessante Eigenarten der menschlichen Wahrnehmung. Wahrnehmung ist zu allererst eine Frage der Ökonomie: Manche Dinge fallen uns auf, manche nicht. Das bedeutet, dass unsere Aufmerksamkeit nicht immer so gleichmäßig verteilt ist, wie wir vielleicht glauben. So widmen wir dem Anfang eines Wortes (*Ein*horn, *Ein*rad) tendenziell große Aufmerksamkeit, einem Bereich, von dem wir erwarten, dass er uns viel über das verrät, was folgen könnte. Der Rest bekommt weniger Aufmerksamkeit ab. Interessanterweise scheinen Investoren genauso vorzugehen: Zu Beginn der Woche verfolgen sie die Finanznachrichten genau, am Freitag dösen sie dabei allmählich weg.

> Investoren verfolgen die Finanznachrichten zu Wochenbeginn genauer als an Freitagen.

Diese Tendenz ist so allgegenwärtig, dass sie auf ein zweites, damit eng verbundenes Prinzip hindeutet: Wir lesen quer – und je flüssiger wir lesen, desto eher neigen wir zum Überfliegen. Dabei lesen wir nicht nur Buchstaben quer, sondern auch Noten. »Vom Blatt spielen können« bedeutet, dass man Notenblätter eines unbekannten Stücks nehmen und sofort losspielen kann. Musiker, die diese Kunst beherrschen, lesen nicht jede einzelne Note, sondern suchen nach bekannten Mustern und Hinweisen auf solche Muster. Tatsächlich scheinen gute Vom-Blatt-Spieler ganze Notengruppen als Einheit wahrzunehmen. In einer Metapher ausgedrückt: Sie sehen Sternbilder, nicht einzelne Sterne. Erst das erlaubt ihnen, Noten mit einer Geschwindigkeit und Flüssigkeit zu lesen und sofort zu spielen, für die andere Musiker lange üben müssen.

> Je besser wir etwas können, desto stärker überfliegen wir nur. Das geht auf Kosten der Genauigkeit.

Ein Fehler, den nur ein Anfänger bemerken konnte

Diese Fähigkeit hat aber ihren Preis: Die Genauigkeit leidet, Details fallen unter den Tisch. Davor warnte schon vor Jahrzehnten der berühmte Klavierlehrer und Vom-Blatt-Spieler Boris Goldovsky. Eines Tages entdeckte er einen Druckfehler in einer viel verwendeten Partitur eines Capriccios von Brahms – aber erst, als eine relativ schlechte Schülerin diese Note im Unterricht gespielt hatte.

Goldovsky unterbrach die Schülerin und bat sie, ihren Fehler zu korrigieren. Verwirrt antwortete sie, sie habe doch nur gespielt, was da stehe. Und zu Goldovskys Überraschung hatte die Schülerin Recht: Da stand tatsächlich die falsche Note im Blatt; offenkundig ein Druckfehler. Anfangs dachten Schülerin und Lehrer, der Fehler hätte sich nur in diese eine Ausgabe eingeschlichen, aber bei Nachforschungen ergab sich, dass diese falsche Note in *allen* Partituren stand.

Warum, wunderte sich Goldovsky, war dieser Fehler niemandem aufgefallen, nicht dem Komponisten, dem Verleger, dem Korrekturleser oder den Tausenden von Pianisten, die das Stück gespielt hatten? Sie alle hatten den Fehler einfach überlesen und im Geist ein Kreuzvorzeichen hinzugefügt, das da nicht stand, aber aus harmonischen Gründen nötig war: Da *musste* einfach »Gis« stehen statt »G«.

Wie konnten so viele Experten einen Fehler übersehen, den eine Anfängerin sofort bemerkte? Das beschäftigte Goldovsky. Also führte er ein kleines Experiment durch. Er sagte guten Vom-Blatt-Spielern, dass sich ein Fehler in den Noten befinde, und bat sie, ihn aufzuspüren. Sie durften das Stück so oft spielen, wie sie nur wollten. Kein einziger Musiker fand den Fehler. Die meisten sahen ihn erst, als Goldovsky ihnen verriet, in welchem Takt er sich befand. (Für Musikliebhaber: Es handelt sich um Brahms' Opus 76, Nr. 2, der Fehler findet sich in Takt 78.)

Schiffbruch erlitten

In unserer Welt wimmelt es nur so von »Goldovsky-Fehlern«, die keinem Experten auffallen, sondern ausschließlich Anfängern. Im April 2008 korrigierte etwa ein 13-jähriger Schüler die Schätzung der NASA, mit welcher Wahrscheinlichkeit ein Asteroid mit der Erde zusammenstoßen würde. Wenige Wochen zuvor hatte ein Fünftklässler aus Michigan einen Fehler an einem Ausstellungsstück der Washingtoner Smithsonian Institution, dem größten Museumskomplex der Welt, entdeckt, der 27 Jahre lang niemandem aufgefallen war. 2007 flog ein weiterer Fehler auf, diesmal gefunden von einem 13-jährigen Jungen in Finnland. Der staatliche russische Fernsehsender Rossija hatte eine Geschichte über die Reise eines russischen U-Boots in die Arktis mit einem Bild illustriert, das von Reuters verbreitet und von Nachrichtenredaktionen in aller Welt übernommen worden war. Niemandem war etwas aufgefallen. Allein dem 13-jährigen Waltteri Seretin kam das U-Boot verdächtig bekannt vor. Als er nachsah, bestätigte sich sein Verdacht: Die U-Boot-Bilder stammten aus *Titanic*, dem Hollywood-Kassenschlager mit Leonardo DiCaprio und Kate Winslet.

»Ich legte die DVD ein, und da kam es, gleich am Anfang des Films«, erzählte er einer finnischen Zeitung.

Durch Üben wird es nur schlimmer

Seit Goldovskys Entdeckung hat die Wissenschaft das Phänomen des »unsichtbaren Druckfehlers« mehrfach bestätigt. John Sloboda, ein international renommierter Musikpsychologe, schmuggelte absichtlich ein paar falsche Noten in Partituren. Dann bat er erfahrene Musiker, die Stücke zweimal zu spielen. Beim ersten Spielen, so Sloboda, überlasen sie 38 Prozent der falschen Noten einfach.

Das wirklich Interessante ist aber, was beim zweiten Spielen passierte. Im zweiten Durchgang ging die Zahl der Lesefehler nämlich nicht zurück – sie stieg an! Das lässt vermuten, dass die Musiker nach dem ersten Spielen mit der Musik schon so vertraut waren, dass sie die Partitur nicht mehr Note für Note spielten, sondern Muster wahrnahmen. Kurz gesagt, sie lasen quer.

Und genau in dieser Tendenz liegt der Grund dafür, dass wir so viele unserer Fehler selbst nicht sehen: Je vertrauter uns etwas ist, desto flüchtiger nehmen wir es wahr. Wir sehen die Dinge nicht, wie sie sind, sondern so, wie sie unserer Meinung nach sein sollten. Diese Eigenheit sitzt tief in uns drin und lässt uns nicht nur Kleinigkeiten wie vergessene Kreuzvorzeichen übersehen, sondern auch buchstäblich rosarote Elefanten.

> Je vertrauter uns etwas ist, desto flüchtiger nehmen wir es wahr. Wir sehen die Dinge nicht, wie sie sind, sondern so, wie sie unserer Meinung nach sein sollten.

Ein Beispiel dafür ereignete sich 2005 im amerikanischen Städtchen Frederica. Dort erhängte sich wenige Tage vor Halloween eine Frau in aller Öffentlichkeit. Doch obwohl sie an einer einigermaßen belebten Straße für jedermann sichtbar im Baum hing, rief über zwölf Stunden lang niemand die Polizei. Erst um elf Uhr morgens ging der Notruf ein – etwa 14 Stunden, nachdem die Frau sich erhängt hatte.

»Die Leute dachten wohl, es handele sich um eine Halloweendekoration«, meinte die Frau des Bürgermeisters.

Die Bedeutung des Kontexts

So traurig das Beispiel auch ist, es zeigt, wie sehr wir uns bei der Wahrnehmung alltäglicher Ereignisse vom Kontext leiten lassen. Kontext ist eine wichtige Krücke unserer Wahrnehmung, auf die wir uns viel stärker stützen, als uns bewusst ist. Wenn Amerikaner um den 31. Oktober herum etwas Gruseliges sehen, nehmen sie, ohne groß nachzudenken, an, es habe mit Halloween zu tun. Und in aller Regel stimmt das ja auch. Aber manchmal stimmt es eben nicht, und dann ist die Wahrscheinlichkeit hoch, dass man etwas Offensichtliches übersieht, so wie die Passanten die Erhängte übersahen.

Wenn wir etwas oder jemandem außerhalb des gewohnten Zusammenhangs sehen, fällt uns das Wiedererkennen viel schwerer. Wir haben viel größere Schwierigkeiten, ein Gesicht zu erkennen, wenn wir es in einer neuen Umgebung sehen. Das kennen Sie sicher alle: Sie treffen jemanden auf der Straße, dessen Gesicht Ihnen vertraut ist, aber Sie können es momentan partout nicht einordnen. Woher kennen Sie ihn nur? Ist es der Mann aus der Reinigung? Der Karatelehrer Ihrer Tochter? Meistens fällt der Groschen erst, wenn Ihnen einfällt, *wo* der Betreffende hingehört – wenn Sie den Kontext hergestellt haben.

Einen Kontext brauchen wir übrigens nicht nur für das, was wir sehen, beispielsweise Leichen in Bäumen, sondern auch das, was wir lesen. Auf den ersten Blick könnte man meinen, Geschriebenes müsste doch für sich stehen können. Aber um gewisse Abschnitte zu verstehen, braucht man einen Kontext.

Nehmen Sie nur den folgenden Absatz:

Die Prozedur ist eigentlich recht einfach. Zunächst teilt man die Dinge in verschiedene Haufen ein. Ein Haufen kann auch genügen, je nach dem, wie viel zu tun ist. Falls man wegen fehlender Geräte woanders hingehen muss, ist dies der nächste Schritt. Andernfalls kann es gleich losgehen. Wichtig ist, dass man es nicht übertreiben darf. Es ist besser, zu wenige als zu viele Dinge gleichzeitig zu nehmen. Das scheint zunächst nicht so wichtig zu sein, kann aber leicht zu Komplikationen führen. Zunächst kann die ganze Prozedur recht kompliziert erscheinen. Aber bald wird es ein ganz normaler Bestandteil des Lebens. Es ist unwahr-

scheinlich, dass diese Tätigkeit jemals unnötig werden wird, aber wer weiß ...
Und worum geht es nun?
Antwort: ums Wäschewaschen.
Aha, jetzt ergibt das Ganze einen Sinn!
Der Text ist Bestandteil eines Experiments der beiden Psychologieprofessoren John Bransford und Marcia Johnson. Sie legten ihren Testpersonen Texte wie den obigen vor und fragten, worum es darin eigentlich ging. Dabei stellten die beiden fest, dass ein Kontext große Bedeutung für die Verarbeitung neuer Informationen hat. Ohne Kontext zeigten sich die Testleser völlig ratlos. Sie hatten keinen Schimmer, wovon die Rede war. Sie suchten zwar nach Situationen, auf die der gesamte Absatz passte, normalerweise gelang es ihnen aber nicht, eine Lösung zu finden, die den gesamten Text erklärte. Nur aus Teilpassagen wurden sie schlau. Andere Versuchspersonen, die den Zusammenhang vor dem Lesen kannten, hatten nicht die geringsten Schwierigkeiten mit dem Text. Das ist einer der Gründe, warum Zeitungsartikel Schlagzeilen haben und Fotos eine Bildunterschrift – Schlagzeilen und Bildunterschriften vermitteln uns einen Kontext, sie verraten uns, worum es geht.

Wie ein Spaziergang im Park das Gedächtnis verbessert

Auch für das Gedächtnis spielt der Kontext eine wichtige Rolle. Ist etwas aus dem Zusammenhang gerissen, fällt uns nicht nur das Wiedererkennen schwerer, sondern später auch die Erinnerung daran. Sobald der ursprüngliche Kontext wiederhergestellt ist, verbessert sich die Gedächtnisleistung. Das wurde vor Jahren in einem verblüffend einfachen Experiment mit Vorschülern gezeigt. Man führte die Fünfjährigen in einen Park und fragte sie am nächsten Tag, was ihnen vom Parkbesuch noch in

> Führte man Kinder zurück in den Park, erinnerten sie sich signifikant besser an den vergangenen Parkbesuch.

Erinnerung geblieben war. Fragte man die Kinder in einem ruhigen Zimmer, erinnerten sie sich relativ schlecht. Führte man sie aber zurück in den Park, fielen ihnen etliche Dinge wieder ein, die sie am Vortag gemacht hatten.

Happy Ends

Dieser Umstand betrifft nicht nur den physischen Kontext, sondern auch den emotionalen. An Dinge, die man in einer bestimmten Stimmung gelernt hat, erinnert man sich in dieser Stimmung am besten. An gute Zeiten erinnern wir uns am besten, wenn wir glücklich sind.

Im Rahmen eines Experiments wurden Menschen durch posthypnotische Suggestion in einen glücklichen oder traurigen Zustand versetzt, dann legte man ihnen eine kurze Geschichte über zwei Freunde vor, die sich zum Tennisspielen trafen. Der eine Freund, André, ist glücklich, alles läuft bestens für ihn. Der andere, Jack, ist traurig, ihm geht alles schief. Als die Teilnehmer die Geschichte durchgelesen hatten, fragte man sie, wer wohl die Hauptfigur der Geschichte gewesen sei und mit wem sie sich identifiziert hätten. Die glücklichen Leser identifizierten sich mit der glücklichen Figur und äußerten die Ansicht, die Geschichte drehe sich um André. Die traurigen Leser empfanden genau andersherum: Sie identifizierten sich mit dem armen Jack und glaubten, die Geschichte handle hauptsächlich von ihm.

Die Moral aus diesen Geschichten lautet: Es kommt auf den Kontext an. Dabei kann es sich um einen physischen Kontext handeln, wie beim Halloween-Selbstmord, oder um einen emotionalen, den es nur in unserem Kopf gibt.

8. Kapitel
Wir mögen es gerne aufgeräumt

Mit folgender Wette können Sie schnell einen Drink gewinnen: Wetten Sie mit einem Freund, dass er es nicht schafft, Ihnen die Lage von Venedig relativ zu Rom korrekt zu beschreiben. Die meisten werden natürlich wissen, dass Venedig nördlich von Rom liegt. Fast genauso sicher werden sie sich wahrscheinlich sein, dass Venedig östlicher liegt als Rom. Doch das Gegenteil stimmt. (Zugegeben, es ist sehr knapp.)

Warum bekommen selbst leidenschaftliche Italienfans das normalerweise nicht hin?

Das liegt zum Teil an der Art, wie wir uns Landkarten einprägen. Und mit »Landkarten« sind nicht nur gedruckte Karten und Pläne gemeint, sondern auch unsere geistigen Landkarten von realen Orten wie unserer Straße, dem Parkplatz beim Einkaufszentrum und unserem bevorzugten Badesee. Das Problem besteht darin, dass wir Landkarten im Gedächtnis systematisch verzerren. Wir begradigen Kurven, glätten Asymmetrien und ordnen Dinge in eine Reihe, die nicht in einer Reihe liegen. Kurz gesagt: Wir räumen das Bild auf.

> Das Problem besteht darin, dass wir Landkarten im Gedächtnis systematisch verzerren.

Diese Tendenz wies der inzwischen verstorbene Sozialpsychologe Stanley Milgram vor etlichen Jahren nach.[19]

Wir begradigen die Seine

Für dieses Experiment bat Milgram Einwohner von Paris, eine Karte ihrer Heimatstadt zu zeichnen. Er und seine Kollegen sammelten Hunderte handgezeichneter Stadtpläne, erstellt von Architekten und Metzgern, Jungen und Alten, Gebildeten und weniger Gebildeten. Wie zu erwarten, unterschieden sich die Karten gewaltig. In manchen fehlten berühmte Bauwerke wie Eiffelturm oder Notre Dame, in anderen fand sich noch der detaillierte Verlauf winziger Einbahnsträßchen. Als Milgram die Karten näher untersuchte, fiel ihm eine bemerkenswerte Gemeinsamkeit auf: Fast durchgängig (zu 92 Prozent) hatten die Teilnehmer die Seine begradigt, den Fluss, der durch das Stadtzentrum fließt.

Wie sich herausstellte, standen die Pariser mit ihrem Ordnungssinn nicht allein. Als man Taxifahrer in New York bat, das Straßennetz der Stadt zu zeichnen, begradigten sie den Verlauf der Straßen ebenfalls. Darüber hinaus, so erkannten die Forscher, schlichen sich zahlreiche andere Fehler ein, wenn Menschen aus der Erinnerung Karten zeichneten. Oft wurden beispielsweise Entfernungen falsch dargestellt. Kurze Strecken wurden überschätzt, lange unterschätzt. Bittet man Leute, sich an Wegmarken zu orientieren, etwa ihrem Zuhause oder einem bekannten Gebäude in dessen Nähe, tritt ein skurriler Effekt auf: Versuchspersonen schätzen die Strecke *zu* einer Wegmarke kürzer ein als die Strecke *von* derselben Wegmarke. Das gilt unabhängig vom Maßstab. So erklären Versuchspersonen auf Anfrage z.B., dass die Entfernung zwischen Nordkorea und China geringer ist als die Entfernung zwischen China und Nordkorea. Nordkorea liegt also nahe bei China (der Wegmarke), während gleichzeitig China von Nordkorea ziemlich weit entfernt ist.

Die Psychologin Barbara Tversky hat sich jahrzehntelang mit unserem Hang zur Verzerrung von Landkarten beschäftigt. Bei einem Experiment legte sie Studenten zwei Landkarten vor, eine verfälschte, bei der Nordamerika mehr oder weniger direkt über Südamerika lag, und eine korrekte, bei der Südamerika südöstlich von Nordamerika lag. Die meisten Studenten hielten die unrichtige Karte für die korrekte, was vermuten lässt, dass sie im Geist ein vereinfachtes, begradigtes Abbild der Welt hatten. Uns anderen geht es übrigens um nichts besser. Wir alle verzerren systematisch unsere geistigen Landkarten. So würden die meisten Stein und Bein schwören, dass Rom südlicher liegt als New York und der Karibik-Ausgang des Panamakanals östlicher als der Pazifik-Ausgang – bis der Blick in eine unverzerrte Landkarte sie vom Gegenteil überzeugt.

> Die meisten Leute glauben irrtümlicherweise, dass Rom südlicher liege als New York.

Angesichts der Verzerrungen in unseren geistigen Landkarten, die Tversky feststellte, muss man sich fast schon wundern, dass wir Menschen doch meistens zu unserem Ziel finden. Viele Tierarten sind uns allerdings in Sachen Orientierung meilenweit voraus. Betrachten Sie nur mal Honigbienen. Wie andere Insekten auch orientieren sie sich mittels Koppelnavigation: Sie merken sich, wie weit sie geflogen sind, und in welche Richtung. Eine bemerkenswerte Leistung, wenn man bedenkt, dass Bienen auf der Nahrungssuche bis zu zehn Kilometer weit fliegen. Wird es Zeit zur Rückkehr, schlagen sie ohne Zögern den kürzesten

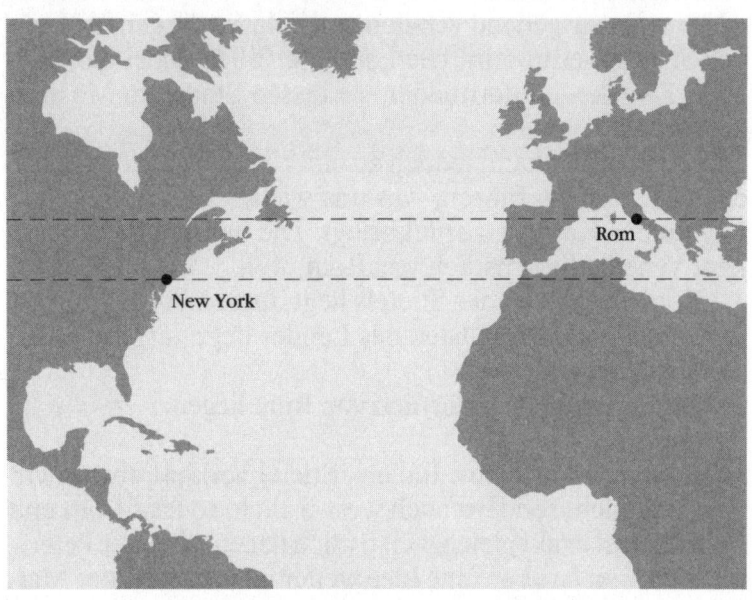

Weg ein. Sie nehmen, im wahrsten Sinn des Wortes, die Luftlinie.

Eine Informationshierarchie

Menschen jedoch nehmen in der Regel nicht den direkten Weg. Versuche von Tversky und anderen deuten darauf hin, dass der Mensch die Informationen, die er zur Erstellung einer geistigen Landkarte braucht, hierarchisch ordnet. Das tun viele Menschen, zum Beispiel, wenn sie zu den Sternen hochsehen. Traditionell merken sich Leute die Positionen von Sternen, indem sie sie zu sinnvollen Strukturen zusammenfassen, etwa zu Sternbildern. So fällt es ihnen deutlich leichter, den Polarstern zu finden, wenn sie erst nach dem Kleinen Wagen suchen und dann seiner Deichsel bis zum Ende folgen.

Hier unten auf der Erde orientieren wir uns ähnlich. Anstatt die exakte Lage unzähliger Städte im Gedächtnis zu behalten, merken wir uns die Position größerer geografischer Einheiten, etwa von Ländern. Dann prägen wir uns ein, welche Stadt in welchem Land liegt. Von der Position des Landes ausgehend versuchen wir dann, die genaue Lage der Stadt zu ermitteln. Die Länder erfüllen dabei den gleichen Zweck wie Sternbilder, sie fassen Städte zu Mustern zusammen.

Dieser Ansatz kann jedoch zu einer ganz eigenen gründlichen Verzerrung führen, was uns wieder zu der Wette am Beginn des Kapitels zurückbringt. Die meisten Leute denken, Venedig liege östlich von Rom, weil
1. Rom im Westen des Stiefels liegt, fast an der Küste.
2. Venedig ganz im Osten des Landes liegt, fast schon bei Slowenien.
3. Also muss Venedig östlich von Rom liegen.

Aber das stimmt nicht. Italiens Stiefel verläuft eben nicht genau südlich, sondern auch west-östlich, so dass Rom und Venedig fast exakt gleich weit östlich liegen, aber der Petersplatz in Rom ist eben eine Idee weiter im Osten als der Mar-

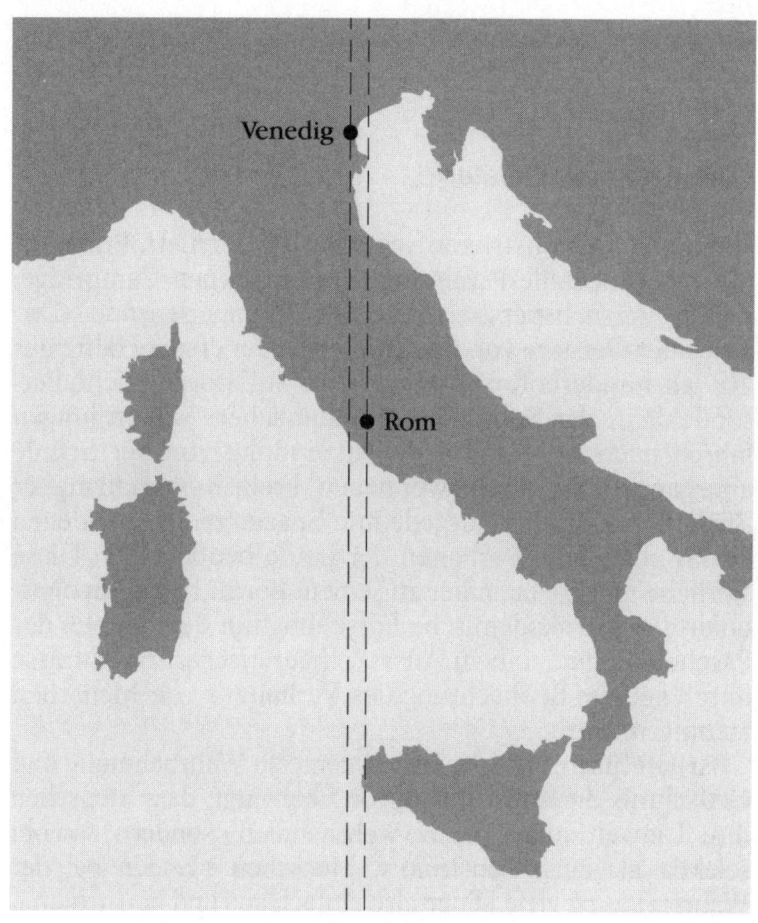

Venedig, Markusplatz 12° 20' Ost
Rom, Petersplatz 12° 27' Ost

kusplatz in Venedig. Wenn wir uns Italien vorstellen, stellen wir den Stiefel im Geist gerade, genau so wie Pariser die Seine begradigen.

Diese Tendenz, die Ecken und Kanten dieser Welt zu glätten, zeigen wir übrigens nicht nur bei physischen Objekten wie der Seine oder den Straßen von New York, sondern auch bei Ideen und Erinnerungen. Wir neigen dazu, störende Details aus dem Gedächtnis zu tilgen, und Fakten, die sich nicht in einen sinnvollen Gesamtzusammenhang fügen, werden leicht vergessen, in den Hintergrund geschoben oder umgedeutet.

»Der Krieg der Geister«

Um das zu demonstrieren, legte Sir F.C. Bartlett, Professor für experimentelle Psychologie im englischen Cambridge, seinen Versuchspersonen die alte Indianerlegende »Der Krieg der Geister« vor. Bartlett, der in der ersten Hälfte des 20. Jahrhunderts forschte, war eine außerordentliche Persönlichkeit; der Sohn eines Schuhmachers war in jungen Jahren nach einer Rippenfellentzündung von der Schule abgegangen. In der gewonnenen Freizeit verschlang er Bücher und machte ausgedehnte Spaziergänge, auf denen er das alltägliche Verhalten der Leute beobachtete. Diese Vorliebe machte er später zu seinem Beruf. Dabei revolutionierte er die akademische Forschung auf dem Gebiet der Psychologie mit seinem Ansatz, theoretische Erkenntnisse durch genaue Beobachtung des Verhaltens von Menschen zu untermauern.

Bartlett führte zahllose Experimente zu Wahrnehmung und Gedächtnis durch. Er war davon überzeugt, dass Menschen ihre Umwelt nicht passiv wahrnehmen, sondern sowohl selektiv als auch konstruktiv. Menschen blenden bei der Wahrnehmung viele Dinge also einfach aus und konstruieren später aus diesem unvollständigen Bild der Welt Erinnerungen und Interpretationen. Bartlett glaubte fest, dass viele offenkundige Dinge nicht wahrgenommen oder erinnert werden. Dafür glauben wir uns an Dinge zu erinnern, die wir nie erlebt oder wahrgenommen haben. Unsere Erinnerung kann nach Ansicht Bartletts durch eine ganze Reihe von Faktoren beeinflusst werden, unter anderem durch unser kulturelles Umfeld. So wies Bartlett Fälle nach, in denen sich die afrikanische Bevölkerung an Vorfälle erinnerte, die den britischen Kolonialherren längst entfallen waren, und umgekehrt.

Und in diesem Zusammenhang kommt »Der Krieg der Geister« ins Spiel. In einem seiner Experimente legte Bartlett die Geschichte zwanzig Engländern vor, darunter sieben Frauen. Keiner der Probanden konnte diese nahezu unbekannte Geschichte aus einem anderen Kontinent und Jahrhundert vorher gekannt haben. Er bat sie, sich die Geschichte durchzulesen. Später bat er sie, niederzuschreiben, woran sie sich erinnern konnten. Was, so fragte er sich, würde ein Engländer des 20. Jahrhunderts mit einer Geschichte anfangen können, die sich Indianer vom Stamm der Chinook im 19. Jahrhundert erzählt hatten? Die gleiche Frage können wir uns heute natürlich auch für das 21. Jahrhundert stellen. Nehmen Sie sich ein paar Minuten Zeit, und lesen Sie die Geschichte durch. Wenn Sie wissen wollen, wie Sie im Vergleich zu Bartletts Versuchspersonen abschneiden, legen Sie das Buch nach dem Lesen der Geschichte weg, und machen Sie eine Pause. Nehmen Sie dann Papier und Stift, und geben Sie die Geschichte aus dem Gedächtnis so detailliert wie möglich wieder. Wiederholen Sie das Ganze eine Woche später, ohne sich die Geschichte noch einmal angesehen zu haben. Vergleichen Sie dann die zwei Versionen.

Diesen Text legte Bartlett seinen Probanden vor:

Der Krieg der Geister

Eines Tages kamen zwei junge Männer von Egulac an den Fluss herunter, um Seehunde zu jagen, und während sie dort waren, wurde es neblig und ruhig. Da hörten sie Kriegsschreie und dachten: »Vielleicht ist dies ein Kriegsverband.« Sie flüchteten sich ans Ufer und versteckten sich hinter einem Holzblock. Jetzt näherten sich Kanus, sie hörten das Geräusch von Paddeln und sahen ein Kanu zu sich herüberkommen. Fünf Männer waren im Kanu und sagten: »Was meint ihr, wir möchten euch mitnehmen. Wir fahren flussaufwärts, um Krieg gegen die Leute dort zu führen.«

Einer der jungen Männer sagte: »Ich habe keine Pfeile.«
»Pfeile sind im Kanu«, sagten sie.
»Ich will nicht mitgehen, ich könnte getötet werden. Meine Angehörigen wissen nicht, wo ich hingegangen bin. Aber

du«, sagte er und drehte sich zu dem anderen um, »kannst mit ihnen gehen.«

So ging einer der jungen Männer mit, aber der andere kehrte heim.

Und die Krieger fuhren den Fluss hinauf zu einer Stadt gegenüber von Kalama. Deren Einwohner kamen ans Wasser herunter, sie begannen zu kämpfen, und viele wurden getötet.

Aber bald hörte der junge Mann einen der Krieger sagen: »Schnell, lasst uns heimgehen: Dieser Indianer wurde getroffen.« Jetzt dachte er: »Oh, sie sind Geister.« Er fühlte sich nicht krank, aber sie sagten, er sei tödlich getroffen. So fuhren die Kanus zurück nach Egulac, und der junge Mann ging ans Ufer zu seinem Haus und machte ein Feuer. Und er erzählte es jedem und sagte: »Stell dir vor, ich begleitete die Geister, und wir gingen kämpfen. Viele unserer Gefährten wurden getötet, und viele von denen, die uns angriffen, wurden getötet. Sie sagten, ich sei getroffen worden, und ich fühle mich nicht krank.«

Er erzählte es allen, und dann wurde er ruhig. Als die Sonne aufging, fiel er zu Boden. Etwas Schwarzes kam aus seinem Mund. Sein Gesicht verzerrte sich. Die Leute sprangen auf und weinten.

Er war tot.

Bartlett stellte fest, dass seine Probanden beim Versuch, sich zu erinnern, die Geschichte erheblich veränderten. Erstens wurde die Geschichte ausnahmslos gekürzt, bei der ersten Nacherzählung in der Regel um die Hälfte. Zweitens ließen die Versuchspersonen Details weg,

> **Bei der ersten Nacherzählung kürzten die Teilnehmer die Geschichte in der Regel um die Hälfte.**

veränderten sie oder erfanden neue dazu. Das Wetter, »neblig und ruhig«, fiel unter den Tisch, ebenso erging es den Seehunden. Plötzlich wuchsen Wälder, wo vorher keine gewesen waren. In manchen Nacherzählungen wurden die Männer zu Brüdern. Bei anderen änderte sich sogar der

Titel der Geschichte. Drittens wurde die Sprache auf subtile, aber wesentliche Art angepasst. Seltsame Wörter wurden durch gängigere ersetzt, die Erzählweise wurde unterhaltsamer.

Die letzte und vielleicht wichtigste Veränderung: Die Geschichte wurde »vernünftig gemacht«. Bartlett war sich sehr wohl bewusst, dass ein Engländer des vernunftorientierten 20. Jahrhunderts mit einer mystischen Indianergeschichte aus dem 19. Jahrhundert möglicherweise nicht viel anfangen konnte – das war einer der Hauptgründe, warum er die Geschichte ausgewählt hatte. Ihn interessierte, wie seine »gebildeten und feinsinnigen Versuchspersonen« mit einer Geschichte umgehen würden, die aus einer »ganz anderen Kultur und sozialen Umgebung« stammte.

Recht grob, wie sich zeigte.

»Kaum einer ging die Geschichte mit der Bereitschaft an, sie einfach zu akzeptieren«, vermerkte Bartlett. Stattdessen versuchten die Leser, die Geschichte in das Schema ihrer eigenen Weltsicht einzupassen. Einer der Leser erklärte hinterher überzeugt: »Hierbei handelt es sich ganz deutlich um einen Traum von einem heimlichen Mord.« Vielleicht ja, vielleicht nein. Bartlett erkannte: Sobald eine derartige Interpretation stattfand, veränderte sich die Ausgestaltung der Geschichte unumstößlich. »Binnen kurzem«, so Bartlett, »wurde die Geschichte all ihrer überraschenden, sprunghaften und offenbar belanglosen Elemente beraubt und zu einer ›ordentlichen‹ Erzählung reduziert.« Mit anderen Worten: Die Geschichte wurde vereinfacht, geglättet und begradigt.

Solche Prozesse lassen sich auch in unserem Alltag beobachten. Sagen wir, Sie schieben gerade Ihren Einkaufswagen durch die Gänge des örtlichen Supermarkts und vergleichen Preise. Welche merken Sie sich, und warum? Wie sich herausstellt, »verkürzen« wir, ebenso wie Bartletts Versuchspersonen, wenn wir versuchen, uns Preise zu merken. Insbesondere fanden Forscher heraus, dass jede zusätzliche Silbe in einem Preis die Wahrscheinlichkeit, ihn sich zu merken, um 20 Prozent senkt. Das gilt sogar, wenn die Preise gleich viele Stellen haben. Einen Preis von 77,51 Euro (neun Silben) merken wir uns schlechter als einen von 62,30 (sechs Silben). Der kürzere Preis bleibt hängen, genau wie der kürzere, direktere Verlauf von Flüssen und Geschichten.

»Brüh im Lichte dieses Glückes ...«

Großen Wert legte Bartlett auf die Erkenntnis, dass die Erinnerung an eine Sache oft von der Persönlichkeit desjenigen abhing, der sich erinnerte. Der gleiche Vorfall wird von verschiedenen Leuten unterschiedlich nacherzählt – nicht notwendigerweise, weil die Leute ein unterschiedlich gutes Erinnerungsvermögen haben, sondern weil sie unterschiedlich *sind*. Wie Bartlett es ausdrückte, hat der gesamte Prozess des »Vernünftigmachens« (Rationalisierung) »tendenziell Züge, die typisch für den Beruf des Individuums sind, das sich erinnert. Darüber hinaus hängt er unmittelbar mit Temperament und Charakter der Person zusammen.«

Uns etwas wörtlich zu merken, fällt uns sehr schwer – selbst wenn wir einen Text hundertmal selbst aufgesagt oder gesungen haben. Nehmen Sie nur die deutsche Nationalhymne. Sie ist gerade mal 38 Wörter lang. Aber wie viel davon bekommen Sie zusammen – ohne das Lied im Stillen zu singen?[20] Vergleichen Sie Ihre Version mit dem Originaltext Hoffmann von Fallerslebens am Ende des Kapitels.

Der Psychologe David Rubin bat einmal eine Gruppe Studenten, den Text der amerikanischen Nationalhymne hinzuschreiben, ohne ihn sich vorzusingen. Durchschnittlich bekamen seine Versuchspersonen gerade mal 32 der 81 Wörter von »The Star-Spangled Banner« richtig hin.

Was passiert aber, wenn die Wörter Töne bekommen? Als Rubin erst eine Instrumentalversion der Hymne spielte und die Studenten dann nach dem Text fragte, sprang die Erinnerungsleistung von nur 32 auf 52 Wörter. Nicht perfekt, aber auch nicht schlecht.

Daraus schlossen Rubin und seine Kollegin Wanda Wallace, dass zentrale Merkmale der Musik, wie Takt und Melodie, dem Vergessen im Weg stehen. Takt und Melodie liefern Hinweise darauf, wie lang die Zeilen sind und wie die Wörter klingen müssen. Diese Einschränkungen dessen, was überhaupt möglich und erlaubt ist, hilft unserer Erinnerung.

> Hörten die Probanden vorher eine Instrumentalversion der Hymne, sprang die Erinnerungsleistung von nur 32 auf 52 Wörter – nicht perfekt, aber auch nicht schlecht.

Wie viel von dem, was Sie sagen, ist wahr?

Erzählt man eine Geschichte im persönlichen Stil nach, passiert etwas Ähnliches wie in musikalischen Zusammenhängen. Der Prozess des Nacherzählens setzt in unserer Erinnerung gewisse Fixpunkte, und entlang dieser Fixpunkte hangeln wir uns später bei der Rekonstruktion von Ereignissen. Erzählen wir eine Geschichte als amüsante Anekdote, lassen wir traurige oder überflüssige Details wahrscheinlich weg, vielleicht erfinden wir dafür ein paar andere dazu. Im Verlauf dieses Prozesses verwandelt sich die Geschichte; sie wird von *einer* Version des ursprünglichen Geschehens zum Geschehen selbst. Wir erinnern uns an ein Ereignis so, wie wir es dargestellt haben.

> Erzählen wir eine Geschichte als amüsante Anekdote, lassen wir traurige oder überflüssige Details wahrscheinlich weg, vielleicht erfinden wir dafür ein paar andere dazu. Im Verlauf dieses Prozesses verwandelt sich die Geschichte; sie wird von *einer* Version des ursprünglichen Geschehens zum Geschehen selbst. Wir erinnern uns an ein Ereignis so, wie wir es dargestellt haben.

Klar, wir dürfen in unseren Geschichten nicht jedes Detail ausbreiten, sonst langweilen die Zuhörer sich zu Tode. Aber wie entscheiden wir, was erzählt und was weggelassen wird? Kurz, wie organisieren wir das uns verfügbare Universum von Tatsachen?

Eine Antwort darauf lieferte uns Barbara Tversky, die Psychologin, die wir schon von den verzerrten Landkarten her kennen. Ihre Forschung lässt vermuten, dass wir die erzählerischen Ereignisse unseres Lebens ähnlich organisieren wie die Sterne am Himmel: Wir ordnen sie hierarchisch an, um aus dem Überfluss an Fakten ein Gesamtbild zu formen.

»Dinge passieren nicht in Worten«, sagte sie. »Sie passieren in ihrer ganzen Komplexität gleichzeitig. Wenn Sie einen Unfall beobachten, erzählt niemand den Unfallhergang, während er sich abspielt. Manche Dinge fallen Ihnen auf, manche nicht.« Folglich, so Tversky, müssen wir die Ereignisse im Nachhinein noch einmal durchgehen und der Geschichte, die wir erzählen, eine Ordnung aufzwingen.

Vor einigen Jahren baten Tversky und ihre Kollegin Elizabeth Marsh Studenten, einige Wochen lang über die Geschichten Buch zu führen, die sie erzählten. Insbesondere bat sie die Studenten, den Kern ihrer Geschichten festzuhalten, das jeweilige Publikum, z.B. Eltern oder Kommilitonen, und den Zweck der Geschichten, Information, Unterhaltung usw. Sie forderte die Studenten auch auf, zu vermerken, ob sie die Geschichte in irgendeiner Weise verfälscht hatten – etwa durch Ausschmückungen, Weglassungen oder glatte Unwahrheiten.

Tverskys und Marshs Auswertung ergab, dass die meisten Geschichten der Informationsübermittlung dienten. In der Regel handelten sie von sozialen Vorgängen und wurden durchschnittlich 2,7-mal wiederholt. All das war nicht weiter überraschend. Sehr wohl überraschte aber der Grad der Verfälschung. Tversky und Marsh fanden heraus, dass die Stundenten bei 61 Prozent der Geschichten über- oder untertrieben, Aspekte hinzugefügt oder weggelassen hatten.

> Bei 61 Prozent der Geschichten hatten die Studenten über- oder untertrieben, Aspekte hinzugefügt oder weggelassen.

Auf die Frage, wie oft die Studenten ihrer Ansicht nach die Wahrheit verfälscht hätten, räumten sie das für 42 Prozent ihrer Geschichten ein. Sie waren sich also durchaus bewusst, dass sie nicht immer bei der Wahrheit geblieben waren – aber das Ausmaß ihrer Schwindeleien war ihnen nicht annähernd klar: 19 weitere Prozent ihrer Geschichten entsprachen nicht der Wahrheit, ohne dass die Studenten das überhaupt bemerkten. Offenbar waren manche Verfälschungen derart üblich, dass die Studenten sie gar nicht mehr als solche wahrnahmen.

Am häufigsten (in 36 Prozent der Fälle) veränderten die Studenten Geschichten, indem sie wichtige Details wegließen. Zu Über- und Untertreibungen kam es fast gleich häufig, in 26 bzw. 25 Prozent der Geschichten. Und 13 Prozent aller Geschichten enthielten glatte Erfindungen. Dabei schnitten die Studenten ihre Geschichten nicht nur auf das Publikum, sondern bezeichnenderweise auch auf ihren Zweck hin zu. Ging es darum, Information zu übermitteln, neigten die Studenten nicht zu Übertreibungen – sehr wohl aber zu Untertreibungen und zum Weglassen wichtiger Details. Wurde hingegen etwas zur Unterhaltung erzählt, taten die Studenten genau das Gegenteil, sie übertrieben und fügten Details hinzu, untertrieben aber nicht und ließen keine wichtigen Informationen weg.

Einige der Ergebnisse von Tversky und Marsh ähneln geradezu verblüffend den Resultaten einer anderen, vergleichbaren Studie. Darin ließ man Menschen zehn Minuten mit einer Person reden, die ihnen gerade erst vorgestellt wurde. Danach spielte man ihnen Aufnahmen des Gesprächs vor und fragte sie, wie viel des Gesagten auch stimmte. 60 Prozent der Versuchspersonen räumten ein, während des Gesprächs geschwindelt zu haben.

Gelogen oder die Wahrheit geschönt?

Aber was ist der Grund dafür, dass wir so häufig schwindeln?

Tversky glaubt, die Erklärung dafür liege zumindest teilweise in den Annahmen, die wir über den Zweck der Geschichten machen, die wir hören.

In unserem Kulturkreis »unterliegen wir der Vorstellung, dass Reden dazu dient, Information zu übermitteln«, erzählte Tversky mir auf einem Spaziergang durch den herbstlichen Central Park. Das sei aber überhaupt nicht der Hauptzweck des Sprechens – zumindest nicht immer. Fragen Sie sich bei jedem Gespräch, so Tversky, welchen Zweck Ihr Gegenüber tatsächlich damit verfolgt.

> Wir glauben, Reden diene der Informationsübermittlung. Das stimmt aber nicht. Oft wollen wir hauptsächlich Eindruck schinden.

»Fassen Sie das Reden als zweckgerichtetes Verhalten auf. Wir sagen Dinge, damit Leute sich ein bestimmtes Bild von uns machen oder Dinge tun, die uns nützen. Wir reden, damit Leute uns liebgewinnen, für klug, stark oder sonst was halten.«

Oft kommt es uns bei Unterhaltungen also nicht primär darauf an, die Wahrheit, sondern einen guten Eindruck zu vermitteln. Wir versuchen, uns von der Schokoladenseite zu zeigen, dafür verdrehen wir nötigenfalls auch die Wahrheit ein wenig.

Angesichts der Tatsache, wie sehr die von den Studenten erzählten Geschichten verzerrt waren, darf man sich schon fragen, ob die Zuhörer sich bewusst waren, dass sie beschwindelt wurden. Nicht publizierten Studien von Tversky und Danny Oppenheimer von der Princeton University zufolge waren sie das tatsächlich, allerdings nicht immer. Tversky und Oppenheimer fanden heraus, dass den Zuhörern manche Verfälschungen entgingen und sie dafür gelegentlich vermeintliche »Schwindeleien« entdeckten, die nicht stattgefunden hatten. Insbesondere hörten die Gesprächspartner viel mehr Übertreibungen heraus, als die Sprecher gemacht zu haben glaubten. Woran lag das? Oft weniger an der Geschichte selbst als vielmehr am Erzähler. »Sie dramatisiert immer alles«, urteilte ein Zuhörer über eine Erzählerin. »Er wedelte zu sehr mit den Armen«, meinte ein anderer. Ein dritter sagte: »Er ließ das mit den

> Männer bewerteten die Geschichten, die sie hörten, skeptischer – und zwar erheblich.

Drogen weg, weil seine Eltern im Zimmer waren.« Die Zuhörer achteten also auf verräterische Signale und waren keineswegs so leichtgläubig, wie man denken könnte. Sie zogen im Geist so viel von den Übertreibungen ab, dass sie der Wahrheit wieder ziemlich nahe kamen. Interessanterweise hörten Männer erheblich skeptischer zu als Frauen.

Der interessanteste Effekt betraf aber nicht das Publikum, sondern die Erzähler. Marsh und Tversky fanden heraus, dass die Studenten nicht nur ihre Zuhörer hinters Licht führten, sondern auch sich selbst. Denn die Veränderungen, die sie während des Erzählens vorgenommen hatten, setzten sich in ihrem Gedächtnis fest – so sehr, dass die Erzähler sich oft an Dinge »erinnerten«, die gar nicht stattgefunden hatten. Im wahren Leben lässt sich diese Geschichtsfälschung kaum nachweisen, doch im Labor, wo man das Umfeld genau kontrollieren kann, geht das. Den Studenten wurden erfundene Geschichten über zwei neue Zimmergenossen vorgelegt, die wir hier der Einfachheit halber Michael und David nennen wollen. Beide sind eigentlich nette Kerle, der eine hat aber auch schon mal Rotwein über dem Teppich verschüttet, der andere sich eine Jacke geliehen, ohne vorher zu fragen.

Anschließend wurden die Studenten gebeten, einen Brief über ihre neuen Zimmergenossen zu schreiben. Die eine Hälfte der Probanden sollte einen positiven Brief schreiben – eine Empfehlung des neuen Mitbewohners für die Studentenverbindung –, die andere einen negativen – eine Beschwerde an die Verwaltung des Wohnheims. Hinterher bat man die Studenten, sich möglichst genau an die ursprüngliche Geschichte zu erinnern. Dabei bekamen sie einiges durcheinander. Einige derjenigen, die sich bei der Zimmerverwaltung über Michael beschwert hatten, glaubten fest, Michael hätte Rotwein auf dem Teppich verschüttet. Dabei war es David gewesen.

Mit der Zeit glauben wir unsere eigenen Unwahrheiten allmählich selbst. Dieser Prozess läuft, wie Bartlett festgestellt hat, unbewusst ab.

Wie viele der 38 Wörter haben Sie hinbekommen?

*Einigkeit und Recht und Freiheit
für das deutsche Vaterland!
Danach lasst uns alle streben
brüderlich mit Herz und Hand!
Einigkeit und Recht und Freiheit
sind des Glückes Unterpfand;
Blüh im Glanze dieses Glückes,
blühe, deutsches Vaterland!*

9. Kapitel
Männer schießen früher

Einige unserer Persönlichkeitsmerkmale machen uns auch anfällig für bestimmte Fehler. Wer zum Beispiel oft zu schnell fährt, zockt statistisch auch gerne mit Aktien. Diesen Zusammenhang belegte eine Untersuchung in Finnland: Je öfter ein Fahrer beim Rasen ertappt wurde, desto häufiger schichtete er auch sein Aktienportfolio um, und zwar statistisch gesehen um elf Prozent pro Verwarnung. Nun muss das ja nicht notwendigerweise ein Fehler sein – tatsächlich ist es aber einer. Immer wieder wurde nachgewiesen, dass diejenigen Anleger, die am häufigsten umschichten, die geringste Rendite erwirtschaften. In den Boomjahren der 1990er, so eine Studie, betrug die durchschnittliche jährliche Rendite 17,9 Prozent. Diejenigen, die in dieser Phase am häufigsten umschichteten, verdienten deutlich weniger, nur 11,4 Prozent.

> Anleger, die am häufigsten umschichten, erwirtschaften durchschnittlich die geringste Rendite.

Interessanterweise stellte die finnische Studie außerdem fest, dass häufiges Umschichten des Portfolios nicht nur mit der Zahl der Verwarnungen für Schnellfahren korreliert, sondern auch mit dem Geschlecht. Männer sammeln mehr Verwarnungen für Schnellfahren ein als Frauen. Das gilt für jede Altersstufe, wobei der Unterschied mit dem Alter schwindet. Männer schichten ihre Aktien auch häufiger um als Frauen. Auch dieser Unterschied besteht für alle Altersgruppen und verringert sich sogar im Alter nur geringfügig. Sind die Männer unverheiratet, ist der Unterschied noch größer.

Männliche Selbstüberschätzung

Warum sie das tun, wird noch debattiert. Heute hält man das größere Selbstbewusstsein von Männern für den Hauptgrund. Wie im nächsten Kapitel zu sehen sein wird, gehört Selbstüberschätzung zu den wichtigsten Quellen menschlicher Irrtümer. Männer wie Frauen überschätzen sich in vielerlei Hinsicht, allerdings auf jeweils verschiedenen Gebieten.

Männer sind in aller Regel noch selbstgewisser als Frauen. Fragt man Männer und Frauen nach ihrem IQ, überschätzen Männer sich, während Frauen sich unterschätzen. Männer halten sich auch für attraktiver, als sie tatsächlich sind – Frauen nicht.

> **Männer neigen dazu, ihre Intelligenz und ihre Attraktivität zu überschätzen.**

In klassischen Männerdomänen wie Kriegführung und Geldanlage ist der geschlechtsspezifische Unterschied im Selbstbewusstsein besonders ausgeprägt. Schon kleine Jungs halten sich auf diesen Gebieten für besser, als Mädchen es tun.

Studien haben gezeigt, dass Schülerinnen ihre Zensuren in der traditionellen Männerdomäne Mathematik tendenziell unterschätzen – Jungen tun das nicht. Männern schießen auch früher als Frauen. Das zeigte eine Studie der US-Army über Beschuss aus den eigenen Reihen, das sogenannte friendly fire. Als Ergebnis stellte sich heraus: Männliche Soldaten waren zu schnell mit der Waffe zur Hand und schossen gelegentlich auch auf Leute, auf die sie nicht hätten schießen sollen – nämlich ihre Kameraden. Soldatinnen hingegen verhielten sich gegenteilig: Sie zögerten zu lange, auf Leute zu schießen, auf die sie hätten schießen sollen. Kurz: Männer ballerten im Zweifelsfall auch auf Freunde, Frauen versäumten, auf Feinde zu schießen.

Eine andere Untersuchung zeigte, dass Männer viel schneller als Frauen bereit sind, einen Krieg vom Zaun zu brechen. Vor kurzem führten Dominic Johnson, Professor von der Princeton University, und ein halbes Dutzend Kollegen von der Harvard University und von der University of California eine Reihe von experimentellen Kriegsspielen durch. Dabei interessierte sie der Zusammenhang zwischen Geschlecht, Aggressivität und Selbstüberschätzung. Sie gewannen über 200 Probanden, Männer und Frauen, setzten sie an Computer und übertrugen ihnen die Rolle des Staatschefs eines fiktiven Landes, das sich mit dem Nachbarland in einem Grenzkonflikt um eine Diamantenlagerstätte befand.

Die Probanden spielten paarweise gegeneinander, wobei sie Identität und Geschlecht ihres Gegenübers nicht kannten. Sie spielten sechs Runden à sieben Minuten, am Ende jeder Runde mussten sie eine Entscheidung treffen. Die Optionen lauteten: nichts tun, verhandeln, einen Krieg beginnen oder, wenn sie sich danach fühlten, nachgeben, obwohl das nie jemand tat. Vor Beginn des Spiels fragten die Forscher alle Teilnehmer, welchen Rang im Endergebnis sie für sich erwarteten. Nach dem Ende des Spiels (aber noch vor Bekanntgabe der Ergebnisse) sollte jeder seine Leistung noch einmal einschätzen.

Wie Sie vermutlich erwartet haben, überschätzten sich die Testpersonen tendenziell. Bei genauerem Hinsehen zeigte sich aber, dass allein die Männer sich überschätzten. Die Frauen siedelten sich im Durchschnitt genau in der Mitte an.

Wichtiger noch: Johnson und seine Kollegen stellten fest, dass Männer signifikant häufiger angriffen, ohne vorher provoziert worden zu sein. Warum? Aus reiner Hybris. Männer überschätzten schlicht ihre Siegchancen in einem Krieg. Je extremer ihre Selbstüberschätzung war, desto eher fingen sie offenen Krieg an.

> **Männer überschätzten ihre Siegchancen in einem Krieg. Je extremer ihre Selbstüberschätzung war, desto eher fingen sie offenen Krieg an.**

Das Experiment fand in einem Labor statt, unter zugegebenermaßen künstlichen Bedingungen. Dennoch lassen sich die Parallelen zur Realität kaum übersehen. Erinnern

Sie sich, was der damalige CIA-Direktor George Tenet auf Präsident Bushs Frage antwortete, wie sicher er sich denn sei, dass Saddam Hussein über Massenvernichtungswaffen verfüge?
»Nur keine Sorge«, habe Tenets Antwort gelautet. »Das ist eine todsichere Sache.«

Risiko und Belohnung

Nur weil Männer *glauben,* sie könnten manche Dinge besser, heißt das natürlich noch lange nicht, dass sie auch tatsächlich besser *sind.* Tatsächlich schneiden sie oft schlechter ab. An der Börse schmälerten Männer durch übermäßiges Umschichten ihre Nettorendite um 2,65 Prozentpunkte pro Jahr, Frauen schnitten nur 1,72 Prozent schlechter als der Marktdurchschnitt ab. Bleibt also ein kleiner, aber signifikanter Unterschied von 0,93 Prozentpunkten pro Jahr. Frauen investieren also klüger in Aktien als Männer insgesamt – und viel klüger als unverheiratete Männer. Die erwirtschaften (wegen ihres ständigen Umschichtens) eine um 1,44 Prozentpunkte niedrigere Rendite als Frauen.

Über die Jahre haben etliche Studien gezeigt, dass Männer und Frauen Aspekte ihres Lebens unterschiedlich wahrnehmen und sich später auch unterschiedlich erinnern. Der Grundstein dafür wird oft schon in der Kindheit gelegt. Vergleichen Sie nur, wie Männer und Frauen Risiko wahrnehmen. Frauen sind in vielen Bereichen nachweislich risikoaverser – dem Risiko stärker abgeneigt – als Männer. Sie begehen weniger Straftaten, zocken seltener und legen im Auto häufiger den Gurt an – dagegen fahren Männer riskanter. Kein Wunder also, dass laut ADAC drei Viertel aller Verkehrstoten Männer sind. Männer sterben auch häufiger als Frauen durch Ertrinken oder Vergiftung.

> Männer haben ein dreimal so hohes Risiko wie Frauen, bei einem Autounfall zu sterben.

Männer scheinen allgemein risikobereiter – allerdings muss man diese Aussage ein wenig differenzieren. Zusammen mit Kollegen untersuchte Elke Weber, Professorin an der Columbia University, wie Männer und Frauen verschiedene Arten von Risiken wahrnahmen. Insbesondere konzentrierten sie sich auf folgende Bereiche:

1. Finanzen
2. Gesundheit und Sicherheit
3. Freizeit
4. Ethik
5. Gesellschaft

Sie verteilten über 500 Fragebögen an Männer und Frauen im Alter von 13 bis Mitte vierzig. Zu jedem Bereich waren etwa zwanzig Fragen zu beantworten. In der Kategorie »Freizeit« fand sich die Frage, ob der Betreffende gern einen Bungeesprung ausprobieren würde, unter »Finanzen« wollten die Wissenschaftler unter anderem wissen, ob man bereit wäre, für den Kredit eines Freundes zu bürgen. Im Bereich »Gesellschaft« lautete eine Frage, ob man bereit wäre, sich öffentlich zu einem heiklen Thema zu äußern. Zu jeder Frage sollten die Probanden außerdem angeben, wie hoch sie das Risiko der beschriebenen Handlung auf einer Skala von 1 (überhaupt nicht riskant) bis 5 (extrem riskant) einstuften.

In vier der fünf untersuchten Kategorien erwiesen sich Frauen als signifikant weniger risikobereit als Männer. Die eine Ausnahme war der Bereich »Gesellschaft«. Männer zeigten sich auch mit signifikant höherer Wahrscheinlichkeit bereit, Dinge zu tun, die sie für extrem riskant hielten, wieder mit Ausnahme der gesellschaftlichen Sphäre.

Die interessante Frage lautet natürlich: warum? Um das herauszufinden, baten Weber und Kollegen die Teilnehmer der Umfrage um eine Kosten-Nutzen-Analyse jeder Handlung. Wie schätzten sie das einzugehende Risiko ein? Und welchen Nutzen versprachen sie sich davon? Bei der Analyse der Antworten fand Weber Überraschendes heraus: Männer waren nicht notwendigerweise risikofreudiger als Frauen, sie schätzten nur den Nutzen riskanter Handlungen höher ein als Frauen, wieder mit Ausnahme des gesellschaftlichen Bereichs.

Auf den ersten Blick, so Weber, mag dieses Ergebnis nicht eingängig sein. Könnte man doch glauben, dass der Nutzen jeder Handlung für Männer und Frauen der gleiche ist. Schließlich ist ein Bungeesprung ein Bungeesprung, egal ob Mann oder Frau sich in die Tiefe stürzen. Doch Weber fand heraus, dass der *empfundene* Nutzen sehr unterschiedlich sein konnte. Frauen scheuen also gewisse – von Männern gern eingegangene – Risiken, weil sie schlicht der Ansicht sind, der Nutzen rechtfertige das Risiko nicht.

Lügen und Lotterielose

Männer und Frauen nehmen nicht nur die Welt um sie herum teilweise verschieden wahr, sie nehmen auch *sich selbst* unterschiedlich wahr. Beim Thema Fehler etwa beurteilen Frauen sich strenger als Männer. Fehler belasten Frauen mehr; viele Frauen berichten, dass Misserfolge sich stärker auf ihr Selbstwertgefühl auswirken als Erfolge. Von Männern kennt man diese Asymmetrie nicht.

Frauen sind auch nachweislich in vielerlei Hinsicht weniger optimistisch – und damit realistischer – als Männer. Verschiedene Untersuchungen haben gezeigt, dass etwa Studenten zuversichtlicher sind als Studentinnen, was ihre Studienleistungen angeht. Mit gerade abgelieferten Arbeiten erklären sie sich zufriedener, als Frauen es tun. Für ein Experiment wurde Männern und Frauen ein Test vorgelegt. Einige der gestellten Aufgaben kamen aus Bereichen, wie zum Beispiel Geometrie, in denen Männer in der Regel tatsächlich besser abschneiden, die meisten aber nicht. Geht es etwa um das Lösen von Anagrammen, sind Frauen mindestens genauso gut, oft sogar besser. Dennoch äußern Männer sich auf die Frage, welche Note sie denn erwarten, auch in diesen Feldern optimistischer als Frauen.[21]

Übertriebene Zuversicht kann erheblich zu Fehlern beitragen. Sehr schön lässt sich das an einem Experiment ablesen, das Forscher in einem Unternehmen durchführten.

Dort verkauften sie den Angestellten Lotterielose, für einen Dollar das Stück. Danach machten sie noch einmal die Runde und fragten alle Loskäufer, ob sie Interesse hätten, die Lose wieder zurück zu verkaufen, und zu welchem Preis.

> Frauen waren bereit, die Lose zu einem viel niedrigeren Preis wieder zu verkaufen als Männer.

Frauen, so fanden sie heraus, waren bereit, die Lose zu einem viel niedrigeren Preis wieder zu verkaufen. Durchschnittlich wollten Frauen nur 1,33 Dollar für ein Los, nicht viel mehr als den ursprünglichen Kaufpreis. Männer hingegen verlangten mehr als das Vierfache des Lospreises.

Ein Computerfehler

Andere geschlechtsspezifische Fehlerarten sind weniger offensichtlich. Nehmen Sie zum Beispiel den Umgang mit Computern. Wie Mathematik und Militär wird auch die Computerwelt von Männern dominiert. 1985 erreichte in den USA der Anteil von Universitätsabsolventinnen in Computerwissenschaften einen Gipfel von 37 Prozent, seitdem sinkt er kontinuierlich. Heute geht nur noch ein gutes Fünftel aller Bachelor-Diplome in dieser Disziplin an Frauen.

Laura Beckwith, Mitarbeiterin bei Microsoft und selbst promovierte Informatikerin, fragt sich, woher das kommt. Beckwith beschäftigt sich mit der Frage, wie Leute den Computer einsetzen, um Probleme des täglichen Lebens zu lösen. Vor einigen Jahren fiel ihr auf, dass Männer häufiger als Frauen Spezialfunktionen der Software nutzten, insbesondere Funktionen, die dem Nutzer helfen, Fehler zu finden und zu korrigieren. Dieser Prozess des Fehlerausmerzens heißt »Debugging« und ist unerlässlich, wenn man funktionierende Software generieren will.

Nun glaubt Beckwith, dass die beobachteten Frauen nicht schlechter programmierten als ihre männlichen Kollegen, sondern nur geringeres Selbstvertrauen hatten. Bei der Problemlösung schlägt sich ein geringes Selbstbewusstsein nicht nur in den Ergebnissen nieder, sondern, wie sich gezeigt hat, auch in der Wahl der Lösungsstrategie. Der Unterschied ist geringfügig, aber entscheidend. So klammern sich unsichere Leute länger an falsche Ansätze und suchen mit geringerer Wahrscheinlichkeit nach alternativen Ansätzen: Sie bleiben auf (falschem) Kurs.

> Unsichere Leute klammern sich länger an falsche Ansätze und suchen mit geringerer Wahrscheinlichkeit nach alternativen Ansätzen: Sie bleiben auf (falschem) Kurs.

Zusammen mit Kollegen entwickelte Beckwith einen Test für diese Hypothese. Zuerst überprüfte sie das Selbstbewusstsein ihrer Versuchspersonen mit der Frage, ob sie sich zutrauten, die Fehler in einem Arbeitsblatt voller Formeln auszumerzen. Dann musste jeder am Computer genau diese Aufgabe lösen, auf Zeit.

Der Schlüssel zum Erfolg lag darin, die automatische Fehlersuche des Tabellenkalkulationsprogramms zu verwenden. Beckwith fand heraus, dass nur Frauen, die glaubten, sie könnten die Aufgabe meistern – also nur diejenigen mit großem Selbstbewusstsein –, diese Funktion benutzten. Die Frauen mit geringerem Selbstbewusstsein blieben bei dem, was sie konnten: Sie gingen jede Formel einzeln durch. Dabei verursachen sie allerdings mehr Fehler, als sie behoben – hinterher waren mehr Fehler im Arbeitsblatt als vorher.

Ein erstaunliches Ergebnis. Aus den Frageblättern, die Beckwith vor dem Test hatte ausfüllen lassen, wusste sie, dass alle Frauen die Funktion der automatischen Fehlersuche kannten – und doch verzichteten viele Teilnehmerinnen darauf, sie zu nutzen. Warum? Wieder liegt die Antwort in der unterschiedlichen Wahrnehmung von Risiko: Als die Frauen in Beckwiths Studie ihre persönliche Kosten-Nutzen-Analyse durchführten, kamen viele zum Ergebnis, dass das Risiko, einen Fehler zu begehen, wenn sie die automatische Fehlerbehebung nutzten, den möglichen Nutzen (die Entfernung der Fehler) überwog.

»Diese Teilnehmerinnen«, meinte Beckwith, »glaubten, sie würden zu lange brauchen, bis sie die Fehlersuchfunktion beherrschten, und bis dahin nur zusätzliche Fehler produzieren, also ließen sie es lieber bleiben.«

Die Bedeutung des Bastelns

Beckwith erklärte, die Männer in ihrer Studie seien eher als Frauen bereit gewesen, mit dem Programm herumzuspielen. Und genau dieses Tüfteln führte letztlich zum Erfolg. Diese Beobachtung, wie wichtig ein solches Herumbasteln für die Lösung von Problemen ist, wird auch durch andere Studien bestätigt. Schon in der Grundschule zeigen Jungen eine größere Neigung, bei Mathe- und Erdkundeaufgaben und in Strategiespielen herumzutüfteln und Werkzeuge auf innovative, forschende Weise einzusetzen. Mädchen experimentieren weniger gern; sie bevorzugen es, einem festen Plan Schritt für Schritt zu folgen. In anderen Worten: Sie halten Kurs.

Interessanterweise spiegeln sich diese Vorlieben auch in der Art wider, wie Jungen und Mädchen sich durch die reale Welt bewegen. Einer Studie des amerikanischen Verkehrsministeriums zufolge sind freundlich als »Navigationsfehler« bezeichnete Irrtümer für 20 Prozent aller gefahrenen Kilometer und 40 Prozent der Gesamtfahrzeit verantwortlich. Vier von zehn Minuten verbringen wir also hinter dem Steuer, weil wir uns verfahren haben. Wie die Studie zeigt, ist dieser Wert übrigens unabhängig von Bildung, Alter oder Erfahrung des Fahrers. Alt oder jung, erfahren oder nicht – Fahrer verbrachten viel Zeit auf Irrwegen. Eines fiel den Forschern aber auf: Männer schnitten etwas besser ab als Frauen. Nicht überall, nicht immer, aber manchmal eben doch.

Wie Jungen und Mädchen sich orientieren

Der Grund dafür liegt in unserer Erziehung. Die Unterschiede beginnen sich auszuprägen, kaum haben Kinder die Hand ihrer Eltern losgelassen und begonnen, ihre Welt auf eigene Faust zu erkunden. Schon im Alter von sechs Jahren verhalten sich Jungen, wie man es Männern am Steuer gerne vorwirft: Es ist ihnen zuwider, nach dem Weg zu fragen. Viel von dem, was wir über Jungen und Mädchen und ihre Fähigkeit, sich in der Welt zurechtzufinden, wissen, verdanken wir Ed Cornell, einem ehemaligen Professor an der University of Alberta und einer weltweit führenden Kapazität auf dem Gebiet der Orientierung, d. h. der Wissenschaft, wie wir von A nach B gelangen.

> Schon im Alter von sechs Jahren verhalten sich Jungen, wie man es Männern am Steuer gerne vorwirft: Es ist ihnen zuwider, nach dem Weg zu fragen.

In einer Studie verglichen Cornell und seine Kollegen die Orientierungskünste in drei Altersstufen: mit sechs, mit zwölf und mit 20 Jahren. Jeder der 180 Teilnehmer bekam eine Führung über den Campus der University of Alberta. Hinterher bat man sie, den gleichen Weg zurückzugehen. Cornell und Kollegen maßen die auf dem Rückweg zurückgelegte Strecke und notierten, wie viel des Wegs auf der ursprünglichen Route absolviert wurde und wie viel auf anderen Wegen.

Welche Gruppe wich am häufigsten vom richtigen Weg ab? Die sechsjährigen Jungen, mit Abstand. Bei der Analyse der Ergebnisse stellten Cornell und seine Mitstreiter fest, dass Mädchen eher als Jungen bereit waren, Hilfe anzunehmen und sich den richtigen Weg zeigen zu lassen. »Dieses Ergebnis«, schloss Cornell, »bestätigt das Stereotyp, dass Frauen anhalten und nach dem Weg fragen, wenn sie sich verirrt haben, während Männer sich mit anderen Methoden der Wegsuche zu behelfen suchen.«

Noch wird gerätselt, warum Mädchen und Jungen sich so unterschiedlich verhalten. Am ehesten, so vermutet man heute, liege es wohl daran, dass Mädchen von Anfang an weniger ermutigt werden, zu erkunden beziehungsweise zu experimentieren. Forscher haben über Jahrzehnte den Aktionsradius von Kindern erforscht – also die Entfernung von zu Hause, in der ein Kind sich frei bewegen darf. Die Größe dieses Radius' wird von mehreren Faktoren beeinflusst. Ängstliche Eltern halten ihre Kinder stärker in der Nähe, verringern den Radius also. Stadtkinder dürfen nicht so weit streunen wie Landkinder. Zwei Tendenzen gelten aber universell: Der Aktionsradius von Kindern wächst im Alter zwischen sechs und neun Jahren schnell, und für Jungen ist der Radius größer.

Erstellen von Landkarten

Die Forschung zeigt, dass die Fähigkeit von Mädchen und Jungen, geistige Landkarten zu erstellen, sich im Alter von etwa acht Jahren auseinander entwickelt – also genau in der Phase, da Eltern anfangen, ihren Jungen größere Freiheit beim Herumstreunen zu gewähren. Bis zu diesem Alter haben Jungen und Mädchen fast den gleichen Aktionsradius. Eine Studie ergab etwa, dass siebenjährige Kinder beiderlei Geschlechts sich in einem Radius von etwa 200 Meter ums eigene Heim frei bewegen durften. Im Alter von acht beginnt die Schere sich zu öffnen, im Alter von neun dürfen Jungen doppelt so weit streunen wie Mädchen. Das gilt übrigens unabhängig davon, wo die Kinder aufwachsen: in Städten, Vorstädten oder auf dem Land.

> Ab einem Alter von acht Jahren haben Jungen einen viel größeren Aktionsradius als Mädchen.

Jungen beginnen vom achten Lebensjahr an, die Gegend um ihr Zuhause in kräftigen, bunten Farben zu schildern. Von ihnen gezeichnete Landkarten enthalten mehr Details als diejenigen gleichaltriger Mädchen, oft doppelt so viele. Die Landkarten zwölfjähriger Jungen sind komplexer, verwenden mehr Symbole und sind etwa maßstabsgetreu. Insgesamt zeigen Jungen eine größere Bewusstheit über ihre geografische Umwelt als Mädchen, selbst wenn man die Kinder zu einer Umgebung befragt, die beide Geschlechter gleich gut kennen: zu ihrem Klassenzimmer. Bat man Jungen und Mädchen, Modelle ihres Klassenzimmers zu konstruieren, bekamen es die Jungen in der Regel besser hin, im Kindergarten ebenso wie in der zweiten oder der fünften Klasse.

Das Interessante daran, der Vorsprung der Jungenn ist offenkundig nicht angeboren. Als Forscher sich die Gruppe derjenigen Mädchen ansahen, die sich am freiesten bewegen durften, stellten sie fest, dass diese Mädchen ebenso detaillierte Karten zeichneten wie Jungs.

Beim Aktionsradius scheint es entscheidend darauf anzukommen, *wie* Kinder ihre Umgebung erfahren. Wie in fast allen Bereichen lernt man auch hier aus selbstständigen Erfahrungen viel mehr als aus passivem Erleben. Beispielsweise nützt es den Kindern gar nichts, wenn ihr Aktionsradius dadurch erweitert wird, dass sie mit dem Bus einen weiten Weg in die Schule fahren. Kindern geht es beim Pendeln nämlich genau wie uns: Sie schalten ab. Sie starren vielleicht durchs Fenster, aber sie nehmen ihre Umgebung nicht wahr. Und auf die Wahrnehmung kommt es an. Erlaubt man Kindern, sich frei in einem Gebiet zu bewegen und Felsen, Bäume, Bäche und anders selbstständig zu erkunden, scheinen sie ein tieferes Verständnis von Raum zu gewinnen.

Warum Männer nicht nach dem Weg fragen

Erfahrungen dieser Art prägen dauerhaft, bis ins Erwachsenenalter. So äußern sich Männer ihr ganzes Leben lang selbstbewusster über ihren Orientierungssinn als Frauen – auch wenn nur wenig darauf hinweist, dass sie tatsächlich einen besseren Orientierungssinn *haben*. Schon vor dreißig Jahren haben Studien diesen Unterschied im Selbstbewusstsein dokumentiert. In einem der frühesten Berichte hieß es, 71 Prozent der Männer hielten ihren Orientierungssinn für »gut«. Bei Frauen wollten nur 47 Prozent der Befragten das von sich behaupten. Jüngere Studien kommen zum gleichen Ergebnis; Frauen stufen ihren Orientierungssinn schlechter ein und äußern größere Angst, sich zu verirren. Selbst bei Alltagsaufgaben berichten sie von größerer Unsicherheit.

Im Zweifelsfall nehmen sie lieber den längeren, sicheren Weg, nicht die unbekannte Abkürzung. Und viele fürchten sich vor dem Moment, da sie aus einem Parkhaus kommen und nicht wissen, in welche Richtung man fahren muss.

Beim Orientierungsvermögen zeigen sich deutliche Parallelen zur Arbeit am Computer: Männer sind selbstsicherer als Frauen, und das äußert sich in unterschiedlichen Herangehensweisen. Allgemein gesprochen, bevorzugen Männer einen abstrakteren Ansatz und navigieren anhand von Entfernungen und Himmelsrichtungen. Fragt man einen Mann in den USA nach dem Weg, lautet eine typische Antwort: »Fahren Sie zwei Kilometer nach Norden und dann fünf Kilometer nach Westen.« Die Wissenschaft nennt diesen Ansatz »Übersichtsstrategie«. Frauen hingegen ist oft eine »Wegstrategie« lieber, die sich an Landmarken und Anweisungen wie »links« oder »rechts« hält. Fragt man eine Frau nach dem Weg, lautet eine typische Antwort: »Bei der Feuerwehr rechts abbiegen, dann die Straße hinunter, bis man die Kirche sieht, dann links.«

Das ist natürlich eine Verallgemeinerung. Menschen sind unterschiedlich, Situationen sind unterschiedlich. Manche Frauen drücken sich lieber mit Hilfe von Entfernungen und Himmelsrichtungen aus, manche Männer orientieren sich anhand von Wegmarken. Je nach Situation wechseln sie ihre Methode möglicherweise sogar. Jemand, der wie ich im Mittleren Westen der USA lebt, wo endlose Weiten vorherrschen und markante Punkte rar sind, drückt sich wohl besser in Himmelsrichtungen aus, egal ob Mann oder Frau. Doch allgemein gesprochen verfolgen Männer und Frauen verschiedene Ansätze; dieses Ergebnis wurde von zahlreichen Studien bestätigt. Und dieser Unterschied erklärt, warum Männer so ungern nach dem Weg fragen.

»Es gibt einen guten Grund, warum sie das nicht mögen«, erklärt Daniel R. Montello, ein Psychologieprofessor, der sich mit diesem Thema beschäftigt. Normalerweise glauben die Leute, diese Eigenheit habe mit dem männlichen Ego zu tun, sagt er. Und tatsächlich spielt es auch eine Rolle. »Aber das Ego ist nicht der einzige Grund.«

Genau wie sechsjährige Jungen in Ed Cornells Experimenten gerne vom eigentlichen Weg abwichen, fürchteten auch erwachsene Männer sich nicht, wenn sie eingetretene Pfade verließen. In unbekannten Straßen fühlten sie sich nicht unwohl.

»Sie glauben, so in etwa liegen sie schon noch richtig.«

10. Kapitel
Wir halten uns alle für überdurchschnittlich

Vor nicht allzu langer Zeit bat ein Forscherteam der Princeton University Menschen um eine Einschätzung, wie anfällig sie selbst und »der Durchschnittsbürger« für eine ganze Reihe von Vorurteilen seien. Die meisten glaubten, sie seien weniger voreingenommen als andere. Das dürfte kaum überraschen, schließlich ertragen die wenigsten den Gedanken, nur durchschnittlich oder gar, Gott bewahre, unterdurchschnittlich zu sein. Wir laufen also mit dem heimlichen Hochmut herum, überdurchschnittlich zu sein, und dieser Hochmut verleitet uns zu vielen Fehlern.

»Unserer Ansicht nach gehört Hochmut generell zur menschlichen Psyche«, erklärt Stefano DellaVigna, Wirtschaftsprofessor an der University of California. Er hat untersucht, wie Selbstüberschätzung uns regelmäßig Fehler machen lässt. Ihr ist es zuzuschreiben, dass wir langfristige Verträge im Fitnessstudio unterschreiben, Timesharing-Anteile an Ferienhäusern kaufen, die wir nicht, oder weniger als gedacht, nutzen, oder uns von zinslosen Verbraucherkrediten dazu verführen lassen, Geld auszugeben, das wir nicht haben.

> »Wir überschätzen uns fast alle. Die einzige Ausnahme sind Leute mit Depressionen – sie sehen ihren Platz in der Welt realistisch.«

DellaVignas allgemeine Schlussfolgerung aus seinen Untersuchungen: »Wir überschätzen uns fast alle. Die einzige Ausnahme sind Leute mit Depressionen – sie sehen ihren Platz in der Welt realistisch.«

Lehren vom Golf-Green

Unsere Überheblichkeit stellt uns überall Fallen, oft gerade dann, wenn wir es am wenigsten erwarten. Läden für Golfausrüstungen sind ein wunderbares Beispiel für solch unerwartete Fallen. Wenn Sie schon einmal in einem waren, wissen Sie wahrscheinlich, dass es dort oft kleine Golf-Greens gibt, auf denen Kunden neue Putter ausprobieren können. Doch diese Greens sind keine nützliche Entscheidungshilfe für den Käufer, sondern eine Falle, die uns dazu verleitet, viel teurere Schläger zu kaufen, als wir es sonst getan hätten. In einem Experiment zeigte sich, dass Spieler auf diesen Greens aus neunzig Zentimetern Entfernung mehr Putts versenkten als Leute, die aus drei Metern Entfernung putteten. Weiter kein Kunststück – aber erstaunlicherweise hielten sich die Nah-Putter danach für bessere Golfer als die Fern-Putter. Die Nah-Putter ordneten ihre Fähigkeiten danach im 35. Perzentil ein, dachten also, 65 Prozent aller Spieler seien besser und 35 Prozent schlechter. Die Fern-Putter stuften sich durchschnittlich erst ins 15. Perzentil, glaubten also, nur ein Siebtel aller Spieler sei schlechter als sie.

Das kurze Green, ein Instrument der Selbstbestätigung, hilft nachweislich, die Umsätze zu steigern. Wer auf einem kürzeren Green puttete, hält sich danach für einen besseren Golfer, der auch eine bessere, teurere Ausrüstung verwenden sollte.

Aber Selbstüberschätzung kann zu viel schlimmeren Fehlern führen, als sich zu aufwendige Golfschläger zu kaufen. Betrachten Sie nur mal die Firma NutriSystem, einen amerikanischen Versand von Diät-Fertiggerichten. Ihr Aktienkurs explodierte zwischen 2003 und 2006 geradezu auf das 36fache. Seitdem wurden die Aktionäre aber wieder auf strenge Diät gesetzt.

Fette Gewinne mit dicken Leuten

Das Interessante an NutriSystem, vom Aktienkurs einmal abgesehen, ist eine Eigenschaft ihrer Kundschaft: Sie überschätzt sich. Der typische NutriSystem-Kunde ist, nach eigener Aussage des Unternehmens, ein »Serien-Faster«, jemand der immer wieder Diäten macht und immer wieder scheitert. Der Großteil der Kunden, d. h. 80 Prozent, besteht aus Frauen. Sie sind durchschnittlich 44 Jahre alt und 95 Kilo schwer. Die meisten beginnen die Diät mit dem Ziel, 27 Kilo abzunehmen, am Ende haben sie im Schnitt aber nur neun verloren. Nach zehn bis elf Wochen geben sie in der Regel auf und beenden das Programm.

Warum hat das Unternehmen nun solchen Erfolg, obwohl die Kunden größtenteils scheitern? Die Antwort lautet, dass NutriSystem, wie etliche andere Unternehmen auch, gelernt hat, aus unserer Selbstüberschätzung Kapital zu schlagen. Die Firma lebt nicht davon, was die Leute *tun*, sondern davon, was sie sich *vornehmen*. Mit seiner Werbung zielt NutriSystem genau auf diese Selbstüberschätzung. Berühmte Sportler wie die Footballlegende Dan Marino erklären, sie hätten zehn Kilo, zwanzig Kilo oder noch mehr verloren.

Nur bei genauem Hinsehen kann man die kleingedruckte Warnung lesen: »Ergebnis nicht repräsentativ«. Nun könnte man glauben, potenzielle Kunden würden daraus schließen, dass es gar nicht so einfach ist, mit diesem Programm abzunehmen. Das passiert aber nicht. Den Abnehmwilligen ist es egal, dass die beworbenen Ergebnisse nicht typisch sind, denn die meisten Leute halten sich selbst ja auch nicht für typisch, sondern für überdurchschnittlich. Und ihr Erfolg wird folglich auch überdurchschnittlich sein.

Warum wir dafür bezahlen, nicht ins Fitnessstudio zu gehen

Eigentlich verkauft NutriSystem also keine Diätprodukte, sondern Hoffnung. Bei genauer Betrachtung tun Banken, Fitnessstudios und viele andere Branchen das Gleiche. Fitnessstudios sind inzwischen ein Milliardengeschäft; 2004 machten in Deutschland etwa 5 700 Studios einen Umsatz von 2,2 Milliarden Euro. Die meisten Kunden binden sich relativ langfristig an ein bestimmtes Studio. Ist das vernünftig – oder werfen sie Geld zum Fenster hinaus?

Um das herauszufinden, sahen sich DellaVigna und eine Kollegin in Berkeley, Ulrike Malmendier, die Zahlen von drei amerikanischen Fitnessklubs an, die drei Jahre lang jeden Besuch ihrer fast 8 000 Mitglieder verzeichnet hatten. Die Kunden der Studios hatten drei Optionen:

1. Sie konnten Jahresverträge abschließen.
2. Sie konnten Monatsverträge abschließen.
3. Sie konnten pro Besuch bezahlen, z.B. mit einer Zehnerkarte.[22]

Welche Option würden Sie wählen?

Wenn Sie sich ähnlich verhalten wie die große Mehrheit, entscheiden Sie sich vermutlich für den Jahres- oder Monatsvertrag – und bezahlen zu viel. Das liegt daran, dass Fitnessklubbesucher, wie Abnehmwillige, zur Selbstüberschätzung neigen. Sie glauben, sie würden viel öfter ins Fitnessstudio gehen, als sie es dann in Wirklichkeit tun. Tatsächlich, fanden DellaVigna und Malmendier heraus, gehen Mitglieder nur etwa halb so oft ins Fitnessstudio, wie sie sich vorgenommen haben – vier- bis fünfmal im Monat statt zehnmal.

> Mitglieder gehen nur etwa halb so oft ins Fitnessstudio, wie sie sich vorgenommen haben.

Folglich bezahlen Kunden mit Zeitverträgen pro Besuch deutlich mehr als Kunden mit Einzelkarten. Im von Della-

Vigna und Malmendier untersuchten Fall bezahlte jeder Einzelne durchschnittlich um 700 Dollar zu viel! Nicht jeder fährt mit Einzelkarten besser – aber fast jeder: 80 Prozent aller Mitglieder mit Zeitverträgen wären besser gefahren, wenn sie pro Besuch bezahlt hätten. Aber warum entschieden sie sich für die ungünstigere Option?

»Im Grunde überschätzen die Leute ihre Disziplin«, sagt DellaVigna. »Sie verwechseln ihre *guten Vorsätze* und ihre *tatsächlichen Handlungen*.« Mit anderen Worten: Fitnessstudiobesucher verhalten sich ähnlich wie NutriSystem-Kunden.

Interessanterweise waren Zeitverträge, wie DellaVigna sie untersucht hat, in amerikanischen Fitnessklubs früher nicht gängig. In den 1950ern bezahlte man meistens noch pro Besuch. Doch nachdem die Klubs elektronische Kartensysteme eingeführt hatten und besser verfolgen konnten, wie oft jeder ins Studio ging, wurden die Einzelkarten durch Zeitverträge ersetzt.

DellaVigna glaubt, die Studios hätten mit der Zeit einfach dazugelernt, wie andere Branchen auch. Heute wissen sie besser, welches Bezahlschema sie anbieten müssen, um vom strukturellen Optimismus ihrer Kunden zu profitieren. »Die Firmen beuten dieses Wissen in vielfacher Hinsicht aus«, sagte er. »Und Konsumenten sollten sich das allmählich klarmachen.« Heutzutage bieten die meisten Studios die günstige Möglichkeit, pro Besuch zu bezahlen, einfach nicht mehr an, und der Kunde ist der Übervorteilte.

Eine weitere Art, aus unserer Selbstüberschätzung Kapital zu schlagen, besteht darin, uns mit Lockvogelangeboten dazu zu verleiten, Verträge einzugehen oder Dinge anzufangen, die uns später richtig teuer zu stehen kommen. So sind zum Beispiel die Hotelzimmer in Las Vegas aus gutem Grund so günstig. Auch Mobilfunkanbieter bieten uns nicht aus reiner Nächstenliebe tolle Handys für einen Euro an, wenn wir einen Vertrag bei ihnen abschließen. Klar, wir sehen die lange Vertragslaufzeit und die hohen Minutenpreise, und sind fest entschlossen, uns beim Telefonieren eben zurückzuhalten. Nur halten diese Vorsätze eben nie lange …

Wie Kreditkartenfirmen mit unserer Selbstüberschätzung spielen

Eine besonders fiese Spielart, unsere Selbstüberschätzung auszubeuten, hat sich in Deutschland glücklicherweise vorerst nicht durchgesetzt. In den USA aber ist es gängig, dass Kreditkartenfirmen Kunden mit günstigen Kreditzinsen anlocken – die dann nach einer Anfangsphase von etwa sechs Monaten nach oben springen. Nach Daten der US-Zentralbank schuldete der durchschnittliche amerikanische Haushalt Mitte 2008 seinen Kreditkartenunternehmen 8 700 Dollar (ca. 7 000 Euro). Amerikaner werden auch ständig mit neuen Kreditkartenangeboten bombardiert. Die Werbebriefe versprechen Angebote wie diese:

- Die erste Firma bietet einen Zinssatz von 6,9 Prozent in den ersten sechs Monaten, danach steigt er auf 16 Prozent.
- Die zweite bietet 4,9 Prozent für die ersten sechs Monate, danach 16 Prozent.
- Die dritte bietet 6,9 Prozent für die ersten sechs Monate, danach 14 Prozent.

Welche Option würden Sie wählen?

Eine Studie untersuchte den Rücklauf auf fast zwei Millionen Werbebriefe dieser Art, die in den 1990ern von einem großen Kreditkartenunternehmen verschickt worden waren. Die Aktionen führten insgesamt zu knapp über 15 000 neuen Kreditkartenverträgen. Was bedeutet, dass 99 Prozent aller Angeschriebenen die Werbebriefe sofort in den Papierkorb beförderten. Warum also der ganze Aufwand?

Die Antwort darauf bekommen wir, wenn wir uns das Verhalten des restlichen Prozents ansehen. Bei dieser Gruppe gewann mit großem Abstand die Option zwei mit dem niedrigsten Anfangszins von 4,9 Prozent. Mehr als zwei Drittel der Leute entschied sich für diese Option. Warum?

Um diese Frage beantworten zu können, müssen wir offenbar wieder die Selbstüberschätzung ins Spiel bringen.

Genau wie die Übergewichtigen, die mit NutriSystem 27 Kilo abzunehmen hofften, aber nur neun Kilo abnahmen, hofften die neuen Kreditkartenkunden, einen größeren Teil ihrer Schulden abzubauen, bevor der hohe Zinssatz wirksam wurde. Und deshalb legten sie ihr Hauptaugenmerk auf den niedrigen Anfangszins von 4,9 Prozent – und achteten weniger auf den späteren Zinssatz von 16 Prozent. Aber dieser Optimismus war, wie im NutriSystem-Fall, ungerechtfertigt. Die Mehrzahl der Leute zahlte ihre Schulden in der Anfangsphase nicht zurück, sondern ging mit roten Zahlen in die Phase mit hohen Zinssätzen.

Erkenne deine Grenzen

Wenn Sie den Film *Dirty Harry II – Callahan* gesehen haben, erinnern Sie sich vielleicht an Clint Eastwood, der als knallharter Detective Harry Callahan den Schurken am Ende genau dort hat, wo er ihn haben wollte – vor dem Lauf seiner Kanone – und einen seiner berühmt gewordenen Sprüche loslässt: »Ein guter Mann kennt immer seine Grenzen.«

Das ist ein guter Rat.

Für den Grad, wie zutreffend wir uns selbst einschätzen, haben die Sozialwissenschaftler einen Begriff geprägt: Kalibrierung. Sie misst den Unterschied zwischen tatsächlichen und wahrgenommenen Fähigkeiten. Wenn Sie genau so gut sind, wie Sie denken, gelten Sie als »gut kalibriert«.

> Die meisten von uns sind eher schlecht kalibriert – wir sind nicht so gut, wie wir glauben.

Klaffen Leistung und Anspruch bei Ihnen weit auseinander, sind Sie »schlecht kalibriert«.

Die meisten von uns sind eher schlecht kalibriert, selbst und vielleicht gerade bei den Fertigkeiten, auf die es uns besonders ankommt, zum Beispiel im Job. Das fand die US-Army vor einigen Jahren heraus, als sie Soldaten in Fort Benning, Georgia, fragte: »Ein wie guter Schütze sind Sie?« Die meisten hielten sich natürlich für ziemlich gute Schützen. Sie erklärten, sie würden bei der jährlichen Schießprüfung am M-16-Gewehr gut abschneiden. Dann befahl man sie zum Schießstand. Nach dem Schießen verglich man die Ergebnisse mit den Vorhersagen. Die lagen ziemlich daneben: 75 Prozent aller Soldaten hatten schlechter getroffen als angekündigt. Über 25 Prozent rasselten bei der Prüfung sogar durch. Die Soldaten »überschätzten ihre Schießkünste fast durchgängig«, konstatierte der Abschlussbericht, »und zeigten eine außerordentlich große Zuversicht, die Prüfung zu bestehen«.

Seltsamerweise, so stellte die Army fest, traf eine Gruppe mit ihren Vorhersagen genau ins Schwarze. Welche? Die der schlechtesten Schützen. Natürlich handelte es sich dabei um eine kleine Gruppe. Von den 153 Teilnehmern an der jährlichen Schießprüfung hatten nur fünf vorausgesagt, sie würden durchfallen. Und diese fünf lagen ziemlich richtig: Drei von ihnen fielen durch, zwei bestanden um Haaresbreite.

»Diejenigen, die ein Scheitern vorhersahen«, vermerkten die Wissenschaftler trocken, »trafen damit ins Schwarze.«

Auch in anderen Bereichen stellten Forscher eine ähnlich schlechte Kalibrierung fest, übrigens ganz unabhängig von Faktoren wie Einkommen, Intelligenz oder Bildung der Probanden. Kurz nach dem Test der Army in Fort Benning wurde mit Studenten der University of Wisconsin ein ähnlicher Versuch durchgeführt. Allerdings ging es nicht um Zielschießen, sondern seine akademische Entsprechung: Die Studenten sollten einen Textabschnitt lesen und dann angeben, mit welcher Gewissheit sie glaubten, die richtigen Schlüsse aus ihm gezogen zu haben. Hinterher prüfte man sie über den gelesenen Text. Wie zu erwarten war, schnitten die Studenten, genau wie die Soldaten, eher mäßig ab.

»Die Kalibrierung war grauenhaft«, staunten die Forscher. »Die Teilnehmer zeigten sich unfähig zu unterscheiden, was sie verstanden hatten und was nicht.« Vielleicht legte ihre Universität ja zu großen Wert auf sportliche Leistungen ...

Lernen von Kachelmann und Co.

Ein Berufsstand ist allerdings, im Gegensatz zu fast allen anderen, erstaunlich gut kalibriert: die Zunft der Meteorologen. Und der Grund dafür liegt ausgerechnet im amerikanischen Roswell, bekannt für das jährliche UFO-Festival. Dort arbeitete vor vielen Jahren ein junger Wetteransager namens Cleve Hallenbeck. Nach der Schule war Hallenbeck von Job zu Job gedriftet, hatte als Eisenbahner gearbeitet, als Verkäufer, als Lehrer. Schließlich bekam er eine Stelle beim amerikanischen Wetterdienst, der ihn auf einen denkbar abgelegenen Posten schickte: ins Pecostal.

Damals wie heute wird in diesem Landstrich Neu-Mexikos Luzerne angebaut. Die meisten Felder wurden über Brunnen bewässert, und die Bauern interessierten sich dafür, wann sie Wasser hochpumpen mussten, was Geld kostete, und wann sie den Regen, der umsonst war, abwarten konnten. Manchmal mussten sie auch wissen, wann es *nicht* regnen würde, damit sie die Luzerne mähen und das Heu trocknen konnten. Es reichte also nicht, wenn man den Bauern mit »möglichen Niederschlägen« kam, dafür stand für sie zu viel auf dem Spiel. Sie mussten wissen, mit welcher Wahrscheinlichkeit es regnen würde. Also fing Hallenbeck im Jahr 1920 an, diese Wahrscheinlichkeit in seinen Vorhersagen anzugeben.

Meteorologen in anderen Teilen des Landes zogen erst viel später nach. Hartfort, Connecticut, 1954, San Francisco 1956, Los Angeles 1957. Erst 1965 führte der nationale Wetterdienst Amerikas Niederschlagswahrscheinlichkeiten für alle Wetterberichte ein. Damit wurde die Wettervorhersage der erste Bereich, in dem im großen Stil Wahrscheinlichkeiten veröffentlicht wurden.

Die Wettervorhersage blickt also auf eine lange Geschichte konkreter Prognosen zurück. Gleichzeitig haben Meteorologen natürlich Aufzeichnungen über das tatsächliche Wettergeschehen: Sie können sagen, ob es an einem bestimmten Tag geregnet hat oder nicht. Vergleicht man das vorhergesagte und das tatsächliche Wetter, schneiden die Wetteransager erstaunlich gut ab. Eine Analyse von mehr als 150 000 über einen Zweijahreszeitraum getroffenen Vorhersagen zeigte, dass die Wetteransager nahezu perfekt kalibriert waren. Sagte der amerikanische Wetterdienst eine dreißigprozentige Regenwahrscheinlichkeit voraus, wie im untersuchten Zeitraum über 15 000-mal geschehen, regnete es in nahezu genau 30 Prozent der Fälle.

> Wetteransager waren nahezu perfekt kalibriert. Sagte der amerikanische Wetterdienst eine dreißigprozentige Regenwahrscheinlichkeit voraus, wie im untersuchten Zeitraum über 15 000-mal geschehen, regnete es in nahezu genau 30 Prozent der Fälle.

Die Macht des Feedbacks

Warum sind Wetteransager so viel besser kalibriert als wir anderen? Weil sie über das beste Mittel gegen Überheblichkeit verfügen: unmittelbares, richtig stellendes Feedback. Was bedeutet Feedback? Im Grunde handelt es sich dabei um ein Signal. Durch Rückmeldung erfährt der Betroffene, was *tatsächlich* passiert ist. Auf dem Feld der Informationswissenschaft und der Steuerungstheorie ist Feedback ein altbekanntes Konzept. Zum Beispiel hören Sie nur deswegen einen Ton, wenn Sie eine Taste auf dem Telefon drücken, damit Sie wissen, dass Sie die Taste korrekt betätigt haben.

Feedback ist ein wirksames Instrument zur Steuerung menschlichen Verhaltens. Deswegen werfen einarmige Banditen Gewinne gleich aus: Sie haben gewonnen, und Sie bekommen Ihr Geld sofort, nicht erst einen Monat später per Überweisung. Sie erleben sofortiges Feedback – und das Erfolgserlebnis erhöht Ihre Neigung, weiterzuspielen. Genau das wollen die Casinos natürlich.

> Wir neigen in Bereichen zur Selbstüberschätzung, in denen wir schlechtes bis gar kein Feedback bekommen.

Wir neigen also in Bereichen zur Selbstüberschätzung, in denen wir schlechtes bis gar kein Feedback bekommen. Erinnern Sie sich an das Beispiel, wo Leute dafür bezahlen, dass sie nicht ins Fitnessstudio gehen? Nachdem DellaVigna gesehen hatte, wie viel Geld die meisten Mitglieder zu viel ausgaben, ließ ihm eine Frage keine Ruhe: »Wieso verhielten sich erwachsene Leute so dumm?« Schließlich hatten sie doch jahrzehntelange Erfahrung darüber sammeln müssen, wie gut oder schlecht ihre Selbstbeherrschung war. Die Lösung des Rätsels: schlechtes Feedback.

Wie jedes Signal kann auch Feedback stark oder schwach ausfallen. Wenn Sie eine Nummer wählen und das Besetztzeichen hören, ist das ein starkes Feedback: Auf der anderen Seite ist gerade belegt, und Sie erfahren es sofort. Eindeutige Sache. Aber wenn Sie nicht ins Fitnessstudio gehen, ist das Feedback schwach: Sie erfahren nicht, *warum* Sie nicht gegangen sind. Und wenn die Rückmeldung schwach ist, lässt sich das gesendete Signal leicht ignorieren oder verzerren. Im Fall des ausgefallenen Besuchs im Fitnessstudio lautet das Signal, dass wir faul sind. Aber dieses Signal gefällt uns nicht, also ignorieren wir es.

»Wir versuchen, das Feedback zu überhören, weil es unsere Gefühle verletzt«, sagt DellaVigna. Also verdrängen wir die Rückmeldung, indem wir uns irgendeinen anderen Grund für das ausgefallene Training suchen. »In solchen Fällen finden wir immer einen Vorwand vom Typ ›mein Kind war krank‹.«

Manche Berufsfelder sind geradezu geschaffen für Feedback-Verzerrung. Nehmen Sie etwa Investmentbanking. Wenn ein Portfoliomanager bestimmte Aktien oder ganze Unternehmen kauft, stellt sich das möglicherweise erst Jahre später als Fehler heraus. Bis dahin ist der Verantwortliche aber längst weitergezogen, in eine höhere Stellung oder zu einer anderen Firma. Sollte er wirklich noch auf seinem alten Posten sitzen, kann er seinen Fehler mit einer Vielzahl von Gründen wegerklären. Unvorhergesehene Konjunktureinbrüche, schlechtes Management usw. sind nichts anderes als Ausreden vom Typ »mein Kind war krank«.

Warren Buffetts größter Fehler

1993 kaufte der Anlageguru Warren Buffett zusammen mit seinem langjährigen Geschäftspartner Charlie Munger für 433 Millionen Dollar die Dexter Shoe Company. Damals hielt Buffett das für ein prima Geschäft. »Es handelt sich um eine der am besten geführten Firmen, die Charlie und ich in unserem Geschäftsleben gesehen haben«, berichtete er den Aktionären seines Unternehmens Berkshire Hathaway.

2008 hatte Buffett seine Meinung geändert. »Dexter«, verriet er seinen Aktionären, »ist das schlechteste Geschäft, das ich je gemacht habe.«

Was war passiert? Innerhalb weniger Jahre war Dexters Wettbewerbsvorteil, den Buffett für dauerhaft gehalten hatte, verschwunden.

»Aber das ist nur der Anfang«, berichtete er. Buffett hatte das Unternehmen nicht bar, sondern mit Aktien von Berkshire bezahlt. Dadurch habe er den Fehler um ein Vielfaches verschlimmert. Insgesamt hatte die Übernahme die Berkshire-Aktionäre nicht 433 Millionen Dollar gekostet, sondern 3,5 Milliarden. »Kurz gesagt: Ich habe 1,6 Prozent eines großartigen Unternehmens – das heute 220 Milliarden wert ist – hergegeben, um damit eine wertlose Firma zu kaufen.«

Diese Darstellung ist aus mehreren Gründen interessant. Erstens schon deswegen, weil Buffett seinen Fehler offen zugab. Davor drücken sich die meisten Chefs. Zweitens deswegen, weil Buffett einen klaren Grund für den Fehler angab, und zwar Fehleinschätzung der Dauerhaftigkeit des Wettbewerbsvorteils. Man erkennt daran, dass Buffett sich intensiv damit beschäftigt hatte, warum er – bildlich gesprochen – nicht ins Fitnessstudio gegangen war, und sich dem Feedback, das er bekommen hatte, stellte. Und drittens ist die Angelegenheit auch deswegen interessant, weil es bei Berkshire praktisch keinerlei Fluktuation im Management gibt. Seit Gründung des Unternehmens hält Buffett das Ruder in den Händen, und die ihm direkt unterstellten Chefs der mehr als vierzig Geschäftsbereiche unter ihm wechseln praktisch nie. »Wie viele CEOs haben uns in unserer 42-jährigen Geschichte freiwillig Richtung Konkurrenz verlassen?«, fragte Buffett 2006 in seinem Brief an die Aktionäre. »Exakt null.«

Das Führungspersonal des Unternehmens bleibt also lange genug auf seinen Posten, um die Folgen seines Handelns mitzubekommen. Dieses Feedback erlaubt den Managern, aus ihren Fehlern zu lernen. Das könnte den spektakulären Erfolg von Berkshire mit erklären. Zwischen 1964 und 2007 verzeichnete das Unternehmen einen Wertzuwachs von 400 863 Prozent. Zum Vergleich: Der »Standard & Poor's 500-Index« stieg in dieser Zeit mit Dividenden nur um 6 840 Prozent.

> Das Führungspersonal bei Berkshire Hathaway bleibt lange genug auf seinen Posten, um die Folgen seines Handelns mitzubekommen. Dieses Feedback erlaubt den Managern, aus ihren Fehlern zu lernen. Zwischen 1964 und 2007 verzeichnete das Unternehmen einen Wertzuwachs von 400 863 Prozent.

Trotz dieses beeindruckenden Erfolges zeigt Buffett, einer der reichsten Männer der Welt, keinerlei Zeichen von Selbstüberschätzung. Im Aktionärsbrief 2007 schrieb er: »Ich werde auch in Zukunft Fehler machen – darauf können Sie wetten.«[23]

Die Kontrollillusion

Seltsamerweise neigen Menschen *umso stärker* zu Selbstüberschätzung, je anspruchsvoller ihre Aufgabe ist. Dabei würde man genau das Gegenteil erwarten. Am extremsten überschätzen sich die Menschen mit den schwierigsten Aufgaben. Für ein Experiment ließ man europäische und asiatische Kinder Bilder zeichnen; die Zeichnungen wurden gemischt und Versuchspersonen vorgelegt, die herausfinden sollten, welche Zeichnungen von Asiaten und welche von Europäern stammten. Auf die Frage, wie gut sie bei dieser praktisch unlösbaren Aufgabe abschneiden würden, äußerten sich die Versuchspersonen völlig unangemessen selbstgewiss.

Wir glauben derart fest an unsere Fähigkeiten, dass wir uns manchmal sogar einbilden, Zufallsereignisse wie das Ergebnis eines Münzwurfs steuern zu können. Ellen Langer, inzwischen Professorin an der Harvard University, wies diese Tendenz vor einigen Jahren in einer berühmt gewordenen Testreihe nach. Ihre Versuchspersonen waren Studenten der Eliteuniversität Yale, also Menschen, die es wirklich besser wissen sollten. Langer ließ die Studenten gegen einen ihrer Kollegen antreten. Das Spiel war ganz einfach: Jeder zog eine Karte aus einem Stapel; wer die höhere Karte hatte, gewann. Vor jeder Runde konnten die Studenten einen beliebigen Betrag zwischen null und 25 Cent setzen.

Aber der Versuch war natürlich gezinkt. Einige Studenten spielten gegen einen schick angezogenen und selbstsicher wirkenden Assistenten, andere traten gegen einen dümmlich wirkenden Kerl mit schlecht sitzendem Sakko an. Die Chance, eine höhere Karte zu ziehen, war in beiden Fällen natürlich die gleiche, schließlich schert sich ein Satz Karten nicht darum, wie jemand angezogen ist. Aber die Studenten ließen sich vom Auftreten ihres Gegenübers beeinflussen, und das ist der zentrale Punkt.

Spielten sie gegen den »Penner«, waren sie siegesgewisser. Diese Selbstsicherheit spiegelte sich in der Höhe der Einsätze wider: In Spielen gegen den »Penner« setzten die Studenten durchgehend mehr Geld als in den Spielen gegen den »Selbstbewussten«.

Einen ähnlichen Effekt stellte Langer fest, als sie die Studenten bat, das Ergebnis eines Münzwurfs vorauszusagen. Ein Assistent warf die Münze, und der Student sagte »Kopf« oder »Zahl« an, noch während sie durch die Luft flog. Hier war das Spiel selbst gezinkt: Der Assistent gab den Studenten nach einem vorher festgelegten Schema Recht, unabhängig vom Ergebnis des Wurfs. Einigen Studenten gab man bei den ersten Würfen immer Recht. Andere hatten wirklich »Pech« und lagen immer daneben.

Diese Anfangsphase wirkte sich stark auf die Selbstsicherheit der Studenten aus. Nach einer Weile begannen die Studenten, die glaubten, am Anfang immer richtig gelegen zu haben, wirklich zu denken, sie hätten ein gutes Gespür für den Flug der Münze. Sie glaubten, in mehr als der Hälfte der Fälle das Ergebnis richtig voraussagen zu können. Und – vielleicht noch interessanter – 40 Prozent aller Studenten waren hinterher davon überzeugt, mit ein wenig Übung ihre Leistung noch verbessern zu können. Langer nannte dieses Phänomen »Kontrollillusion«.

Informationsüberflutung

Was könnte die Hartnäckigkeit dieser Illusion erklären? Die Antwort liegt teilweise in der verführerischen Kraft von Informationen. Je mehr wir lesen oder sehen oder hören, ganz egal, desto mehr glauben wir zu wissen. Aber das stimmt nicht notwendigerweise, wie immer wieder beobachtet wurde. Oft werden wir im Verlauf der Zeit nicht klüger, sondern nur selbstgewisser.

Zusammenfassungen beispielsweise sind oft nicht weniger informativ – und manchmal sogar nützlicher – als ausführlichere Versionen desselben Materials. In einer Reihe von Experimenten verglichen Forscher an der Carnegie Mellon University etwa 5000 Wörter lange Kapitel von Lehrbüchern mit 1000 Wörtern langen Zusammenfassungen. Die Bücher stammten aus den verschiedensten Bereichen: Sie handelten von russischer Geschichte, der Geografie Afrikas oder Makroökonomie. Doch unabhängig vom Thema waren die Zusammenfassungen nützlicher. Gab man Studenten die gleiche Zeit, sich mit einem Kapitel oder dessen Zusammenfassung zu beschäftigen, lernten sie aus den Zusammenfassungen mehr als aus den Kapiteln. Ob man sie nun zwanzig Minuten oder ein Jahr später über die Inhalte befragte: Die Studenten, die anhand der Zusammenfassungen gelernt hatten, wussten mehr.

Aber tief in uns drin sträuben wir uns dagegen, das zu glauben. Wir scheinen einen angeborenen Hang dazu zu haben, uns mit Informationen zu überlasten, ob sie uns nun helfen oder nicht. Die Phrase von der »Informationsüberflutung« ist inzwischen zum Allgemeingut geworden, überall werden wir mit Informationen bombardiert. Nachrichtenticker halten uns per E-Mail oder SMS über Neuigkeiten auf dem Laufenden, Fernseher mit Börsen- oder Nachrichtenkanälen dringen von Flughäfen, Banken und U-Bahnen aus immer weiter in unseren Alltag ein. Wir alle gieren nach Informationen. Besonders auf der Rennbahn.

> Studenten lernten aus Zusammenfassungen mehr als aus ganzen Kapiteln.

Gespür für Pferde

»Leute, die auf Pferde wetten, sind Informationsjunkies«, sagt Jill Byrne. Und sie muss es wissen – schließlich ist es ihr Job als Expertin des Pferderennkanals TVG, Zuschauern zu raten, auf wen sie ihr Geld setzen sollen. Wie Aktienanalysten und andere Leute, die davon leben, dass sie die Zukunft vorhersagen, liegt auch sie oft falsch. Beim berühmten Kentucky Derby, ihrem »Hausrennen«, liegt sie in 32 Prozent der Fälle richtig, also in deutlich weniger als der Hälfte aller Fälle, schneidet damit aber im Vergleich zu ihren Kollegen relativ gut ab.

Jill Byrne ist mit Pferden aufgewachsen, auf der heimischen Pferdefarm in Virginia fing sie schon mit zwei Jahren zu reiten an. Mit sieben war sie mit ihrer Schwester für die Ställe verantwortlich. Als sie zwölf wurde, setzte ihr Vater, ein Pferdetrainer in New York, sie auf ihr erstes Rennpferd. Bald begann sie, sehr viel Zeit auf Rennbahnen zu verbringen. »Damals kam mir das alles unheimlich glamourös vor.«

Gewöhnlich bewertet sie im Jahr die Gewinnchancen von Tausenden Pferden, in unwichtigen wie in bedeutenden Rennen. Für ein großes Ereignis wie das Kentucky Derby beginnt sie ein halbes Jahr vorher mit den Recherchen. Oft analysiert sie für ein Pferd Hunderte Einzelinformationen: vergangene

Erfolge, auch seiner Eltern, Großeltern und Geschwister; bevorzugter Boden; bevorzugtes Wetter und so weiter.

Das alles kostet sehr viel Zeit, für jeden Favoriten investiert sie etwa fünfzig Stunden Recherche. Aber wie viel nützt all das Wissen?

Diese Frage stellte sich Paul Slovic, seinerzeit am Oregon Research Institute, vor einigen Jahren. Er überprüfte die Vorhersagekünste professioneller Experten wie Byrne. In seinem Experiment erlaubte er den Experten, für ihre Urteile »Erfolgscharts« heranzuziehen, wie sie in der Pferderennbibel *Daily Racing Form* abgedruckt werden. Diese Charts liefern fast hundert Einzelinformationen zu jedem Pferd und seiner Geschichte.

Für Slovics Studie machten acht Experten Voraussagen für vierzig Rennen. Übrigens handelte es sich um echte Rennen, was Slovic erlaubte, die Vorhersagen mit den tatsächlichen Ergebnissen zu vergleichen. Anfangs gab man den Experten nur fünf Einzelinformationen zu jedem Pferd, bevor sie ihre Tipps abgaben. Die Kategorien – etwa Gewicht des Jockeys, Anteil der Rennen, in denen das Pferd Erster, Zweiter oder Dritter wurde usw. – durften sie frei wählen. Danach gestand man ihnen zehn Einzelinformationen zu und bat sie um neue Einschätzungen. Dann bekamen sie zwanzig, schließlich vierzig.

Verbesserten die zusätzlichen Informationen die Vorhersagen der Experten?

Nein.

Mit vierzig Einzelinformationen war ihre Trefferquote nicht höher als mit fünf. Aber – und hierauf kommt es an – die zusätzliche Information erhöhte die Selbstsicherheit der Experten. Verfügten sie über fünf Einzelinformationen, glaubten sie mit einer Wahrscheinlichkeit von 20 Prozent, richtig zu liegen. Hatten sie aber vierzig Einzelinformationen, waren sie sich zu über 30 Prozent sicher, den Sieger zu kennen.

> **Mit vierzig Einzelinformationen war die Trefferquote der Experten nicht höher als mit fünf. Was sich erhöhte, war lediglich ihre Selbstsicherheit.**

Manager-Entscheidungen

Diese Tendenz lässt sich natürlich nicht nur auf der Pferderennbahn beobachten. Auch Manager legen oft überzogenes Selbstbewusstsein an den Tag, und zwar genau in dem Bereich, wo sie sich am besten auskennen: im Geschäftsleben. Hören Sie sich nur Donald Tomnitz an, den Chef von D. R. Horton, der größten Wohnbaugesellschaft Amerikas. Im Dezember 2005 tönte der Ex-Banker: »Wir können immer Geld verdienen, in Boom und Abschwung, außer bei einer Weltwirtschaftskrise wie 1929.«

Und viele glaubten ihm. Investoren steckten Milliarden in Horton und ließen den Aktienkurs fast auf Rekordhöhe klettern. Aber es brauchte gar keine Weltwirtschaftskrise; das Platzen der Immobilienblase reichte. Bald fielen Hortons Gewinne stärker, als irgendjemand sich hatte vorstellen können. Im Sommer 2007 – gerade mal 19 Monate nach Tomnitz' Prahlerei – vermeldete Horton den ersten Quartalsverlust in den 15 Jahren seit dem Börsengang. Und wir reden hier nicht von ein paar Miesen, sondern von einer Bombe: fast 824 Millionen Dollar Verlust! Es folgten weitere Rückschläge. Hortons Kurs bröckelte immer weiter. Zum Zeitpunkt von Tomnitz' großen Tönen hatte der Kurs bei 36 Dollar gelegen. Im Sommer 2008 war er auf unter zehn Dollar gefallen.

Paul Schoemaker, Professor an der Wharton School der University of Pennsylvania, und J. Edward Russo von der Cornell University beschäftigen sich seit Jahren mit der Selbstüberschätzung von Spitzenmanagern wie Tomnitz. Hybris in den Führungsetagen sei allgegenwärtig, erklären sie, und trage erheblich zu Fehlentscheidungen bei.

Woher wissen die beiden das? Über Jahre hinweg haben sie einen »Selbstvertrauenstest« bereitgestellt, der so konstruiert ist, dass er das, wie sie es nennen, Metawissen misst. Geprüft wird also, ob uns klar ist, was wir wissen und was nicht. Im Grunde handelt es sich dabei um eine Messung des Kalibrierungsgrads. Der Test besteht normalerweise aus zehn Fragen. Die Teilnehmer werden gebeten, jede Frage mit einer Spanne zu beantworten, die mit einer vorgegebenen Sicherheit, beispielsweise von 90 Prozent, den wahren Wert enthält. Eine Frage könnte beispielsweise lauten: »Wie lang ist der Nil?« Wenn Sie zu 90 Prozent sicher sind, dass er zwischen 800 und 1 000 Kilometer lang ist, schreiben Sie als Antwort »800 bis 1 000 Kilometer« hin. Am Ende des Kapitels finden Sie einen Test dieser Art. Versuchen Sie's mal, wenn Sie mögen.

Schoemaker und Russo haben diesen Test Mitarbeitern aus verschiedensten Branchen vorgelegt. Die Themen variieren; manchmal wird Allgemeinwissen abgefragt, wie die Zahl der Patentanmeldungen pro Jahr oder die Entfernung zwischen New York und Istanbul. Gelegentlich wurden die Fragen aber speziell auf eine Branche und manchmal sogar auf eine bestimmte Firma zugeschnitten. Schließlich erwartet man von Managern, mehr über das eigene Unternehmen oder die Branche zu wissen als über den Rest der Welt. Am Ende kam es aber auf den genauen Zuschnitt der Fragen überhaupt nicht an.

»Jede Gruppe glaubte, mehr über ihre Branche oder ihr Unternehmen zu wissen, als sie es in Wirklichkeit tat«, fassten die Professoren zusammen.

Bei einem Test in der Werbebranche beispielsweise wurde vorgegeben, die Teilnehmer sollten sich ihrer Antwort zu 90 Prozent sicher sein. Das bedeutete, die Teilnehmer hätten in zehn Prozent der Fälle danebenliegen sollen. Tatsächlich lagen sie bei 61 Prozent der Antworten falsch. Bei einem Test in der Computerbranche sollten sich die Teilnehmer zu 95 Prozent sicher sein – und lagen in 80 Prozent aller Fälle daneben! Beide Tests waren auf die jeweilige Branche zugeschnitten.

Mehr als 2 000 Leute nahmen an Schoemakers und Russos Test teil. Und mehr als 99 Prozent von ihnen, so Schoemaker, überschätzten sich.

Wie sicher sind Sie sich?

Geben Sie auf jede der folgenden Fragen eine Spanne an, von der sie zu 90 Prozent sicher sind, dass sie die korrekte Antwort umfasst. Sind Sie beispielsweise zu 90 Prozent sicher, dass die richtige Antwort auf eine Frage irgendwo zwischen einer und zwei Millionen liegt, schreiben Sie hin: »1 Million bis 2 Millionen«. Die Antworten stehen unten auf der Seite.

1. Wie viele Kilometer fuhr der durchschnittliche Deutsche im Jahr 2005 mit dem Auto?
2. Wie viele Ehen wurden im Jahr 2007 in Deutschland geschlossen?
3. Wie oft haben Erwachsene weltweit nach eigenen Angaben im Jahr Sex?
4. In wie vielen deutschen Bundesländern waren zwischen 2005 und 2007 über 20 Prozent der erwachsenen Frauen krankhaft fett?
5. Wie viele Leute machten 2005 in Deutschland einen ersten Universitätsabschluss?
6. Welches Nettovermögen hatte im Jahr 2002 ein Deutscher, für den galt: die Hälfte der Bevölkerung war reicher als er, die andere Hälfte war ärmer?
7. Wie groß ist die Fläche der Bundesrepublik Deutschland in Quadratkilometern?
8. Wie viele Leute saßen im März 2006 in Deutschland hinter Gittern?
9. Wie viele Lebendgeburten gab es im Jahr 2007 in Deutschland?
10. Wie viele Menschen sind in Deutschland im Jahr 2007 gestorben?

Lösungen: 1) 12 000 km (Quelle: Upi-Institut); 2.) 368 922 (Quelle: Statistisches Bundesamt); 3) 103-mal (Quelle: Studie des Kondomherstellers Durex, 2005); 4) acht (Quelle: nationale Verzehrstudie, 2008); 5) 207 900 (Quelle: Statistisches Bundesamt); 6) 15 000 Euro (Quelle: DIW Wochenbericht 45/2007); 7) 357 104 (Quelle: Statistische Ämter des Bundes und der Länder); 8) 64 512 (Quelle: Statistisches Bundesamt); 9) 684 862 (Quelle: Statistisches Bundesamt); 10) 827 155 (Quelle: Statistisches Bundesamt)

11. Kapitel
Wir schummeln uns durch

Wenn unser Wissen darüber, wie gut – oder schlecht – wir etwas können, mit der Zeit allmählich größer würde, wäre das etwas. Aber bedauerlicherweise lernen wir nicht unbedingt aus wachsender Erfahrung. Beispielhaft zeigt sich das etwa bei Profigolfern. Ende der 1980er untersuchten Mitarbeiter der PGA, der Vereinigung der Profigolfer, in aller Stille die Putting-Künste ihrer Mitglieder. Schließlich ist Putten ein zentraler Teil des Spiels; 43 Prozent aller Schläge sind Putts. Unter anderem interessierte die PGA, welchen Prozentsatz ihrer 6-Fuß-Putts die besten Profis der Welt einlochten. Die von *Sports Illustrated* mitfinanzierte Studie wertete Putts bei allen 15 PGA-Turnieren der zweiten Jahreshälfte 1988 aus, jeweils an einem Green mit glatter und relativ ebener Oberfläche.

Lehren vom Golf-Green, Teil 2

Von allen registrierten Putt-Versuchen fanden 272 aus etwa 1,80 Metern statt. Und welchen Prozentsatz davon versenkten die besten Golfer der Welt nun?

Die Antwort: knapp über die Hälfte, 54,8 Prozent.[24] Die Antwort an sich war nicht so überraschend. Schon für die Jahre 1963, 1964 und 1988 hatte die United States Golf Association ausgewertet, wie die Spieler bei der US Open aus bestimmten Entfernungen putteten. Die Ergebnisse stimmten mit den Resultaten der PGA-Untersuchung überein.

Der interessante Aspekt der Untersuchung bestand darin, wie die PGA-Profis sich selbst einschätzten. Die meisten glaubten, sie würden mindestens 70 Prozent ihrer Sechs-

Fuß-Putts lochen. Der Tourneuling Billy Mayfair, ein exzellenter Putter, dachte, die Trefferquote aus dieser Entfernung läge bei durchschnittlich 80 Prozent und in seinem Fall »so bei 91, 92 Prozent«. Der Veteran Dave Barr äußerte sich, wie viele seiner Kollegen, noch optimistischer: »Wenn du nicht mindestens 85 Prozent deiner Putts aus der Entfernung triffst, kannst du nichts gewinnen.« Auf die Mitteilung, dass der tatsächliche Durchschnitt bei 54,8 Prozent liege, antwortete er: »Das glaube ich nicht.«

Da geht es ihm wie den meisten Leuten. Wir halten uns alle für etwas besser, als wir wirklich sind. Wenn man nun die Erfolgsgeschichten vieler selbst ernannter Experten betrachtet, stellt sich heraus, dass sie oft nicht so toll abschneiden, wie sie es uns glauben machen wollen. Gerade bei Aufgaben, in denen es um Bewertung und Prognose geht, liegen ihre Leistungen oft weit unter dem, was sie versprechen. In einer Studie gab man die Ergebnisse von Tests zur Diagnose von Hirnschädigungen einer Gruppe von klinischen Psychologen – und ihren Sekretärinnen. Die Diagnosen der Psychologen waren um nichts besser als diejenigen der Sekretärinnen.

> Viele Experten schneiden nicht so gut ab, wie sie es hinstellen.

Ganz erbärmlich schneiden auch Aktienanalysten ab. Eine Studie fand heraus, dass sie nicht nur bei der Vorhersage, wie viel Gewinn bei den von ihnen analysierten Unternehmen erwartet werden durfte, eklatant versagten – sie wurden mit der Zeit auch immer schlechter. 1980 lagen die Analysten in 30 Prozent der Fälle daneben, 1985 in 52 Prozent der Fälle und 1990 in sagenhaften 65 Prozent.[25] Und diesen Blendern vertrauen wir unser Geld an!

Zu ähnlich bestürzenden Ergebnissen kamen Studien, die die Vorhersagen von Experten mit denjenigen von Computermodellen verglichen. Angaben von Colin Camerer, einem Professor am California Institute of Technology, zufolge gibt es mehr als hundert solcher Studien. »Nur in einer Handvoll davon schnitten die Experten besser ab«, fasste er zusammen. Die von ihm verglichenen Studien deckten die verschiedensten Bereiche ab: Unizulassungen, Rückfälligkeit von Kriminellen, ärztliche Diagnosen. Es kommt aber noch schlimmer: Die Experten verloren nicht nur gegen Computerprogramme, oft genug schnitten sie nicht einmal besser ab als blutige Anfänger.

»Die deprimierende Folgerung aus diesen Studien«, schrieb er, »lautet, dass die Urteile von Experten in den meisten klinischen und medizinischen Bereichen um nichts treffsicherer sind als diejenigen von gerade angelernten Anfängern.«

Ergebnisse wie dieses sollten Demut lehren. Tun sie aber nicht. Eine Studie, wie gut Politikexperten weltpolitische Ereignisse vorhersagen würden, ergab, dass »Experten wie Laien nur unwesentlich besser abschnitten, als man es mit blindem Raten getan hätte«. Der Hauptunterschied zwischen den Gruppen lag allein im Grad ihrer Bescheidenheit.

> Selbst wenn das Gegenteil des Erwarteten eintrat, versuchten Experten »sich einzureden, dass sie im Grunde Recht gehabt hatten«.

»Die meisten Experten überschätzten ihr Wissen«, schloss die Studie. Selbst wenn das Gegenteil des Erwarteten eintrat, versuchten Experten »sich einzureden, dass sie im Grunde Recht gehabt hatten«.

Üben, üben und nochmals üben

Angesichts der durchwachsenen Leistungen vieler Profis scheint die Frage berechtigt: Was macht einen Experten nun wirklich zum Experten? Als das amerikanische Militär dieser Frage nachging, stellte es fest, dass viele ihrer Fliegerasse weit vorausdachten. Wie Schachmeister besaßen die Piloten die Fähigkeit, die Folgen eines Ereignisses selbst fünf, sechs Züge im Voraus sofort zu erkennen. Das heißt, sie durchdrangen ein Problem, und zwar blitzschnell. Aber wie hatten sie diese Fähigkeit entwickelt?

Hauptsächlich, indem sie eine riesige »Gedächtnisbibliothek« anlegten, meint K. Anders Ericsson, Psychologieprofessor an der Florida State University. Ericsson ist Experte auf dem Gebiet der »Expertise«. Mehr als dreißig Jahre lang hat er sich mit Könnern auf den verschiedensten Gebieten beschäftigt, mit hervorragenden Kellnern und Schachspielern, Piloten und Musikern. Er stellte fest, dass Experten, unabhängig von ihrem Gebiet, in der Regel bestimmte Dinge gemeinsam haben. Zunächst einmal haben sie früh angefangen: Die meisten Weltklasse-Interpreten übten schon im Alter von sechs Jahren ernsthaft. Angeborene geistige oder körperliche Fähigkeiten spielen dabei eine geringere Rolle, als man glauben könnte. Mit dem IQ etwa lassen sich Spitzenleistungen in Kunst, Wissenschaft und anderen anspruchsvollen Bereichen nicht erklären. Und, von der Größe einmal abgesehen, deutet auch nur wenig darauf hin, dass es bestimmter angeborener Eigenschaften bedarf, um im Sport herausragende Leistungen erbringen zu können.

> Experten üben, und zwar enorm viel. Egal, auf welchem Gebiet man absolute Spitzenleistungen erbringen will – nach übereinstimmender Meinung der Fachleute muss man mindestens zehn Jahre harter Arbeit investieren.

Worauf es wirklich ankommt: auf Übung. Experten üben, und zwar enorm viel. Egal, auf welchem Gebiet man absolute Spitzenleistungen erbringen will – nach übereinstimmender Meinung der Fachleute muss man mindestens zehn Jahre harter Arbeit investieren. Intensiv beschäftigten Ericsson und Kollegen sich mit Geigern. Im Alter von zwanzig Jahren hatten die besten von ihnen über 10 000 Stunden Übung hinter sich. Weniger gute Musiker hatten im gleichen Alter zwischen 2 500 und 5 000 Stunden geübt.

Eine große Gedächtnisbibliothek

Doch Üben nützt nichts, wenn es blind bleibt. Erfahrung führt nicht automatisch zu Expertise. Wenn man ständig nur die gleiche Aufgabe wiederhole, sagt Ericsson, werde man dadurch noch lange nicht besser. Vielmehr muss Übung darauf abzielen, die Erinnerung an Vorgänge ins Gedächtnis einzubrennen. Wenn man richtig, ausgiebig und gezielt übt, sammelt sich gewaltiges Spezialwissen im Gedächtnis des Experten an, eine Gedächtnisbibliothek, wenn man so will. Auf sie kommt es an, denn sie erlaubt dem Experten, sofort Muster zu erkennen, wo andere nur Chaos sehen. Das weiß man seit den bahnbrechenden Untersuchungen zum Gedächtnis von Schachspielern. In den Studien gewährte man zwei Gruppen von Schachspielern einen kurzen Blick auf eine Stellung. Die eine Gruppe setzte sich aus Schachgroßmeistern zusammen, den Besten der Besten mit einer Erfahrung von über 30 000 Stunden am Brett. Die andere Gruppe verfügte über weniger Erfahrung, bestand aber auch nicht direkt aus Nieten, sondern aus leidenschaftlichen Spielern mit etwa 3 000 Stunden Spielerfahrung. Den Schachmeistern genügte ein Blick aufs Brett, und sie konnten die Stellung später annähernd perfekt wieder aufbauen. Die weniger Erfahrenen erinnerten sich deutlich schlechter; sie stellten nur 50 bis 70 Prozent der Figuren auf den richtigen Platz.

Wie erklärt sich dieser Unterschied? Auf jeden Fall lässt sich das Ergebnis nicht damit erklären, dass die Großmeister einfach ein besseres Gedächtnis hätten. Denn die Forscher testeten das allgemeine Gedächtnis beider Gruppen mit einem zweiten Versuch. Dabei stellten sie die Figuren in sinnlosen Mustern aufs Brett. In diesem Fall erinnerten sich die Großmeister nicht besser an die Stellung als die leidenschaftlichen Spieler. In anderen Worten: Die Großmeister erinnerten sich nur dann weit besser, wenn die Stellung der Figuren auf dem Brett einen Sinn ergab – wenn sie also einem Muster entsprachen, das der Großmeister in seiner großen Bibliothek abgespeichert hatte.

> **Mustererkennung ist das Kennzeichen von Expertise. Sie erlaubt Experten, Entwicklungen zu erahnen und schnell zu reagieren.**

In vielen Fällen geht das Wissen um Muster, das sich ein Experte angeeignet hat, so tief, und seine Bibliothek ist so umfassend, dass er bei einem Ereignis sofort ein geistiges Modell bilden kann. Dieses verrät ihm, wie sich die Dinge weiterentwickeln werden. Mögliche Probleme erkennt er sehr schnell – fast sofort. Schachmeister können zum Beispiel blind spielen, ohne dass ihre Leistung nennenswert abfällt. Erfahrene Klaviervirtuosen korrigieren Fehler in den Notenblättern beim Spielen, ganz automatisch.

Kognitive Landkarten

Vor über siebzig Jahren führte der Psychologe Edward Tolman eine Reihe von Experimenten durch. Tolman war eine Koryphäe auf seinem Feld und Pionier auf dem Gebiet der experimentellen Untersuchung »mentaler« Prozesse bei Tieren. Ihn interessierte, was in Tieren vorging, es reichte ihm nicht zu wissen, dass ein Tier unter bestimmten Umständen auf einen Reiz auf ganz bestimmte Weise reagiert. Er wollte wissen, warum. Da man Tiere natürlich nicht fragen kann, entwickelte Tolman eine Reihe von Tests, die ihm die Antwort verraten würden.

Bei einem Experiment ließ er Ratten durch ein Labyrinth laufen. Nur ein einziger verschlungener Weg führte zu einem Stück Nahrung. Jede Ratte durfte fünfmal durch das Labyrinth laufen, dann veränderte Tolman das Labyrinth. Die Nahrung blieb am gleichen Ort, aber der ursprüngliche Pfad dorthin wurde verstellt. Stattdessen führten mehrere Wege schnurstracks zum Zentrum, wie Speichen zu einer Nabe. Eine dieser Speichen wäre im vorherigen Aufbau des Labyrinths eine Abkürzung zum Futter gewesen. Nun lautete die Frage, würden die Ratten die Abkürzung nehmen oder eine beliebige andere »Speiche«?

Und das taten sie tendenziell tatsächlich: Über ein Drittel der Ratten entschied sich für diejenige der achtzehn Speichen, die vorher eine Abkürzung gewesen war, viel häufiger als für jede andere. Offenbar betrachteten die Ratten die Situation wie Spitzenspieler ein Schachbrett; sie hatten im Geist eine Vorstellung des Labyrinths gebildet, anhand derer sie sich orientierten. In den Worten Tolmans: Sie hatten eine »kognitive Landkarte« der Situation erstellt, mit allen Objekten, Pfaden und der Belohnung.

Menschen tun das Gleiche – denn was ist unser Leben im Grunde schon anderes als die Suche nach dem direkten Weg zum Käse? Doch wie kommen wir nun zum Ziel? Schließlich sind die meisten von uns keine Experten. Uns steht keine riesige geistige Bibliothek zur Verfügung. Wir haben nicht Tausende Stunden geübt. Und wir denken nicht einmal besonders tiefschürfend nach. Wie packen wir nun die 1001 Probleme an, denen wir jeden Tag gegenüber stehen? Wir erstellen unsere eigenen geistigen Landkarten – wenn auch nicht in der disziplinierten, strukturierten Art, wie Experten es tun. Unsere Karten sind ein wenig chaotischer – und ähneln eher einer Wegbeschreibung, die wir nach ein paar Drinks auf eine Papierserviette zeichnen, als einer ADAC-Straßenkarte.

Nur ist es leider so, dass wir lieber der eigenen geistigen Landkarte folgen, egal wie verzerrt und lückenhaft sie ist, als uns von jemand anderem sagen zu lassen, wo es langgeht. Ein bezeichnendes Beispiel dafür lieferte Steve McConnell, heute ein Softwareberater. Als Steve in die siebte Klasse ging, bot sein Kunstlehrer den Schülern folgendes Geschäft an: Jeder, der seinen Anweisungen folgte, würde mindestens ein »Gut« bekommen, unabhängig vom künstlerischen Talent. Der Lehrer, ein hundert Kilo schwerer Ex-Marinesoldat, kam jede Woche mindestens ein Mal auf diesen Deal zu sprechen. Staunend verfolgte Steve, wie viele seiner Klassenkameraden den Anweisungen des Lehrers nicht folgten – und schlechtere Noten als »gut« bekamen. Angesichts der mäßigen Qualität ihrer Arbeiten war die Weigerung, den Anweisungen zu folgen, wohl kaum mit unterschiedlichen künstlerischen Auffassungen zu erklären. Vielmehr, so erinnerte sich McConnell, »hatten sie nur Lust, etwas anders zu machen«.

Viele von uns juckt es in den Fingern, »etwas anders zu machen«.

Bekanntlich lesen die meisten von uns ungern Gebrauchsanweisungen, und wenn wir doch hineinsehen, überfliegen wir sie nur – oder lassen sie gleich ganz beiseite, je nach Lust und Laune. In einem Experiment wurden 24 Erwachsene gebeten, einen normalen Elektrostecker zu verdrahten. Sie erhielten auch eine schriftliche Anleitung, wie das ging – doch nur zehn Teilnehmer machten sich überhaupt die Mühe, sie zu lesen. Und von diesen zehn überprüften sieben nur die Farbcodes der Drähte, alle anderen Informationen ignorierten sie. Wenig überraschend: Die meisten Teilnehmer bauten Mist; nur fünf Versuchspersonen verdrahteten die Stecker richtig.

> 24 Erwachsene wurden gebeten, einen normalen Elektrostecker zu verdrahten. Das schafften nur fünf. Die meisten machten sich nicht mal die Mühe, die Anleitung zu lesen.

Leute ignorieren Anweisungen selbst dann, wenn sie besonders wichtig wären. Ein Experiment etwa ging der Frage nach, wie genau »Geschworene« sich in einem nachgestellten Prozess an die Anweisungen eines »Richters« erinnerten. Die Ergebnisse waren erschütternd: Die Versuchspersonen erinnerten sich gerade mal an 12 Prozent der Regeln, die der »Richter« aufgestellt hatte.

Wir folgen also lieber unseren eigenen Landkarten und legen aufs Geratewohl los. Der Autor der Stecker-Studie vermerkte: »Selbst bei Aufgaben, mit denen sie nicht vertraut sind, handeln Menschen lieber, anstatt groß nachzudenken.«

Den Nagel auf den Kopf treffen – und in Herz und Hals

Sehr anschaulich wird dieses Prinzip durch Unfälle mit Nagelpistolen illustriert. Nagelpistolen arbeiten mit Druckluft und werden verwendet, um Nägel in Holz zu treiben – und leider allzu häufig auch in menschliches Fleisch. Der amerikanischen Gesundheitsbehörde zufolge kommt es in den USA jährlich zu 37 000 Verletzungen durch Nagelpistolen. Viele der Unfälle sind geradezu spektakulär. Normalerweise werden Finger oder Hände von Nägeln durchbohrt, aber manchmal geht der Schuss noch weiter daneben. Ein Mann durchlöcherte sich beispielsweise die Halsschlagader. Einer Teenagerin wurde ins Herz geschossen. Und ein fünfzigjähriger Nagel-Cowboy schoss sich in den Kopf – zwei Mal! Er fuhr in die Notaufnahme und klagte über üble Kopfschmerzen. Auf dem Röntgenbild zeigte sich dann, dass zwei Nägel in seinem Hirn steckten. (Alle diese drei Opfer überlebten übrigens.)

Bedenklich – und sehr vielsagend – ist dabei, dass die Zahl derartiger Unfälle in den vergangenen Jahren gewaltig angestiegen ist; allein zwischen 2001 und 2005 verdoppelte sie sich. Warum? Die wachsende Verbreitung spielt sicher eine Rolle. In dem Maß, wie Nagelpistolen billiger und leichter erhältlich wurden, musste auch die Anzahl der Unfälle steigen.

Als die Gesundheitsbehörde die Unfälle näher untersuchte, stellte sie fest: Professionelle Bauarbeiter verletzten sich nicht häufiger als früher; diese Zahlen blieben konstant. Nein, es waren die Heimwerker, die sich zu Tausenden verstümmelten.

> **Die Gesundheitsbehörde stellte fest, dass nicht die Profis für steigende Unfallzahlen verantwortlich waren – sondern die Heimwerker.**

Gebrauchsanleitungen mit 700 Seiten

Die Neigung von Heimwerkern, aufs Geratewohl loszulegen, ist allgemein bekannt. Der wachsende Wohlstand hat uns nach dem Zweiten Weltkrieg nicht nur immer mehr, sondern auch immer komplexere Dinge beschert. Irving Biederman, ein Psychologe, der die visuelle Wahrnehmung untersucht, schätzt, für den durchschnittlichen Erwachsenen gebe es 30 000 »klar unterscheidbare« Objekte. Der Kognitionspsychologe Donald Norman veranschlagt die Zahl eher auf 20 000. Wie auch immer, auf jeden Fall sind es verdammt viele. Und den meisten liegt eine Gebrauchsanweisung bei. Heutzutage liegt selbst neuer *Kleidung* eine Bedienungsanleitung bei. Als in den 1950ern die ersten

Wäschetrockner auf den Markt kamen, wusste niemand, ob man damit auch Pullover trocknen durfte. Also hängte man sie sicherheitshalber weiter auf die Leine – bis sich Etiketten in Kleidungsstücken durchsetzten. Seitdem kratzen die uns im Nacken.

Manche Gebrauchsanweisungen haben inzwischen die Länge eines umfangreichen Romans. Die Betriebsanleitung eines Mercedes S-Klasse (Basispreis 70 900 Euro) umfasst 700 Seiten. Nun werden natürlich nur wenige Leute den ganzen Schinken von vorne bis hinten durchlesen – und als Folge davon machen Autobesitzer genau die Fehler, die eine Betriebsanleitung eigentlich verhindern sollte. Vor einigen Jahren verzeichnete der Autohersteller Subaru in Amerika wachsende Klagen der Kunden über die Qualität seiner Modelle. Als das Management der Sache nachging, stellte es fest, dass die Schuld aber nicht bei den Autos lag, sondern bei den Eigentümern. Sie verstanden nicht, wie ihr Wagen funktionierte ... weil sie das Bedienungshandbuch nicht gelesen hatten! Jede fünfte Frage, die im Callcenter von Subaru einging, ließ sich anhand des Bedienungshandbuchs beantworten.

> **Jede fünfte Frage, die im Callcenter von Subaru einging, ließ sich anhand des Bedienungshandbuchs beantworten.**

Unsere Unbelehrbarkeit wäre fast schon zum Lachen, wenn sie nicht manchmal so schlimme Folgen hätte. Obwohl seit Jahrzehnten für die Verwendung von Kindersitzen in Autos geworben wird (sie senken das Risiko eines Kindes, bei einem Unfall zu sterben, um 71 Prozent), werden die meisten Kindersitze noch immer falsch verwendet. In Amerika stellte eine aktuelle Studie der Regierung fest, dass 73 Prozent aller Sitze »auf kritische Weise falsch verwendet« wurden, also fast drei Viertel. Wie lässt sich ein derart universelles Fehlverhalten erklären?

»Autofahrer können nicht alle Anweisungen befolgen«, sagt Larry Decina, der Leiter der Forschungsgruppe. »Sehen Sie sich doch heute Abend mal die Betriebsanleitung eines

Autos an. Dort finden Sie vielleicht 17 Seiten voller Anweisungen zum Einbau von Kindersitzen. Wer soll das denn alles lesen? Mama wirft vielleicht mal einen Blick darauf. Aber Papa? Wirklich nicht.«

Kein Wunder also, dass wir Anleitungen außer Acht lassen. Wir legen die Bedienungsanleitung zur Seite, orientieren uns kurz auf unserer geistigen Landkarte, wie die Dinge unserer Ansicht nach funktionieren (sollten) und legen los. Aber unsere Landkarten stecken, im Gegensatz zu denjenigen echter Experten, voller versteckter Fehler, die uns in die Irre führen. Oft liegen wir mit unserer Intuition total daneben, zum Beispiel bei bewegten Objekten. Die meisten von uns arbeiten intuitiv mit einem physikalischen Weltbild, das noch aus der Zeit vor Newton stammt. Das zeigt sich an den typischen Antworten auf folgende Frage, übrigens wieder eine schöne Wette für Ihre Freunde: Ein fliegender Jet wirft eine Bombe. In welche Richtung fällt sie?

Die meisten Leute glauben, die Bombe würde senkrecht nach unten fallen oder sich sogar nach hinten bewegen. Damit liegen sie falsch. In Wirklichkeit beschreibt die Bombe einen Bogen nach vorne, wie abgebildet:

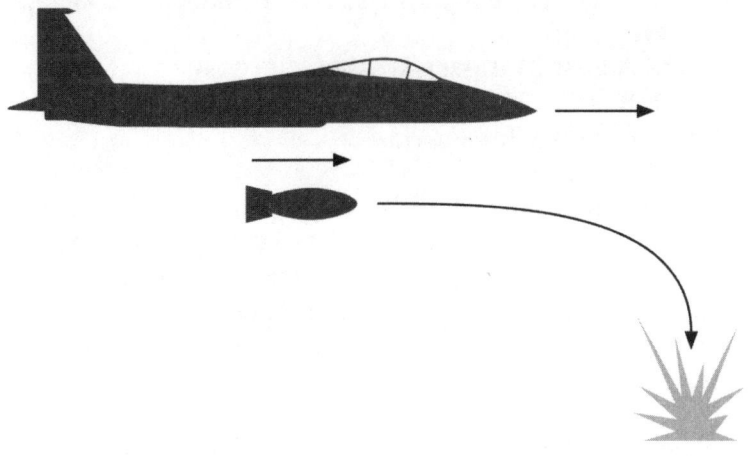

Dieser Denkfehler wird so häufig und selbst von Physikstudenten begangen, dass er einen eigenen Namen bekommen hat: »Straight down belief« (»senkrecht nach unten-Glaube«). Dabei könnte man im Alltag ständig beobachten, wie die Flugbahn solcher Objekte tatsächlich verläuft. Nehmen Sie nur eine Situation, die man im Sport ständig sieht: ein laufender Spieler lässt den Ball fallen. Wie fällt der Ball? Genau wie die Bombe. Als man aber Sechstklässlern in Boston eine ähnliche Frage stellte, antworteten nur drei Prozent richtig.

Immer die gleiche Masche

Ein weiteres Problem besteht darin, dass Menschen tendenziell immer an den gleichen Methoden festhalten. Wenn wir uns einmal eine Methode angeeignet haben, bleiben wir auch dabei. Psychologen nennen diese geistige Unbeweglichkeit »funktionale Fixation«. Dieses Phänomen wiesen Abraham und Edith Luchins vor über einem halben Jahrhundert in einem berühmt gewordenen Experiment nach. Sie stellten ihren Probanden recht einfache Aufgaben dieser Art:

Messen Sie genau hundert Tassen ab. Sie haben drei Gefäße zur Verfügung:
 Gefäß A fasst 21 Tassen Wasser.
 Gefäß B fasst 127 Tassen Wasser.
 Gefäß C fasst 3 Tassen Wasser.

Durchaus machbar, oder? Nach ein paar Aufgaben dieser Art hatten die meisten Testpersonen den Bogen heraus. Fast allen war aufgefallen, dass die Lösung immer gleich ablief: B füllen, in A abgießen, dann zweimal in C.
 Dann stellten die Forscher einen zweiten Fragenblock, mit Aufgaben dieser Art:

Messen Sie genau sechs Tassen ab. Sie haben drei Gefäße zur Verfügung:

Gefäß A fasst 14 Tassen Wasser.
Gefäß B fasst 36 Tassen Wasser.
Gefäß C fasst 8 Tassen Wasser.
Wirkt recht vertraut, oder? Und tatsächlich ließ sich der zweite Aufgabenblock nach dem bekannten Schema lösen. Schneller kam man aber ans Ziel, wenn man einfach A füllte und in C umgoss.

Die Wissenschaftler wiederholten das Experiment mit Tausenden Versuchspersonen. Und erzielten immer wieder ähnliche Ergebnisse: Zwischen 64 und 83 Prozent der Teilnehmer lösten auch den zweiten Aufgabenblock auf die alte, umständliche Methode, statt den kurzen Weg zu wählen.

Jetzt kommt der Clou: Wenn »frische« Testpersonen gleich den zweiten Aufgabenblock vorgelegt bekamen, fanden praktisch alle den einfachen Lösungsweg heraus. Tatsächlich kamen nur ein bis fünf Prozent aller »frischen« Testpersonen nicht auf die simple Lösung. Die Schlussfolgerung aus diesem Experiment lag auf der Hand: Im ersten Teil des Experiments schossen sich die Versuchspersonen so auf eine Methode ein, dass sie blind für die neue, einfachere Lösung wurden. Für die »frischen« Kandidaten war die einfache Lösung offensichtlich.

> Die Versuchspersonen schossen sich so auf eine Methode ein, dass sie blind für die neue, einfachere Lösung wurden.

Über den Tellerrand hinaus denken

Kurz: Wir lieben es, aufs Geratewohl loszulegen, und wenn wir schon einen Trampelpfad kennen, der in etwa in die richtige Richtung führt, dann nehmen wir ihn auch. Diese Tendenz gilt sogar, wenn wir es mit relativ einfachen, aber neuartigen Problemen zu tun haben. Das vielleicht berühmteste Beispiel ist folgendes Rätsel. Stellen Sie es doch mal Ihren Freunden; geben Sie Ihrem Versuchskaninchen eine Schachtel Streichhölzer, eine Schachtel Reißnägel und eine

Kerze und bitten Sie es, die Kerze an einer Wand zu befestigen. Lassen Sie das ganze an einem Ort stattfinden, wo Spuren an der Wand nichts ausmachen.

Normalerweise versuchen die Leute, die Kerze mit Reißnägeln an die Wand zu heften, was aber nicht funktioniert, weil die Kerze zu dick ist. Oder sie versuchen, die Kerze mit heißem Wachs an die Wand zu kleben. Nur die wenigsten kommen darauf, die Streichholzschachtel als Kerzenständer zu verwenden und die Schachtel an die Wand zu pinnen. Sie nehmen die Schachtel nur als Behälter für die Streichhölzer wahr, anstatt über den Rand der Schachtel hinauszusehen. Interessant wäre zu wissen, ob mehr Menschen die Aufgabe lösen könnten, wenn sie die Schachtel ohne Streichhölzer darin bekämen; sicher wären es deutlich mehr.

12. Kapitel
Wir schränken uns nicht ein

Eine Methode, Fehler zu vermeiden, besteht darin, Beschränkungen einzuführen.
Was sind Beschränkungen? Im Grunde nichts anderes als mentale Leitplanken, die uns auf dem richtigen Pfad halten, indem sie unsere Möglichkeiten einschränken. Man kann sie sich auch als Poller vorstellen, die es uns unmöglich machen, auf einen Holzweg abzubiegen.
Beschränkungen können die unterschiedlichsten Formen annehmen. Manche sind physischer Art, manche nicht; sie können in Gestalt von Farben, Gerüchen, Geräuschen oder optischen Signalen auftreten. Die Farbe Rot funktioniert als Beschränkung deswegen so gut, weil wir sie unweigerlich mit »Stop« oder »Vorsicht« in Verbindung bringen. Auch bestimmte Aspekte von Musik wirken beschränkend. Wie wir es bei der Nationalhymne gesehen haben, verraten uns Takt und Melodie, zwei Einschränkungen, viel über den Text (z.B. über die Länge einer Zeile oder darüber, wie viele Silben ein Wort haben darf). Dank der Einschränkung durch die Musik können wir uns den Text besser merken. Wenn Text und Melodie sich zu einer sehr starken Einheit verbinden, wie bei Kinderliedern, können wir uns noch Jahrzehnte später an Texte erinnern, die uns ohne Melodie längst entfallen wären. Der Nachteil daran: Werbe-Jingles brennen sich genau wegen dieser starken Verknüpfung von Text und Melodie auch in unser Gehirn, ob wir wollen oder nicht. Slogans wie »Nichts ist unmöglich. Toyota« verfolgen uns deshalb auch über Jahrzehnte.
Oft fällt uns gar nicht auf, dass irgendwelche Beschränkungen vorliegen. Bei klug entwickelten Produkten merken Sie wahrscheinlich gar nicht, dass es sie gibt. Nehmen Sie

als Beispiel eine Schere. Sehen Sie die Beschränkung? Sie besteht in der Größe der Löcher: Das eine ist rund und kann den Daumen aufnehmen, das andere ist länglich und bietet Platz für die Finger. Die Löcher zwingen uns, die Schere auf bestimmte Weise in die Hand zu nehmen, Linkshänder wissen ein Klagelied davon zu singen. Sie verhindern dadurch weitgehend, dass man sich beim Schneiden verletzt.

Ein ganz ähnliches Konzept wie das der Beschränkung ist das der Affordanz. Affordanz ist die »Aufforderung«, eine Sache auf ganz bestimmte Weise zu nutzen. Affordanzen können, wie Beschränkungen, die verschiedensten Gestalten annehmen: Form, Beschaffenheit oder Größe einer Sache können uns Hinweise darauf vermitteln, wie wir sie verwenden sollen. Ein Ball bietet sich dafür an, geworfen oder gedribbelt zu werden. Ein Knauf will gedreht sein. Ein Schlitz fordert dazu auf, etwas einzuwerfen. Begegnen wir einem neuen Objekt zum ersten Mal, verrät uns seine Affordanz Antworten auf grundlegende Fragen wie »Wofür kann ich es verwenden?« oder »Wie funktioniert das?«

Viele Meisterstücke des Designs haben weitreichende eingebaute Beschränkungen und klare Affordanzen. Nehmen Sie zum Beispiel Legosteine. Die Noppen und Löcher in den Steinen wirken als natürliche physische Beschränkungen, die es fast unmöglich machen, Legosteine falsch zusammenzusetzen. Klettverschlüsse sind ein weiteres gutes Beispiel. Sehen wir einen Klettverschluss, wissen wir sofort, hier muss was zugemacht werden. Das Gleiche gilt für eine ganze Reihe weiterer Produkte, von Frisbee-Scheiben über Hula-Hoop-Reifen bis hin zu Post-its. Es ist so offensichtlich, wie wir diese Dinge verwenden sollen, dass wir keine weitere Anleitung brauchen. Wichtiger noch: Bei der Verwendung dieser Dinge können wir praktisch keine Fehler machen.

Zugegeben, diese Produkte wirken vielleicht nicht wie der Gipfel der Ingenieurskunst, aber aufgrund ihres Designs haben sie eine »eingebaute« Funktionalität, wie sie dem Großteil aller Alltagsgegenstände fehlt. Lästig sind zum Beispiel Türen, die einem nicht »verraten«, ob man ziehen oder drücken muss, die also keine klare Affordanz haben. Die dadurch hervorgerufenen Fehler sind zwar in der Regel unbedeutend – man läuft mit Schwung in eine Tür, die man aufziehen müsste, oder rüttelt an einer Tür, die man nur aufdrücken müsste –, möglicherweise aber peinlich und vor allem deswegen ärgerlich, weil sie durch eine klare Affordanz leicht vermeidbar gewesen wären.

Den gleichen Fehler wiederholen

Doch manchmal führt das Fehlen von Affordanzen oder Beschränkungen zu schlimmen Fehlern. Einer davon hätte im November 2007 beinahe ein neugeborenes Zwillingspärchen das Leben gekostet. Am 8. November kamen Thomas Boone und Zoe Grace, die Kinder des Schauspielers Dennis Quaid und seiner Frau Kimberley, zur Welt. Einige Tage später bekamen die beiden Neugeborenen eine Infektion, worauf die Eltern sie ins Cedars-Sinai Klinikum in Los Angeles brachten, eines der besten Krankenhäuser der Welt.

Dort geschah dann das Unglück: Am nächsten Tag bekamen die Zwillinge zweimal eine gewaltige Überdosis des Blutverdünnungsmittels Heparin gespritzt. Am Morgen und am Nachmittag gaben Schwestern den Kleinen Heparin mit einer Konzentration von 10 000 Einheiten pro Milliliter – statt der Standarddosis von zehn Einheiten pro Milliliter.

Wie konnte ein solcher Fehler passieren – *zwei Mal*?

Die einfache Erklärung lautet »menschliches Versagen«. Tatsächlich räumte das Krankenhaus ein, das Personal habe einen »vermeidbaren Fehler« begangen, indem es unter anderem versäumt habe, die Etiketten der gespritzten Medikamente genau zu überprüfen.

Die eigentliche Ursache des Fehlers war aber, dass den Heparin-Ampullen klare Beschränkungen fehlten. Die Ampullen mit zehn beziehungsweise 10 000 Einheiten sahen sich zum Verwechseln ähnlich, beide hatten die gleiche Größe und Form, beide hatten ein blaues Etikett – das eine hellblau, das andere dunkelblau. Die Gefahr, die beiden zu verwechseln, war nicht nur offensichtlich, sondern allgemein bekannt. Zwischen 2001 und 2006 ließen sich über *16 000* Zwischenfälle mit Heparin auf falsche Dosierung zurückführen. 2006 starben in Indianapolis drei Babys, nachdem sie im Krankenhaus fast die gleiche Heparin-Überdosis bekommen hatten wie die Quaid-Kinder. Nach diesem Unglück gab der Hersteller, Baxter Healthcare, eine Warnung heraus, die auf »die Möglichkeit lebensgefährlicher Fehldosierungen bei zwei Heparin-Produkten« hinwies.

Schließlich änderte Baxter die Farbe des Etiketts auf der höher konzentrierten Ampulle von Blau zu Rot, aber erst im Oktober 2007, einen Monat vor dem Zwischenfall mit den Quaid-Kindern. Diese waren noch mit Ampullen aus älteren Beständen behandelt worden; Baxter hatte es nach der Umstellung nicht für nötig befunden, die alten Ampullen aus dem Verkehr zu ziehen. Zum Glück fiel einer Krankenschwester auf, dass Zoes Blut gar nicht mehr gerann. Beide Kinder bekamen daraufhin ein Mittel, das die Wirkung des Heparins aufhob. Sie sind vollständig genesen.

Was verrät ein Name?

Zu Verwechslungen wie diesen kommt es sehr viel öfter, als die meisten von uns ahnen. Anfang 2008, nur wenige Monate nach dem Zwischenfall mit den Quaid-Babys, gab die amerikanische Arzneimittelzulassungsbehörde FDA eine Warnung heraus. Es ging um zwei Medikamente, die oft verwechselt wurden – nicht weil die Verpackungen sich ähnelten, sondern die *Namen*. Edetate werden – in verschiedenen Zusammensetzungen – in der Medizin mal zum Abbau von zu hoher Kalziumkonzentration im Blut eingesetzt (EDTA), mal zur Behandlung von Bleivergiftung (Kalzium-EDTA). Fatalerweise werden beide Mittel im Medizineralltag nur verkürzt EDTA genannt.

Wie bei Heparin waren auch die Probleme mit EDTA allgemein bekannt. Die FDA gab an, über die vergangenen dreißig Jahre fast ein Dutzend Berichte über einschlägige

Todesfälle gesammelt zu haben. Kinder und Erwachsene waren gestorben, nachdem sie bei Behandlungen gegen Bleivergiftung das falsche Medikament bekommen hatten.

In den Vereinigten Staaten unterliegen auch die Namen von Medikamenten der Zulassung durch die FDA. Aber die Namen vieler rezeptpflichtiger Arzneien geben keinen Hinweis darauf, wofür sie eingesetzt werden. Sie bieten keine Affordanz. Viele lassen sich kaum entziffern oder aussprechen.

Zofran, klingt das vertraut?
Xigris?
Cubicin?
Aztreonam?

Das sind alles Namen existierender Medikamente. Zofran ist ein Mittel gegen Übelkeit, Xigris wird gegen Blutvergiftung eingesetzt, Cubicin und Aztreonam sind Antibiotika. Aber aus den Namen lässt sich das nicht erschließen, es könnte sich geradeso gut um Brettspiele oder griechische Götter handeln.

Nun könnte man argumentieren, die Namen müssten nichts besagen, schließlich würden die Medikamente ja von Fachleuten wie Schwestern und Ärzten verabreicht oder verschrieben. Aber bei Stress oder Übermüdung können noch dem Besten Fehler unterlaufen. Warum also das Risiko eingehen?

Wie Piloten sich über den Himmel hangeln

Vergleichen Sie jetzt mal die Namen, die Ärzte auf den Etiketten von Medikamenten lesen, mit den Namen, die Piloten auf ihren Karten finden. Auf einem Flug nach Nashville (Tennessee) kommen Piloten möglicherweise an PICKN (»PFLKN«), GRNIN (»GRNSN«) oder HEHAW (»IIAAA«) vorbei. Und zwar deswegen, weil die Funkfeuer PICKN, GRNIN und HEHAW Fixpunkte beim Anflug auf den internationalen Flughafen von Nashville sind.

Überall auf der Welt legen die Flugsicherheitsbehörden Korridore im Luftraum fest. Funkfeuer, wichtige Navigationspunkte am Weg, werden mit Kürzeln benannt. In Deutschland bestehen die Kürzel aus zwei bis drei Zeichen, wenn möglich einer Abkürzung des Ortes, wo das Funkfeuer steht: BOT für Bottrop, aber DVI für Donaueschingen. In den Vereinigten Staaten ist die Luftverkehrsbehörde FAA für das Vergeben der Kürzel zuständig. Und anders als die FDA hat die FAA sich für Namen entschieden, die tatsächlich etwas bedeuten; in der Regel spielen sie auf eine bekannte Eigenheit der jeweiligen Städte an. Sie fliegen über San Antonio? Der Fixpunkt heißt ALAMO. Nach Orlando (also Richtung Disneyworld) unterwegs? MICKI, MINEE und GOOFY führen Sie hin. Manche Namen sind sogar leicht anzüglich. Auf einem Flug nach Osten kann man in Oregon auf ein BUXOM (»DRALL«) stoßen, gefolgt von JUGGS (»TITTN«) in Idaho.

> Sie fliegen über San Antonio? Der Fixpunkt heißt ALAMO. Nach Orlando unterwegs? Sagen Sie hallo zu MICKI, MINEE und GOOFY.

So war es nicht immer. Lange waren die Funkfeuer in den USA mit sinnlosen Kürzeln benannt, die manchmal noch auf Morsecode beruhten. 1976 führte die FAA dann leicht aussprechbare Kombinationen aus fünf Buchstaben ein. Das sollte den Piloten erleichtern, sich Anweisungen zu merken, was wiederum zu weniger »Geisterfliegern« und damit weniger Unfällen führen würde.

»Wir suchen nach einprägsamen Abkürzungen«, erklärte Nancy Kalinowski, eine Mitarbeiterin in der zuständigen Abteilung der Flugsicherung. »Jeder Spielraum für Irrtümer führt in der Fliegerei zu Ärger.«

Lektionen in fehlerfreiem Design

Das Gleiche gilt natürlich auch unten auf der Erde: Zweideutigkeiten führen oft zu Fehlern, wie bei der Heparin-Verwechslung im Cedars-Sinai. Aus der Beinahe-Tragödie der Familie Quaid können wir mindestens zweierlei in Sachen Fehlervermeidung lernen: 1) Produkte sollten so verarbeitet sein, dass Fehler schon durch das Design ausgeschlossen werden (rote Warnetiketten). 2) Die Schuldzuweisung darf nicht zu kurz greifen. Das »menschliche Versagen« war eben nur möglich, weil der Hersteller des Heparins die Verwechslung der beiden Heparin-Produkte so leichtgemacht hat.

Viele Alltagsprodukte sind unnötig kompliziert, was zu Verwirrung und folglich zu Fehlern führt. Nehmen Sie nur die zwei berüchtigten Nervtöter Videorekorder und Digitaluhren. Wie viele Eigentümer wurden beim Versuch, z.B. den Timer zu programmieren oder das Stundensignal der dämlichen Uhr abzuschalten, schon an den Rand des Nervenzusammenbruchs getrieben?

Nun gehören Videorekorder schon fast der Geschichte an, dafür kämpfen wir mit der nächsten Generation von unnötig komplizierten Produkten. Seit 2001 stattet BMW seine Siebener-Serie mit iDrive aus, einem System, bei dem sich mehr als 700 Einzelfunktionen über einen einzigen Knopf steuern lassen. Aber die Kundschaft jubelte nicht über diese Vereinheitlichung, sie schimpfte. »iDrive?« (»ich fahre?«) meckerte ein amerikanisches Automagazin. »Nein, *du* fährst, während ich mit dem Knopf kämpfe.« Kunden und Fachpresse fanden das System verwirrend und kompliziert. Selbst für die einfachsten Funktionen musste man sich durch zahlreiche Menüs klicken und immer wieder auf den Bildschirm schauen statt auf die Straße. Nach jahrelanger Kritik führte BMW im Oktober 2003 eine vereinfachte Version des Systems ein. Jetzt ist es deutlich benutzerfreundlicher, aber immer noch nicht besonders beliebt. »Glücklicherweise«, schrieb ein Autojournalist, »kann man den Dreier auch ohne iDrive und den gefürchteten Drehknopf bestellen.«

Die Lehre daraus sollte auf der Hand liegen: Vereinfachen Sie so weit wie möglich, und bauen Sie Beschränkungen ein, um Fehler zu verhindern. Genau das tat Baxter schließlich mit dem Heparin. Erst vereinfachte die Firma die Unterscheidung der Dosierungen, indem es die hohe Dosis mit einem roten Etikett markierte. Außerdem bekamen die roten

Ampullen zusätzliche Kappen, so dass die Schwestern einen weiteren Arbeitsschritt machen mussten, wenn sie sie öffneten. Darüber hinaus vergrößerten sie die Schrifttype auf dem Etikett, um die Lesbarkeit zu verbessern. Und schließlich schrieben sie noch »Nicht zum Spülen von Infusionsschläuchen« auf die Ampulle mit der hohen Dosis (die niedrig dosierte Lösung wird oft zum Spülen von Infusionsschläuchen verwendet).

> Vereinfachen Sie so weit wie möglich, und bauen Sie Beschränkungen ein.

Die Suche nach der eigentlichen Ursache des Problems

Wie am Fall der Quaid-Kinder gezeigt, haben Fehler, die vordergründig durch menschliches Versagen passiert sind, oft tiefer liegende Wurzeln. Genau daran liegt es auch, dass wir so oft nicht aus unseren Fehlern lernen: Wir haben die eigentliche Ursache gar nicht erkannt.

> Wir lernen so oft nichts aus unseren Fehlern, weil wir den falschen Dingen die Schuld zuweisen und die eigentliche Fehlerursache nicht erkennen.

Klar, oft lässt sich die eigentliche Ursache nicht so leicht aufspüren, denn sie kann ganz woanders liegen, als wir vermuten. So, wie ein feuchter Fleck an der Zimmerdecke in aller Regel nicht die Stelle anzeigt, wo das Dach undicht ist. Bei der Untersuchung menschlicher Irrtümer braucht es ein tiefgehendes Verständnis der menschlichen Motivation, damit man die wahre Ursache findet. Wie in den vorhergehenden Kapiteln erläutert wurde, glauben wir oft, wir würden auf bestimmte Weise handeln, verhalten uns dann aber ganz anders. Selbst wenn das unserem Eigeninteresse zuwiderzulaufen scheint. Außerdem merken wir meistens gar nicht, wenn wir voreingenommen sind. Unsere Entscheidungen können durch Selbstüberschätzung, durch Rückschaufehler oder irgendeine andere der vorgestellten Verzerrungen beeinflusst werden.

Leute, die ernsthaft versuchen, Fehler zu verhindern, sollten sich das immer vor Augen halten. Weiß man beispielsweise, dass die zukünftigen Nutzer eines Produkts zu Selbstüberschätzung neigen, sollte man Beschränkungen ins Design oder in die Funktionsweise einbauen, die dieser Selbstüberschätzung entgegenwirken. So veranlasste das Krankenhaus in Indianapolis, in dem 2006 drei Babys an einer Heparin-Überdosis starben, folgende Maßnahmen: Nach der Tragödie ersetzte es die hochdosierte Heparin-Ampulle durch eine mit Heparin gefüllte Spritze, so dass Verwechslungen mit der niedrigen Dosis kaum mehr möglich waren. Darüber hinaus mussten zwei Mitglieder des medizinischen Personals die Dosierung kontrollieren, bevor ein Baby Heparin bekam.

Dieses Konzept, lieber einmal zu oft als einmal zu selten zu kontrollieren, ob man das Richtige macht, setzt sich auch in anderen Bereichen der Medizin allmählich durch. So müssen Ärzte in den USA seit 2004 mit einem wischfesten Stift die Stelle auf der Haut markieren, wo ein Patient operiert werden soll. Im OP muss der Operateur sich also nicht mehr nur auf sein Gedächtnis verlassen; folglich werden weniger Leute an der falschen Stelle operiert. Piloten nutzen eine ähnliche Methode seit langem. Anstatt zu versuchen, sich wichtige Details zu merken (»hab ich die Klappen nun vor dem Start überprüft?«), behelfen sie sich mit einer einfachen Gedächtnisstütze: einer Checkliste.

> Haben Sie sich je gefragt, wie Barkeeper sich umfangreiche und komplizierte Bestellungen merken können? Ganz einfach: anhand der Gläser.

Selbst Barmixer, bei denen Fehler zugegebenermaßen weniger schlimm sind, lernen, sich bei Getränkebestellungen nicht allein auf ihr Gedächtnis zu verlassen. Haben Sie sich je gefragt, wie Barkeeper sich umfangreiche und komplizierte Bestellungen merken können? »Wir bekommen bitte einen Mai Tai, einen Rob Roy, einen Fuzzy Navel und drei Mojitos.« Ganz einfach: anhand der Gläser. Reiht man die Gläser, in denen die Drinks später serviert werden, schon während der Bestellung am Tresen auf, schränkt das die Palette möglicher Drinks stark ein. In ein Highball-Glas kommt nur ein Highball, in eine Sektflöte kommt nur Schaumwein. Kurz, indem die Gläser einschränken, womit man sie füllen darf, dienen sie als Gedächtnisstütze.

Wissen, wo man nachsehen muss

Will man die Ursache eines Fehlers finden, muss man auch wissen, wohin man sehen muss. Wenn etwas schiefgegangen ist, neigen wir dazu, *zurück*zusehen. Das heißt, wir schauen, wer in der Kette von Ereignissen als Letzter beteiligt war und geben ihm die Schuld an allem. Ein solches Vorgehen befriedigt zwar unser Bedürfnis, Schuld zuzuweisen, kann aber normalerweise nicht verhindern, dass sich ein Fehler wiederholt – wie bei den Quaid-Zwillingen, die zweimal eine Überdosis bekamen. Wenn die verschiedensten Leute den gleichen Fehler begehen, sollte uns das etwas über die Natur dieses Fehlers verraten: Möglicherweise liegt die Ursache nicht in menschlichem Versagen, sondern im System. Und Systemfehler haben ihre Wurzeln auf einer Ebene *oberhalb* des Individuums. Deswegen lohnt es sich, bei der Fehlersuche nach oben zu sehen statt zurück.

Viele der Fehler, die wir machen, sind Nebenwirkungen der Kultur an unserem Arbeitsplatz. Manche Arbeitgeber verzeihen Patzer, manche nicht. Besonders streng ist die amerikanische Marine. Organisationen wie die Navy, die unter extrem schwierigen Bedingungen äußerst zuverlässig eine Aufgabe erfüllen müssen, heißen Hochverlässlichkeitsorganisationen (high-reliability organizations, kurz HROs). Insbesondere die Marinefliegerei wird von Experten als typische Hochrisiko-»Branche« gesehen, bei der die Kunst darin besteht, unter gefährlichen Bedingungen zuverlässig seine Arbeit zu machen – und gleichzeitig möglichst wenige Unfälle zu erleiden. Die Rate von schweren Unfällen – mit Todesfolge oder Schäden von über einer Million Dollar –

liegt in der amerikanischen Marinefliegerei seit 1999 bei etwa 1,5 pro 100 000 Flugstunden. Noch in den 1950ern lag die Rate bei fünfzig pro 100 000 Flugstunden.

Etliche Organisationen behaupten gern von sich, ebenfalls HROs zu sein. Und noch in der kleinsten Klitsche hängen »Sicher ist sicher«-Plakate an den Wänden. Gerade Krankenhausleitungen betonen häufig, dass in ihrer Branche Sicherheit an erster Stelle stehe. Doch wo wird stärker auf Risikovermeidung geachtet, in Krankenhäusern oder auf Flugzeugträgern?

Um das herauszufinden, schickten Dr. David Gaba, ein bekannter Forscher auf dem Gebiet der Patientensicherheit, und Kollegen von der Stanford University und der Marineakademie in Monterey (Kalifornien) Fragebögen an 15 Krankenhäuser und 226 Geschwader der Navy. Die Bögen enthielten 23 Fragen, die sich nur in arbeitsplatzspezifischen Formulierungen unterschieden. So stand in den Fragebögen für Piloten »Kommandeure«, wo in den Krankenhaus-Fragebögen von »leitendem Management« die Rede war. Gaba und Kollegen wählten Fragen und Antwortmöglichkeiten so, dass es auf jede Frage eine »problematische Antwort« gab, die auf Sicherheitslücken schließen ließ. Die Ergebnisse waren bezeichnend.

Der Anteil problematischer Antworten lag bei Piloten insgesamt niedrig, bei nur 5,6 Prozent. Ärzte und Schwestern gaben mehr als dreimal so oft problematische Antworten: auf 17,5 Prozent der Fragen. In manchen Bereichen äußerte sich Krankenhauspersonal sogar bis zu zwölfmal öfter »problematisch« als Marineflieger.

> **Der Anteil problematischer Antworten lag bei Piloten insgesamt niedrig, bei nur 5,6 Prozent. Ärzte und Schwestern gaben mehr als dreimal so oft problematische Antworten: auf 17,5 Prozent der Fragen.**

Einstellung und Fehler

Für diesen Unterschied könnte es viele Erklärungen geben. Im Gegensatz zum Militär sind die meisten Krankenhäuser keine zentralisierten Organisationen, es gibt keinen Admiral, der nach Belieben heuern und feuern kann. Tatsächlich handeln Ärzte in Krankenhäusern weitgehend unabhängig. Gaba kam zum Schluss, dass die militärischen Befehlshaber große Erfolge dabei erzielt hatten, ihren Untergebenen eine Kultur der Sicherheit einzutrichtern. Krankenhausleitungen war das nicht gelungen. Ihr »erklärtes Engagement für mehr Sicherheit«, schrieb er, »ließ sich nicht ausreichend in ein Klima umsetzen, in dem Sicherheit und organisatorische Prozesse zur Risikovermeidung übereinstimmend geschätzt werden«.

Ein weiterer Faktor, der die unterschiedlichen Einstellungen von Piloten und Ärzten erklären könnte, liegt in der Natur ihrer Arbeit. Wenn Piloten einen Fehler machen, sterben sie; machen Ärzte einen Fehler, sterben andere. Piloten haben also einen stärkeren Anreiz, Fehler zu vermeiden: Das Leben, das sie retten, könnte ihr eigenes sein.

Erinnern Sie sich noch, wie sehr die Unfallrate bei der Marinefliegerei in den USA zwischen den 1950ern und 1999 gesunken war, von fünfzig auf nur noch 1,5 schwere Unfälle pro 100 000 Flugstunden? Einen ähnlichen Trend gibt es auch in der Zivilluftfahrt: Allein in den zehn Jahren zwischen 1997 und 2007 ist die Zahl der Todesfälle pro Passagierkilometer weltweit um 72 Prozent zurückgegangen, von 0,3 Todesfällen auf eine Milliarde Passagierkilometer auf 0,09. Stolz erklärte der Chef der amerikanischen Flugsicherheitsbehörde 2007 bei seinem Abschied: »Wir befinden uns im goldenen Zeitalter der Flugsicherheit, in der sichersten Zeit bei der sichersten Betriebsart seit Menschengedenken.«

Vergleichen Sie das einmal mit der Bilanz der Ärzte. Das kann natürlich auf vielerlei Weise geschehen, und man wird nie Einigkeit darüber erzielen können, welche »Bilanz« man heranziehen darf. Aber bedenken Sie folgendes: Eine Übersichtsstudie zeigte, dass Ärzte tödliche Erkrankungen in 20 Prozent aller Fälle falsch diagnostiziert hatten. (Der Fehler wurde jeweils erst bei der Autopsie festgestellt.) Sie lagen also in jedem fünften Fall völlig daneben! Daraus folgt, dass Abermillionen von Leuten falsch behandelt werden, oft mit tödlichem Ausgang. Das wirklich Schockierende ist aber Folgendes: Die Quote von Fehldiagnosen ist seit den 1930ern im Grunde unverändert. »Keine Verbesserung!«, fasste *JAMA*, die Zeitschrift des amerikanischen Ärztebunds, die Ergebnisse zusammen.

> Studien zeigten, dass Ärzte tödliche Erkrankungen in 20 Prozent aller Fälle falsch diagnostizieren. Sie lagen also in jedem fünften Fall völlig daneben!

Wieder kann es dafür viele Gründe geben; ganze Bücher haben sich mit der erschreckenden Fehlerquote in der Medizin beschäftigt. In den Vereinigten Staaten sterben einer berühmt gewordenen Studie zufolge, jährlich geschätzt, zwischen 44 000 und 98 000 Patienten infolge vermeidbarer Behandlungsfehler. Damit würden Behandlungsfehler in der Statistik der Todesursachen den achten Platz belegen. Und zugegeben ist der menschliche Körper viel komplexer als ein Flugzeug.

Aber kommen wir noch einmal zurück zu Einstellungen. Die Einstellung der Menschen in einem OP unterscheidet sich erheblich von der Einstellung von Piloten im Cockpit. In OPs gilt in der Regel eine strikte Hierarchie, mit dem Operateur an der Spitze. In Cockpits geht es anders zu. Jedes Mitglied der Flugbesatzung ist unabhängig vom Rang dazu angehalten, sich zu melden, wenn ihm etwas auffällt. Bei der Aufgabe, Fehler zu vermeiden, werden alle als gleichrangig betrachtet.

Diesen Unterschied in der Einstellung brachte kürzlich eine Befragung ans Licht, für die in den USA, Europa und Israel Zehntausende Piloten, Ärzte und Krankenpfleger befragt wurden. Unter anderem wurde gefragt, ob Untergebene Entscheidungen ihrer Vorgesetzten offen hinterfragen durften.

Unter Piloten fiel die Antwort fast einhellig aus: 97 Prozent antworteten mit ja.
Doch nur 55 Prozent der Operateure gaben die gleiche Antwort.[26]
Die vorbildliche Haltung von Piloten ist teilweise einem modernen Sicherheitskonzept bei Airlines zuzuschreiben, dem Crew Resource Management (CRM). Flugzeugbesatzungen in aller Welt bekommen Schulungen in CRM, das nach einem Flugzeugabsturz 1978 in Portland entwickelt wurde. Der Grund für den Absturz war damals banal: Zehn Kilometer vor dem Flughafen ging der DC-8 schlicht das Kerosin aus. Der Flugingenieur wusste, dass der Sprit knapp wurde, er sagte dem Kapitän aber erst Bescheid, als es schon zu spät war. Zehn der 189 Insassen starben bei dem Unglück. Danach begann man, Flugbesatzungen in Kommunikation und Kooperation zu schulen – man brachte den Crewmitgliedern bei, wie man zusammenarbeitete. Heute gehören CRM-Schulungen in der Verkehrsfliegerei weltweit zum Standard.

> Eine Studie erkundigte sich, ob Untergebene Entscheidungen ihrer Vorgesetzten offen hinterfragen durften. 97 Prozent der Piloten antworteten mit ja – doch nur 55 Prozent der Operateure.

Bei der Operation verstümmelt

Es lässt sich oft nicht leicht feststellen, inwiefern weiche Faktoren wie »Einstellung« oder »Unfähigkeit eines Teams zu Zusammenarbeit« zu Fehlern beitragen. Ein erschreckendes Beispiel wurde von Charles Vincent dokumentiert, einem Professor für Kliniksicherheit am Imperial College in London. Auf die Bitte einer Gesundheitsbehörde hin untersuchte Vincent den Fall einer 33-jährige Patientin, die eine schlimme Diagnose erhalten hatte: invasiver Krebs in der Vulva, dem empfindlichen Bereich um die Vagina, zu dem Schamlippen und Klitoris gehören. Zur Entfernung des Tumors schlugen die Ärzte einen radikalen Eingriff vor: eine Entfernung der halben Vulva.

Die Frau wurde betäubt, ein Praktikant sah ins Krankenblatt und stellte fest, dass der Krebs auf der *linken* Seite der Vulva wucherte. Doch gerade als er sich anschickte, das Messer dort anzusetzen, stoppte der anwesende Operateur ihn. Er wies ihn an, die *rechte* Seite zu operieren.

Der angehende Arzt weigerte sich zuerst. Er sagte dem Operateur, er habe gerade im Krankenblatt nachgesehen, und der positive Befund sei nicht von der rechten Seite gekommen, sondern von der linken. Aber der Operateur beharrte auf seiner Anweisung. Er sagte dem Praktikanten, er selbst habe die Biopsie entnommen, und zwar ganz sicher auf der rechten Seite. Angesichts dieser Bestimmtheit tat der angehende Arzt, was der Operateur ihm befahl, und entfernte die rechte Seite der Vulva.

Es gehört zur Standardprozedur, eine Probe des entfernten Gewebes im Labor des Krankenhauses auf Tumorzellen zu untersuchen. Dort konnte der Pathologe keinerlei Krebs finden. Mit dieser Information in der Hand ging der Praktikant zum Operateur zurück und teilte ihm mit, dass sie versehentlich die falsche Hälfte der Vulva entfernt hätten. Aber der Operateur leugnete noch immer, dass er sich getäuscht hatte, und behauptete, die ursprünglichen Biopsien seien wohl falsch beschriftet worden.[27]

Als die Frau zu einer Nachuntersuchung kam, entnahm der Operateur eine Probe von der linken Seite ihrer Vulva – in der, natürlich, Krebs wucherte. Kurz darauf operierte man die Frau erneut und entfernte ihr den Rest der Vulva.

Der von Professor Vincent untersuchte Fall war zwar ziemlich schlimm, aber beileibe kein Einzelfall. Auch heute noch wird jedes Jahr eine unbekannte Zahl von Patienten auf der falschen Seite operiert. Eine Studie kam zwar zu dem optimistischen Schluss, das geschehe nur einmal alle 113 000 Operationen. Aber genaue Zahlen gibt es nicht, und etliche Umfragen lassen vermuten, dass

> **Bei einer Befragung gestanden 20 Prozent aller Operateure, in ihrer Karriere mindestens einmal an der falschen Stelle operiert zu haben.**

ein großer Teil dieser Vorfälle nie gemeldet wird. In einer aktuellen Befragung wollte man von Operateuren wissen, ob ihnen ein solcher Fehler schon einmal unterlaufen sei. 20 Prozent gestanden, in ihrer Karriere mindestens einmal an der falschen Stelle operiert zu haben.

13. Kapitel
Woanders ist es immer schöner

Im Sommer 2000 traf das frisch verheiratete Paar Pete und Jennifer Marino eine folgenreiche Entscheidung: Sie beschlossen, aus dem heimatlichen Wisconsin nach Kalifornien zu ziehen. Beide hatten noch nie dort gelebt.
»Ich war ganz versessen darauf, in warmes Klima zu ziehen«, berichtet Jennifer. Wie Pete war sie in Wisconsin aufgewachsen und begierig darauf, etwas Neues auszuprobieren. Pete war an der Business School der University of California in Los Angeles angenommen worden.
»Also beschlossen wir, nach L.A. zu ziehen.«
Sie mieteten eine Wohnung in Westwood, ohne sie gesehen zu haben, und stürzten sich ins Leben von L.A. Sie machten einen Hubschrauber-Rundflug über die Stadt. Sie fuhren zum Hollywood-Schriftzug. Gingen an den Strand und in die Berge. Besuchten Spiele der L.A. Lakers.
Hielten nach Prominenten Ausschau.
»Sonntags in der Kirche saß der Schauspieler Mark Wahlberg direkt vor uns«, erzählt Pete. »In der Good Shepherd Church in Beverly Hills. Der Kirche, wo für Frank Sinatra die Totenmesse abgehalten wurde.«
2003 wurde Jennifer schwanger, worauf sich die Prioritäten der beiden verschoben. Ganz allmählich wurde ihnen bewusst, dass L.A. nicht der ideale Ort war, um Kinder großzuziehen.
Pete erzählt: »Freunde wollten wissen, für welchen Kindergarten wir uns beworben hätten – noch bevor Max überhaupt geboren war!« Und überhaupt sollten sie am besten sofort als Ehrenamtliche bei einem Kindergarten anfangen, um die Chancen auf einen Platz zu erhöhen. »Wir fanden das Ganze total krank.«

Ganz anders als Milwaukee

Und dann war da noch das Stadtviertel. L.A. ist teuer, und mehr als ein bescheideneres Haus in West Los Angeles war für die beiden nicht drin.

»Jeden Abend mussten wir die Alarmanlage einschalten«, sagt Pete. »Ständig kreisten Polizeihubschrauber mit angeschalteten Suchscheinwerfern über unserem Viertel, mindestens fünf Nächte pro Woche. Mein Auto wurde aufgebrochen. Das Auto des Kindermädchens wurde vor unserer Haustür gestohlen.«

Und sie erlebten Dinge, die es in Milwaukee einfach nicht gab.

»Da hörte man Geschichten von 13, 14 Jahre alten Kindern, die Schönheitsoperationen bekamen«, sagte Pete.

»Zum Geburtstag!«, erklärte Jennifer.

Auch das widerstrebte ihnen. Immer mehr Dinge gingen ihnen in L.A. auf die Nerven. Nach vier Jahren Kalifornien zogen die zwei schließlich in den Mittleren Westen zurück.

> Bei Umfragen, in welchem Bundesstaat Amerikaner am liebsten leben würden, belegt Kalifornien regelmäßig einen Spitzenplatz.

So geht es vielen Leuten: Aktuellen Zahlen zufolge wandern jährlich 2,2 Millionen Leute aus Kalifornien ab. Gleichzeitig ziehen jährlich 1,5 Millionen Leute zu, angelockt von Klima und Flair.

Bei Umfragen, in welchem Bundesstaat Amerikaner am liebsten leben würden, belegt Kalifornien regelmäßig einen Spitzenplatz.

Vorhersehen, wie wir uns fühlen werden

»Viele Leute glauben, in Kalifornien wären sie glücklicher«, erklärt David Schkade, der selbst gerade in den Sonnenstaat gezogen ist. Schkade ist Psychologe und lehrt als Professor an der Business School der University of California. Dort beschäftigt er sich mit der Frage, ob Menschen bei ihren Entscheidungen richtig einschätzen, wie sie sich in Zukunft fühlen werden. Und genau darauf kommt es doch bei wichtigen Weichenstellungen im Leben an, ob man nun einen Umzug nach Kalifornien plant oder den Abschied aus dem Berufsleben.

Nun sollte man meinen, diese Frage ließe sich rasch beantworten. Schließlich glauben die meisten von uns zu wissen, wie wir fühlen werden, wenn bestimmte Dinge eintreten. Wenn unser Haus abbrennt oder der Hund stirbt, werden wir traurig sein. Wenn wir befördert werden oder Kinder bekommen, werden wir vermutlich glücklich sein, zumindest bis das Kind in die Pubertät kommt.

Doch aus der Nähe betrachtet sehen die Dinge oft anders aus als von weitem. Oft erfahren wir erst, wie wir uns fühlen, wenn es so weit ist. Wer jung und gesund ist, wünscht sich in der Regel keine lebensverlängernden Maßnahmen, falls es einmal soweit sein sollte. Dieser Umstand ist durch eine Studie belegt: Fragte man gesunde Ärzte und Laien, ob sie eine quälende Chemotherapie durchmachen würden, um ihr Leben um drei Monate zu verlängern, bekamen sie nur selten ein »Ja« zur Antwort.

> **Würden Sie eine schlimme Chemotherapie akzeptieren, um Ihr Leben um drei Monate zu verlängern? Die allermeisten Gesunden sagen »nein«. Aber 42 Prozent aller Menschen, die tatsächlich Krebs haben, sagen »ja«.**

Kein einziger Strahlentherapeut hätte sich für eine Therapie entschieden und nur sechs Prozent der Onkologen hätten die Therapie gewählt.

Und nur zehn Prozent der gesunden Nichtmediziner.

Aber für sie ging es ja nur um eine theoretische Frage. Befragte man tatsächlich Betroffene – Krebskranke –, sahen die Antworten ganz anders aus. 42 Prozent der Tumorpatienten sagten, sie würden die Therapie machen. In einer anderen Studie erklärten 58 Prozent der befragten Patienten, sie würden eine solche Behandlung wollen, *selbst wenn sie ihr Leben nur um eine Woche verlängerte.*

Man sieht: Selbst in der wichtigsten Frage überhaupt, derjenigen von Leben und Tod, wissen wir nicht, wie wir uns in Zukunft fühlen werden. Ein Sonderfall? Leider nein: Auch in anderen Lebenslagen täuschen wir uns gewaltig in unserer Einschätzung, wie wir uns hinterher fühlen werden. Wir können uns schlicht nicht hineinfühlen, wie es uns nach einer Scheidung, einem Umzug oder der Pensionierung geht. Eine Langzeitstudie begleitete Menschen, die schon in der Highschool rauchten. Nur 15 Prozent der Gelegenheitsraucher (weniger als eine Zigarette am Tag), glaubten, sie würden fünf Jahre später noch rauchen. Doch als es so weit war, rauchten noch 43 Prozent von ihnen.[28]

Der Fluch des Geschenkgutscheins

Fehler dieser Art begehen wir alle so häufig, dass andere das ausnützen können. Dafür gibt es die verschiedensten Methoden, zum Beispiel die Gewährung von Rabatten. Rabatte sind eine tolle Methode, um den Umsatz zu steigern; Studien zufolge geben Rabatte bei Kaufentscheidungen oft den Ausschlag. Allerdings gibt ein kluger Verkäufer den Rabatt nicht sofort, sondern gewährt ihn uns in Form von Gutscheinen, Bonusmeilen usw., die wir bei einem späteren Kauf einlösen können. Nun zeigt sich, dass ein guter Teil der Gutscheine, nämlich geschätzte 40 Prozent, nie eingelöst werden. Und genau das ist der Grund dafür, warum Händler lieber Rabattcoupons anbieten, als einfach ihre Preise entsprechend zu senken: Sie wissen, dass Kunden, genau wie rauchende Schüler, ihr zukünftiges Verhalten falsch einschätzen.

Dieser Fehler ist auch der Grund, warum Geschenkgutscheine vor allem für den Händler ein tolles Geschenk sind. Geschenkgutscheine sind in den vergangenen Jahren enorm beliebt geworden, in den USA sind sie mittlerweile die Geschenkoption Nummer eins. Bei einer Umfrage erklärten zwei Drittel aller amerikanischen Verbraucher, sie planten, einen Gutschein zu kaufen. Nur lösen die Beschenkten ihre Gutscheine oft nicht ein. Schätzungen zufolge werden in

Deutschland 20 bis 30 Prozent aller Gutscheine nie eingelöst, in den USA verfallen jedes Jahr Geschenkgutscheine im Wert von acht Milliarden Dollar. Für die ausstellenden Unternehmen ein wunderbares Geschäft: Sie bekommen Geld ohne Gegenleistung. 2008 verzeichnete etwa das Einzelhandelsunternehmen Limited Brands, zu dem die Reizwäschemarke Victoria's Secret gehört, allein durch nicht eingelöste Gutscheine einen zusätzlichen Quartalsgewinn von 47,8 Millionen Dollar. Dabei handelt es sich um keinen Einzelfall; auch andere große Einzelhandelsketten wie Target, Best Buy und Home Depot verdienen sich mit Gutscheinen eine goldene Nase.

Doch warum lassen die Beschenkten so viele Gutscheine verfallen? Dafür gibt es zwei Hauptgründe: Die einen freuen sich über den Gutschein und würden ihn auch gerne einlösen, finden aber irgendwie nie Gelegenheit dazu, z.B. weil sie den Gutschein verschusselt oder daheim vergessen haben. Diese Art Missgeschicke kennen wir alle aus eigenem Erleben. In anderen Fällen hat der Beschenkte nie die Absicht, den Gutschein einzulösen. Wenn das passiert, hat der Schenkende wahrscheinlich einen Projektionsfehler gemacht: Er hat seine Wünsche irrtümlich auf den anderen übertragen.

Projektionsfehler unterlaufen uns oft sogar bei Leuten, die wir hervorragend kennen. So sind Eheleute, wie Sie vielleicht aus eigener Erfahrung wissen, oft nicht besonders gut darin, Geschenke für den Partner auszuwählen. Oft fragt sich der Betreffende zuerst, ob *ihm* das fragliche Geschenk gefallen würde und überlegt sich erst dann, ob es auch den Geschmack des Beschenkten trifft. Wer zum Beispiel seiner Freundin heiße Reizwäsche schenkt, sollte sich vorher fragen, wer davon am meisten profitiert.

Wenn Hoffnung uns das Leben vermiest

Angenommen, Ihnen stünde eine folgenschwere Operation bevor, zum Beispiel eine Kolostomie; bei diesem Eingriff wird ein künstlicher Darmausgang gelegt. Welche Patienten, glauben Sie, sind hinterher zufriedener: Diejenigen mit einer irreversiblen Kolostomie oder diejenigen, bei denen Hoffnung besteht, dass der künstliche Darmausgang irgendwann wieder an die richtige Stelle zurückverlegt werden kann?

Professor George Loewenstein und seine Kollegen an der Carnegie Mellon University sind dieser Frage nachgegangen. Dazu befragten sie Patienten, denen ein künstlicher Darmausgang gelegt worden war. Bei der Hälfte der Patienten bestand die Chance, dass die Operation irgendwann einmal rückgängig gemacht werden könnte. Bei der anderen Hälfte bestand diese Hoffnung nicht – sie würde ihren Darm lebenslänglich in einen am Körper befestigten Plastikbeutel entleeren müssen. Über ein halbes Jahr hinweg wurden beide Gruppen regelmäßig nach ihrer allgemeinen Zufriedenheit befragt.

Und das Ergebnis? Die meisten von uns würden wie auch ich wohl denken, dass wir mit einer möglicherweise reversiblen Kolostomie glücklicher wären als mit einer endgültigen. Schließlich ist ein künstlicher Darmausgang kein Spaß, und wenn die Chance besteht, dass er mal wieder verschwindet, ist das doch sicher gut, oder?

Ganz abgesehen davon fürchten sich die meisten vor Endgültigkeit; veränderbare Ergebnisse sind uns viel lieber. Wir alle schätzen Hintertürchen und sind häufig bereit, einen Aufpreis für das Privileg zu bezahlen, unsere Meinung noch zu ändern. Das ist der Grund, warum viele Menschen für umbuchbare Flugtickets deutlich höhere Preise bezahlen, warum Paare getrennte Wohnungen behalten und warum wir lieber in Geschäften einkaufen, die umstandslos alles zurücknehmen, was wir umtauschen wollen, z.B. die Geschenke unserer Ehepartner. Wir alle wünschen uns die Möglichkeit, schlechte Entscheidungen oder schlimme Zustände notfalls korrigieren zu können.

Dennoch erwiesen sich ausgerechnet die Patienten mit irreversibler Kolostomie als die zufriedeneren. Die Forscher stellten fest, dass diese Patienten sich über die sechs Monate der Studie rasch an die neuen Umstände gewöhnt hatten. Diejenigen aber, bei denen noch Hoffnung bestand, blieben relativ unzufrieden. Offenbar verhinderte die Hoffnung, dass die Patienten sich an ihre neue Lage anpassten. In anderen Worten: Wir lernen mit dem zu leben, was nicht abzuändern ist. Und je schneller uns das gelingt, desto glücklicher sind wir.

> Hoffnung verhindert Anpassung. In anderen Worten: Wir lernen mit dem zu leben, was nicht abzuändern ist.

Dieses Ergebnis fügt sich in eine lange Reihe psychologischer Studien ein, die bis zu Sigmund Freud zurückreicht. Ist eine Entscheidung endgültig, versuchen wir der Situation ihre positiven Seiten abzugewinnen. Wähler zeigten sich in Studien beispielsweise durchaus bereit, die Vorzüge eines von ihnen verschmähten Kandidaten anzuerkennen – nachdem er gesiegt hatte. Bewerber um einen Studienplatz bekommen einen scharfen Blick für die Schwächen von Universitäten – sobald sie den Brief mit der Absage bekommen haben. Studenten erkennen, wie verzerrt die Ergebnisse standardisierter Tests sein können – nachdem sie in einem durchgefallen sind. Mit anderen Worten: Wir alle passen uns an. Aber vorher erwarten wir das nicht.

Wir achten auf die falschen Dinge

Schkade ist fasziniert davon, wie sehr unsere Erwartungen zukünftigen Glücks unsere Entscheidungen prägen. Dabei, so Schkade, konzentrieren wir uns oft auf wenige, eigentlich nebensächliche Einzelfaktoren, von denen wir unsere Entscheidungen massiv beeinflussen lassen. Diese Tendenz haben er und seine Kollegen »Fokussierungs-Illusion« genannt. Schkade hält diese Illusion für eine wichtige und verborgene Fehlerquelle bei unseren zentralen Lebensentscheidungen.

In einer Reihe von Experimenten wiesen Schkade, Kahneman und andere nach, dass wir uns bei den großen Entscheidungen des Lebens oft auf relativ nebensächliche Aspekte wie das gute Wetter in Kalifornien konzentrieren und andere Faktoren vergessen, die unser Leben dort hauptsächlich prägen, wie die Dauer der Fahrt zur Arbeit und die Lebenshaltungskosten. Als Folge davon überschätzen wir unser zukünftiges Glück oft. Wir denken, woanders sei es besser, wenn wir aber dorthin kommen, stellen wir fest, dass dort nicht alles so toll ist, wie wir gedacht haben.

Es mag zwar der Intuition zuwiderlaufen, aber wenn es um persönliches Glück geht, spielen die tatsächlichen Lebensverhältnisse eine erstaunlich geringe Rolle. Tatsächlich haben Glücksforscher herausgefunden, dass sozialer Status, Bildung, Einkommen, Familienstand und religiöse Überzeugungen für das persönliche Glück fast völlig unerheblich sind: Gerade einmal drei Prozent der Unterschiede im Glücksempfinden lassen sich damit erklären. Menschen mit starken Behinderungen, z.B. Blinde oder Querschnittsgelähmte, äußern sich bei Befragungen regelmäßig erstaunlich zufrieden mit ihrem Leben. Vom Halswirbel abwärts gelähmte Menschen erklärten bei einer Umfrage zu 93 Prozent, sie lebten gern. 84 Prozent fanden ihr Leben durchschnittlich bis überdurchschnittlich gut. Ähnlich zufrieden scheinen selbst Menschen mit ernsthaften mehrfachen Behinderungen. Die meisten für diese Studie befragten Mehrfachbehinderten waren arbeitslos, unverheiratet und relativ schlecht gebildet. Und doch erklärten sich 96 Prozent zufrieden mit ihren Lebensumständen, 82 Prozent mit ihrem Sozialleben und 76 Prozent mit ihrer Ausbildung.

> Vom Halswirbel abwärts gelähmte Menschen erklärten bei einer Umfrage zu 93 Prozent, sie lebten gern. 84 Prozent fanden ihr Leben durchschnittlich bis überdurchschnittlich gut.

Mit den Ergebnissen dieser Studie im Kopf erstellten Kahneman und Schkade einen Fragebogen, den sie an 119 Studenten verteilten. Darin wurden sie gefragt, wie vom Hals abwärts gelähmte Menschen sich ihrer Ansicht nach fühlten. Die Ergebnisse waren eindeutig: Studenten, die vollständig Gelähmte kannten, hielten sie für deutlich glücklicher, als Studenten es taten, die keine kannten. Von ihnen glaubten 43 Prozent, die Gelähmten würden in der Regel missmutig sein. Von denjenigen, die Gelähmte aus eigener Anschauung kannten, dachte gerade einmal jeder fünfte, dass die Betroffenen vorwiegend schlechte Laune hätten. Die Folgerung liegt nach Schkades Ansicht auf der Hand: Je weniger man über Gelähmte weiß, desto eher hält man sie für unglücklich.

Kann man diese Erkenntnis verallgemeinern? Sorgt unsere Unwissenheit auch in anderen Bereichen dafür, dass wir die Dinge völlig falsch einschätzen? Oder, genauer gefragt: Machen wir, wenn wir über einen Umzug nach Kalifornien nachdenken, den gleichen Fehler, wie wenn wir uns über Behinderte Gedanken machen?

Um das herauszufinden, ließen Schkade und Kollegen ein Meinungsforschungsinstitut fast 2000 Studenten im Mittleren Westen und in Kalifornien befragen. Gefragt wurde nach der allgemeinen Lebenszufriedenheit. Danach wurden die Studenten um eine Einschätzung gebeten, wie gut bestimmte Faktoren der Lebensqualität an ihrem Wohnort ausgeprägt waren und wie es in der jeweils anderen Region damit aussehen würde. Bei der Auswertung der Antworten fanden die Professoren Erstaunliches heraus ...

Erstens lag die allgemeine Lebenszufriedenheit in beiden Regionen gleich hoch. Menschen im Mittleren Westen hielten sich für ebenso glücklich wie Leute in Kalifornien. Natürlich gab es bei den einzelnen Faktoren Unterschiede, zum Beispiel waren die Studenten im Mittleren Westen verständlicherweise mit ihrem Wetter weniger glücklich als Studenten in Kalifornien.

Unter dem Strich waren beide Gruppen, wie bereits erwähnt, gleich glücklich. Doch auf die Frage, wo die Leute nach Ansicht der Studenten glücklicher seien, dachten beide Gruppen, das müsse in Kalifornien sein. Wie das? Schkade stellte fest, dass die Studenten dazu neigten, sich bei ihrem Urteil auf Aspekte des Lebens zu konzentrieren, die sie als relativ unwichtig betrachteten, von denen sie aber *dachten*, sie wären anderen Leuten wichtig. In den Kategorien, die den Studenten am meisten bedeuteten – Jobchancen, wirtschaftliches Umfeld und Sicherheit –, glichen sich die Beurteilungen weitgehend. Erst bei den als nebensächlich betrachteten Faktoren, wie etwa dem Wetter, zeigten sich Unterschiede.

»Wenn man versucht, komplexe Sachverhalte zu beurteilen, neigt man dazu, sich auf gut erkennbare Aspekte zu konzentrieren und diesen dann zu viel Aufmerksamkeit zu schenken«, sagt Schkade. Das gelte übrigens ganz unabhängig vom jeweiligen Thema. Er und seine Kollegen stellten große Ähnlichkeiten in den Entscheidungsprozessen fest, egal ob es um Diäten, die Zeit nach der Pensionierung oder um Geld ging. Immer konzentrieren wir uns tendenziell auf nebensächliche Aspekte – zu unserem eigenen Schaden.

> Wir neigen dazu, uns auf Aspekte zu konzentrieren, die sich leicht beobachten lassen, und schenken diesen dann zu viel Aufmerksamkeit.

»Die Aspekte, denen wir besondere Aufmerksamkeit schenken«, sagt Schkade, »sind weniger wichtig, als wir denken.«

So erklärt sich auch, warum jedes Jahr Millionen Menschen aus Kalifornien wegziehen, wie Pete und Jennifer Marino. »Unter dem Strich«, sagt Pete, »ist mir das gute Wetter nicht wichtig genug. Andere Dinge bedeuten mir im Leben einfach mehr.«

2004 verkauften die Marinos ihr Haus in West-Los-Angeles und zogen in einen Vorort von Chicago. Einigen Lebensgewohnheiten in Kalifornien trauern Pete und Jennifer noch nach. Jennifer vermisst es, Weihnachtseinkäufe in Shorts erledigen zu können. »Kleinigkeiten halt«, sagt Pete. Inzwischen ist ein zweites Kind unterwegs, und die Marinos ziehen wieder um. Sie wissen schon, wohin: eine Querstraße weiter.

Schlussfolgerungen

So, und was folgt jetzt aus dem allen? Wie können Sie zukünftig Fehler vermeiden?
Mein Rat:
Halten Sie den Ball flach.
Schätzungen zufolge sterben jedes Jahr in den USA 7 000 Menschen – nicht durch Krankheit, Unfall oder höhere Gewalt, sondern weil die Handschrift ihres Arztes unleserlich ist. Und erinnern Sie sich an die Werbebriefe südafrikanischer Banken? Was trieb die Leute dazu, Kredite aufzunehmen? Nicht der niedrige Zins, nicht die unkomplizierte Bearbeitung (auch wenn beides attraktiv war), sondern das Bild einer Frau (die auch attraktiv war). Und was war schuld daran, dass gegen manche Profiteams so viele Fouls gepfiffen wurden? Nicht Spieler, Trainer oder gar Schiedsrichter – sondern einzig die Farbe der Trikots.

Lauter Kleinigkeiten. Aber mit großen Folgen. Als ich Tom Gilovich zum Experiment mit den schwarzen Trikots befragte, meinte der: »Meiner Ansicht nach bestätigte es eines der wichtigsten Ergebnisse aus meinem Forschungsfeld: Schon eine winzige Veränderung der Rahmenbedingungen kann das Verhalten der Menschen gewaltig beeinflussen.«

> »Schon eine winzige Veränderung der Rahmenbedingungen kann das Verhalten der Menschen gewaltig beeinflussen.«

Auf den ersten Blick scheint uns diese Erkenntnis für den Alltag nicht viel helfen zu können. Schließlich erkennen wir den Zusammenhang zwischen unserer Situation und unserem Verhalten oft überhaupt nicht. Gewohnheit und Selbstüberschätzung verstellen uns den Blick, wir stehen uns selbst im Weg, weil wir unsere Grenzen nicht kennen. Manchmal schauen wir, ohne zu sehen, und manchmal sehen wir umgekehrt Dinge, von denen wir gar nicht wissen, dass wir sie gesehen haben. In Sekundenbruchteilen »sehen« wir, wie ehrlich oder sympathisch ein Mensch ist, wenn aber unser Gesprächspartner ausgetauscht wird wie im Experiment mit der Tür, fällt uns das nicht auf. Unsere Entscheidungen werden, selbst wenn es um Leben und Tod geht, nicht nur von den Optionen beeinflusst, die uns vorgelegt werden, sondern die Art, wie uns die Optionen präsentiert werden, spielt eine Rolle. Erste Eindrücke beeinflussen uns ungemein, selbst wenn wir uns noch so sehr dagegen sträuben. Wir haben eine starke Abneigung dagegen, Anleitungen zu lesen oder zu bekommen. Lieber folgen wir unserer unmittelbaren Eingebung darüber, wie Dinge funktionieren können oder sollten.

Bei Psychologen setzt sich allmählich als Konsens durch, dass Entscheidungsprozesse beim Menschen auf zwei Ebenen ablaufen, einer rationalen und einer emotionalen. Wir schwanken ständig zwischen diesen Ebenen, wie ein Autoscheinwerfer, der zwischen Fern- und Abblendlicht hin und her flackert. Viele Fehler unterlaufen uns offenbar dann, wenn wir uns auf der einen Ebene zu befinden glauben, uns in Wirklichkeit aber auf der anderen bewegen. Etwa wenn wir denken, wir hätten aus vernünftigen Gründen einen Kredit aufgenommen, tatsächlich aber nur vom Bild einer schönen Frau dazu verführt worden sind. Oder wenn wir uns eingehend mit den Wahlprogrammen von Parteien und Kandidaten auseinandersetzen – und dann das Kreuzchen bei demjenigen machen, der vom Bild her kompetenter wirkte.

Sollte diese Theorie von den zwei Ebenen zutreffen, würde das erklären, warum manche Verhaltensmuster, die regelmäßig zu Fehlern führen, so schwer abzulegen sind:

> **Wir glauben, rational zu sein, wenn wir emotional handeln und umgekehrt. Und wenn uns dann Fehler unterlaufen, suchen wir die Ursache auf der falschen Ebene.**

Wir glauben, rational zu sein, wenn wir emotional handeln und umgekehrt. Und wenn uns dann Fehler unterlaufen, suchen wir die Ursache auf der falschen Ebene. (»Wie konnte ich nur einen so teuren Kredit aufnehmen? Da muss ich mich wohl verrechnet haben.«) Wir lernen nicht aus Erfahrung, weil wir nicht sicher sind, aus welcher Erfahrung wir lernen müssen.

Wie Studien zeigen, kann ein großer Prozentsatz von Menschen – Kinder ebenso wie Erwachsene – keinerlei Fehler ertragen. Dabei handelt es sich oft um Menschen, die irrtümlicherweise glauben, Fehler zeugten von Dummheit. Deswegen versuchen sie nicht nur um jeden Preis Fehler zu vermeiden, sie gestehen sich ihre Fehler hinterher auch nicht ein, was ihnen unmöglich macht, aus ihnen zu lernen. Diese ungute Neigung verstärkt sich leider mit zunehmendem Alter. Je älter wir werden, desto wichtiger wird es uns, Recht zu haben, sowohl daheim als auch am Arbeitsplatz. Wenn wir tatsächlich Recht haben, halten wir das, wie so häufig, für einen Beweis unserer Klugheit. Liegen wir aber falsch, geben wir einem Zufallsereignis die Schuld dafür.

Behalten Sie Ihre »erfolglosen Bohrungen« im Auge

Dennoch: Einige unserer schlimmsten Tendenzen lassen sich zumindest teilweise korrigieren. Nehmen Sie beispielsweise den Hang zur Selbstüberschätzung. Wie wir gesehen haben, halten sich nur die wenigsten Menschen für durchschnittlich; wir sind, wie der Fachausdruck lautet, schlecht kalibriert. Aber Kalibrierung ist eine Fähigkeit, die sich lernen lässt. Als Beleg dafür führen Paul Schoemaker, der die Selbstüberschätzung von Managern untersucht hat, und sein Kollege J. Edward Russo das Beispiel des Erdölgiganten Royal Dutch Shell an.

Shell war aufgefallen, dass neu eingestellte Geologen ihre Fähigkeiten überschätzten. Die Neulinge prophezeiten beispielsweise, an einer bestimmten Stelle würde man mit 40 Prozent Wahrscheinlichkeit auf Öl stoßen. Bohrte man aber zehn Löcher an zehn solchen Stellen, fand man nur ein oder zweimal Öl. Das kostete Shell Zeit und Geld.

Was tat das Unternehmen also? So seltsam das klingen mag: Shell versuchte, seine Leute mehr wie Wetteransager arbeiten zu lassen. Wie? Indem der Konzern ein Programm zur Verbesserung der Kalibrierung einführte. Im Zuge des Programms bekamen die Berufsanfänger alte Fallstudien. Diese enthielten alle wichtigen Daten – außer der Information, ob nun an dieser Stelle tatsächlich Öl gefunden worden war. Nun sollten die Geologen angeben, mit welcher Wahrscheinlichkeit dort mit Öl zu rechnen sei. Hinterher erfuhren die Geologen für jeden Fall, was tatsächlich herausgekommen war – sie erhielten unmittelbares Feedback. Es wurde also genau das gleiche Verfahren angewendet, das Meteorologen bei der Kalibrierung hilft.

Das Training »funktionierte bestens«, berichteten Schoemaker und Russo. Wenn Shell-Geologen heute irgendwo mit 40-prozentiger Wahrscheinlichkeit mit Ölvorkommen rechnen, findet das Unternehmen tatsächlich in vier von zehn Fällen Öl.

Wie können Sie sich nun selbst besser kalibrieren? Zuallererst, indem Sie sich Ihre Fehlbarkeit vor Augen halten. Vergessen Sie nie: Je besser man sich in einem Feld auskennt, desto *größer* wird die Selbstüberschätzung! Nicht die *schlechten* Schützen überschätzen sich bei der US-Army, sondern die *guten*. Suchen Sie zweitens nach Mechanismen, die Ihnen eine rasche Rückmeldung liefern. Sie können das in Beruf oder Privatleben, indem Sie vorher die erwarteten Ergebnisse schriftlich festhalten (so vermeiden Sie die Falle des Rückschaufehlers) und die tatsächlichen Ergebnisse hinterher mit Ihren Erwartungen vergleichen. Gewinnen Sie als Anwalt wirklich 80 Prozent aller Fälle, bei denen Sie eine 80-prozentige Gewinnchance für Ihren Mandanten sehen? Verschwinden die Tumore

> Halten Sie sich Ihre Fehlbarkeit vor Augen. Vergessen Sie nie: Je besser man sich in einem Feld auskennt, desto *größer* wird die Selbstüberschätzung!

Ihrer Patienten tatsächlich mit 60-prozentiger Wahrscheinlichkeit, wenn Sie die Heilungschancen bei 60 Prozent ansetzen? Und wie hat sich die Beziehung zu einer Partnerin, die »zu 80 Prozent gutgeht« wirklich entwickelt? Falls eine Diskrepanz zwischen Erwartung und Realität auftritt, können Sie sich auf die Fehlersuche machen.

Denken Sie negativ

Stellen Sie sich das nächste Mal, wenn eine große Entscheidung ansteht, die Frage: Was könnte schiefgehen? Das mag Ihnen unnötig pessimistisch oder gar defätistisch vorkommen. Schließlich bläut man uns von Kindesbeinen an ein, positiv zu denken, und das aus gutem Grund. In finsteren Zeiten mag eine positive Einstellung der letzte Strohhalm sein, der uns vor dem Untergehen bewahrt. Aber die Kraft des positiven Denkens hat ihre Grenzen; vor allem kann es uns blind machen für versteckte Fallen in unseren Plänen.

Atul Gawande, ein Chirurg an der Medizinischen Fakultät der Harvard University, spricht in diesem Zusammenhang von der »Kraft des negativen Denkens«. Gelegentlich kann es extrem wichtig sein, nach Gründen zu suchen, warum etwas schiefgehen könnte, und sogar ein Scheitern zu erwarten. Als Beispiel nennt Gawande die Erfahrungen im Walter Reed Army Medical Center. In diesem medizinischen Versorgungszentrum der amerikanischen Streitkräfte lag die Sterblichkeit der Patienten im ersten Golfkrieg bei 25 Prozent, heute ist sie auf zehn Prozent gefallen. Die Versorgung an sich blieb unverändert, die Zahl der Ärzte pro Patient sank sogar. Aber im Walter Reed verfolgte man die wöchentlichen Zahlen zur Patientensterblichkeit sehr genau, suchte aktiv nach Problemen und machte sich daran, die Gründe dafür zu beheben. Die Ärzte beschränkten sich nicht darauf, Verwundete nur zu behandeln, sondern stellten sich auch die bittere Frage, was zu so vielen Verletzungen geführt hatte. So stellten sie etwa fest, dass viele junge Soldaten ihre Schutzbrillen nicht getragen hatten – weil sie sie zu hässlich fanden. Nachdem das Militär modischere

Schutzbrillen angeschafft hatte, zogen die Soldaten sie öfter auf und die Zahl der Augenverletzungen fiel schlagartig. Der gleiche Ansatz funktioniere auch im Geschäftsleben, erklärt Paul Schoemaker.

»Wenn man Leute dazu bringt, ihre eigenen Vorhaben selbst als Advocatus Diaboli zu hinterfragen und sich klarzumachen, was alles schiefgehen kann, löst sich übertriebener Optimismus schnell in Luft auf.«

Versuchen Sie's mal.

Lassen Sie Ihren Partner gegenlesen

Sie können noch weitere Dinge tun, um weniger anfällig für Fehler zu werden. Oft handelt es sich um Kleinigkeiten, manchmal eigentlich um Selbstverständlichkeiten. Es hilft beispielsweise, hin und wieder die gewohnten Gleise zu verlassen. Gewohnheiten sind uns liebe Freunde, sie sparen uns Zeit und geistige Anstrengung. Aber sie können auch unsere Fähigkeit abtöten, neuartige Situationen überhaupt zu erkennen. Nach einer Weile sehen wir nur noch, was wir zu sehen erwarten. Wir überfliegen Dinge und sehen Muster statt Details. Erinnern Sie sich an den Goldovsky-Fehler, der den erfahrenen Profis entgangen und nur einer Anfängerin aufgefallen war? Halten Sie sich das vor Augen, wenn Sie versuchen, Ihre eigenen Fehler auszumerzen. So sollten Sie einen Fachaufsatz, den Sie geschrieben haben, natürlich einem kompetenten Kollegen zum Gegenlesen geben – der wird aber möglicherweise genau dieselben Fehler überlesen, die auch Ihnen schon durchgerutscht sind. Legen Sie den Aufsatz also auch Ihrem Partner oder sogar Ihren Kindern vor: Laien finden manchmal Fehler, die den Fachleuten entgangen sind.

Es hilft auch, langsamer zu machen. Multitasking ist für die meisten von uns eine Fata Morgana. Es gibt strikte Grenzen für die Anzahl Dinge, die wir gleichzeitig tun können. Und je mehr Bälle wir jonglieren, desto stärker steigt die Fehlerwahrscheinlichkeit. Erinnern Sie sich an den Flugkapitän Robert Loft, dessen Jet führerlos am Boden zerschellte? Eine ausgefallene Zwölf-Dollar-Glühbirne hatte ihn so abgelenkt, dass er vergaß, das Flugzeug zu steuern. Auch wir lassen uns ständig von Kleinigkeiten ablenken, von Navigationsgeräten und iPods. (Elektronischer) Schnickschnack aller Art fesselt unsere Aufmerksamkeit oft derart, dass wir unsere Umgebung glatt vergessen. Das Risiko, mit Kopfhörern im Ohr zu laufen, schien den amerikanischen Behörden so groß, dass bei den offiziellen Rennen der staatlichen USA Track & Field seit 2007 alle Musikabspielgeräte und Kopfhörer verboten sind. Zuvor waren Läufer oft so in ihre Musik versunken, dass sie Warnungen überhörten und mit anderen Teilnehmern zusammenstießen.

Hüten Sie sich auch vor Einzelbeispielen. Erinnern Sie sich an das NutriSystem-Beispiel? Wie brachte das Unternehmen Menschen dazu, das Produkt auszuprobieren? Nicht mit Statistiken, sondern mit Einzelfällen. Bei Entscheidungsprozessen räumen wir anschaulicher Information – wie dem Abspeckerfolg eines Promis – einen unangemessen hohen Stellenwert ein. Deswegen treffen wir oft die falsche Wahl. Die CIA hält überzeugende Einzelbeispiele für so gefährlich, dass sie ihren Datenauswertern in einer viel beachteten Studie riet, möglichst darauf zu verzichten. Analysten, so die Schlussfolgerung der Studie, »sollten anekdotischen und persönlichen Fallbeispielen nur geringes Gewicht geben«, außer wenn sie typisch für eine Vielzahl von weiteren belegten Fällen wären. Gar nicht sollten sie herangezogen werden, »wenn aggregierte Informationen mit einer breiteren Datenbasis verfügbar sind«.

Das ist ein guter Rat. Erkundigen Sie sich nach Durchschnittswerten, nicht nach persönlichen Erfahrungen Einzelner.

> **Bei Entscheidungsprozessen räumen wir anschaulicher Information – wie dem Abspeckerfolg eines Promis – einen unangemessen hohen Stellenwert ein.**

Schlafen Sie ein wenig

Zahllose Fehler geschehen schlicht aus Übermüdung; das wird oft übersehen. Übermüdete Menschen machen Fehler, das wissen wir alle. Und da draußen treiben sich unheimlich viele Leute mit Schlafmangel herum – vielleicht gehören Sie ja selbst dazu. Nach der Zahl der Rezepte zu urteilen, nimmt jeder siebte Amerikaner gelegentlich verschreibungspflichtige Schlafmittel. Diese Zahl ist in den vergangenen fünf Jahren um 60 Prozent gestiegen. Dieser ganze Tablettenkonsum führt natürlich zu Fehlern: Inzwischen sind so viele Leute in einem sedierten Zustand unterwegs, dass die amerikanische Regierung schon davor warnt, unter dem Einfluss von Schlaftabletten Auto zu fahren. Manche essen sogar im Schlaf: Menschen berichten davon, in gebutterte Zigaretten gebissen zu haben oder nach Luft ringend aufgewacht zu sein – den Mund voller Erdnussbutter, eine besondere Vorliebe der Schlaf-Esser.

> Je müder wir werden, desto bereitwilliger gehen wir Risiken ein.

Vielen von uns ist allerdings nicht klar, dass Schlafmangel nicht nur unsere körperlichen und geistigen Fähigkeiten einschränkt, sondern auch unsere Stimmung beeinflusst. Schon mit leichtem Schlafmangel fahren wir unter Umständen so schlecht, als wären wir angetrunken. Und je müder wir werden, desto bereitwilliger gehen wir Risiken ein – auch hier ist der Effekt der gleiche wie beim Trinken. Niemand will von einem übermüdeten Chirurgen operiert werden, niemand hat gern einen schläfrigen Trucker hinter sich auf der Straße; in zahllosen Berufen kommt es darauf an, dass wir voll da sind. Sind wir aber nicht. Zwischen 2003 und 2007 gab es in den Vereinigten Staaten mindestens ein halbes Dutzend Fälle, in denen Piloten einschliefen – mitten im Flug. In einem Fall schliefen Pilot *und* Copilot beim Anflug auf den Internationalen Flughafen von Washington ein. In einem anderen Fall räumte Frontier Airlines ein, dass zwei seiner Piloten 2004 auf dem Nachtflug von Baltimore nach Denver eingeschlafen seien. Glücklicherweise wachte einer der Piloten nach »verzweifelten Funksprüchen« des Fluglotsen auf.

Ganz offenkundig brauchen manche Piloten mehr Schlaf. Aber was unternahmen die Fluggesellschaften? Im Jahr 2005 nahmen Tausende Passagiere von JetBlue unwissentlich an einem haarsträubenden Experiment teil, mit dem die Grenzen der Übermüdung bei Piloten getestet wurden. Ohne die Flugaufsichtsbehörde FAA um Erlaubnis zu bitten, statteten Berater der Fluggesellschaft einige Piloten mit Geräten aus, die deren Aufmerksamkeit maßen. Dann wurden die Besatzungen zu überlangen Dienstzeiten eingeteilt, zu zehn bis elf Stunden statt der gesetzlich erlaubten acht. JetBlue hoffte, das Experiment, das über fünfzig Flüge umfasste, würde zeigen, dass Piloten deutlich länger fliegen konnten, ohne ernsthafte Müdigkeitserscheinungen zu zeigen. Und JetBlue ist nicht die einzige Fluglinie, die versucht, mehr Arbeitszeit aus ihren Piloten herauszuquetschen. Im Jahr 2007 weigerten sich zwei der größten amerikanischen Gesellschaften, Continental und American, zusätzliche Ruhezeiten für ihre Piloten auf internationalen Strecken und andere Sicherheitsmaßnahmen einzuführen.[29]

> Ärzte, die nach eigenen Angaben über fünf Marathondienste pro Monat geschoben hatten, begingen wegen Übermüdung mit *700 Prozent* höherer Wahrscheinlichkeit gravierende Fehler.

Dabei geht es Piloten noch relativ gut. Viel schlimmer steht es um junge Ärzte; oft dauert ihr Dienst 24 Stunden und länger, auch wenn das Risiko für schwerwiegende oder gar tödliche Behandlungsfehler dadurch stark ansteigt.[30] Charles Czeisler von der Medizinischen Fakultät der Harvard University beobachtete mit Kollegen über 2700 junge Assistenzärzte im ersten Jahr. Ärzte, die nach eigenen Angaben über fünf Marathondienste pro Monat geschoben hatten, begingen wegen Übermüdung mit *700 Prozent* höherer Wahrscheinlichkeit gravierende Fehler. Das Risiko, einen tödlichen Fehler zu begehen, stieg »nur« um 300 Prozent. Allein die 2700 Ärzte der Studie hatten nach eigenem Eingeständnis in 156 Fällen aus Übermüdung Patienten geschadet. 31 Patienten starben aufgrund solcher Fehler.

Wohin Übermüdung führt, liegt auf der Hand: zu vermeidbaren Todesfällen. Bei jedem einzelnen Fall kann man dann wieder von »menschlichem Versagen« sprechen, aber in Wirklichkeit bringt das System Patienten um, und zwar unweigerlich.

Wie Glücklichsein hilft

Es hilft auch, glücklich zu sein. Bei Umfragen geben die meisten Menschen an, glücklich zu sein. Das ist nicht nur erfreulich, sondern auch günstig, denn wer glücklich ist, macht bestimmte Fehler seltener. Glückliche Leute sind tendenziell kreativer, ihnen unterlaufen deswegen weniger Fehler, die aus reiner Routine entstehen. Gute Laune steigert – auf bisher noch nicht ganz geklärte Weise – unsere Neigung, herumzutüfteln und neue Lösungen zu finden. Sehr schön lässt sich das an der Kerzen-und-Reißnägel-Aufgabe zeigen, die weiter vorne erwähnt wurde. Es ließ sich nachweisen, dass glückliche Leute dabei viel besser abschneiden als unglückliche.

> Glücklichere Leute gehen kreativer an Aufgaben heran. Sie entscheiden sich auch schneller, und schwanken nicht ewig hin und her.

Interessanterweise braucht es nicht viel, um Leute glücklich zu machen, zumindest im Labor. Oft genügt eine Tüte Süßigkeiten oder ein amüsanter Film. Bei einem Experiment zeigte man einer Gruppe von Studenten lustige Kurzfilme, die andere Gruppe sah einen Lehrfilm über Mathematik. Danach waren die einen guter Laune, die anderen verständlicherweise weniger fröhlich. Nun bekamen alle Teilnehmer zehn Minuten Zeit, die Kerzen-Aufgabe zu lösen. Von denjenigen, die den Lehrfilm gesehen hatten, kam nur jeder Fünfte auf die Lösung. Von den gut gelaunten Studenten knackten drei Viertel die Aufgabe.

Der gleiche Effekt gilt nachweislich auch in Alltagssituationen, etwa beim Kauf von Haushaltsgeräten oder Autos. Gut aufgelegte Menschen entscheiden sich tendenziell schneller, sie schwanken nicht ewig hin und her. Auch genießen sie den Einkauf mehr als Leute, die gerade unglücklich sind. Ärzten geht es beim Stellen von Diagnosen übrigens genauso. Bei einem Experiment bekam ein Teil der teilnehmenden Ärzte eine Tüte mit Schokoladenkonfekt, der andere Teil bekam nichts. Dann bat man alle, sich eine Patientenakte anzusehen und eine Diagnose zu stellen. Die Schoko-Ärzte kamen schneller auf den richtigen Befund.

Auf etwas herumreiten

Geld schützt vor Fehlern nicht – oder zumindest nicht so gut, wie manche das offenbar glauben. In den vergangenen Jahren haben zahlreiche Studien analysiert, wie finanzielle Anreize das menschliche Verhalten steuern, soweit sich das im Labor beobachten lässt. Bei diesen Experimenten zeigte sich meistens, dass Prämien die durchschnittliche Leistung nicht beeinflussten. Es gab allerdings Ausnahmen. Bei simplen Aufgaben, wie dem Ablegen von Akten und ähnlichen Büroarbeiten, hing die Leistung von der Bezahlung ab. Geld ließ Leute auch Schmerzen länger ertragen. Bei einem Experiment bat man Studenten, ihre Hand so lange in einen Bottich mit Eiswasser zu tauchen, wie sie es aushielten. Die Versuchspersonen, die für die Teilnahme Geld bekamen, ließen ihre Hände durchschnittlich dreimal so lange im Wasser wie diejenigen, die kein Geld bekamen.

> **Prämien hatten meistens keinen Einfluss auf die Leistung der Versuchspersonen.**

Bei diesen Ausnahmen ging es durchweg um banale Tätigkeiten. Doch welchen Einfluss haben finanzielle Anreize nun auf Leute mit anspruchsvollen Jobs? Das ist eine zentrale Frage für Ökonomen – mit einer überraschenden Antwort: In fast allen Fällen beeinflussen finanzielle Anreize das Verhalten nicht nennenswert. Anreize sorgen dafür, dass wir länger über eine Aufgabe nachdenken und ihr mehr Aufmerksamkeit widmen. Wenn es Anreize gibt, geben sich die Menschen bei einer Aufgabe mehr *Mühe* (was sich an einer Weitung der Pupillen messen lässt), sie gehen aber nicht notwendigerweise *klüger* an die Sache heran. In der Regel verfolgten Testpersonen mit voller Kraft eine ihnen vertraute Strategie, anstatt neue Lösungsansätze zu entwickeln. Sie ritten gewissermaßen auf ihrer alten Masche herum.

Es konnte sogar gezeigt werden, dass bei bestimmten Aufgaben Anreize schädlich wirken. Interessanterweise handelt es sich dabei häufig um Aufgaben, bei denen es auf Urteils- und Entscheidungsvermögen ankommt. Hier bewirken Prämien nur, dass die Leute über Handlungen nachzudenken beginnen, die sonst automatisch ablaufen. Schön sieht man das, wenn es im Sport ums Ganze geht: Profibasketballer treffen in Finalspielen mit ihren Freiwürfen deutlich schlechter als während der regulären Saison.

Die Währung des Lebens

Nach über einem Jahrzehnt Forschung darüber, was Leute glücklich macht, sind David Schkade und seine Kollegen zu einem Schluss gekommen: Die Währung des Lebens ist Zeit, nicht Geld. Wenn Menschen ihr Leben stark verändern, zum Beispiel in einen anderen Landesteil ziehen oder in Rente gehen, vergessen sie oft, ihr gesamtes Leben an die neuen Umstände anzupassen. Das erweist sich als schlimmer Fehler. Schkade erzählt, er habe während seiner Zeit in Texas einmal einen Autoaufkleber gesehen, der diese Philosophie perfekt auf den Punkt brachte: »Wenn du ♥ New York, nimm die I-30 nach Osten«.

In anderen Worten: Wenn Sie nach Texas ziehen, dann nutzen Sie auch die Vorteile, die Texas zu bieten hat. Jammern Sie nicht, dass dort keine so tolle Kunstszene wie in New York und keine so schönen Strände wie in L.A. zu finden sind. Versuchen Sie, sich mit Rodeo anzufreunden, mit dem örtlichen Basketballverein oder dem weiten offenen Land im Westen des Staates – oder Sie überkommt Trübsal.

Vielleicht geht es Ihnen ähnlich, ich fand diesen Tipp jedenfalls sehr naheliegend. Das erwähnte ich Schkade gegenüber.

»Klar, das sagt einem der gesunde Menschenverstand«, stimmte er mir zu. »Aber die Menschen halten sich einfach nicht daran.«

Es braucht Entschlossenheit und Disziplin, um sein Leben zu verändern. Selbst nach der Pensionierung machen viele Menschen den Fehler, ihre Zeit mit den gleichen alten Dingen zu verbringen wie früher auch, anstatt neue Dinge anzupacken, wie sie sich eigentlich vorgenommen hatten. Schkade erzählte, er selbst habe sich nach dem Umzug bewusst dazu gezwungen, die Vorteile eines Lebens im südlichen Kalifornien auszunützen. So spielt er heute mehr Golf als früher. Er baute auch ein Aussichtsdeck auf sein Hausdach, von dem er den Sonnenuntergang über dem Ozean beobachten kann. Und jeden Sonntagmorgen macht er mit seiner Frau einen Spaziergang am Strand. Denn letztlich, schärfte er mir noch einmal ein, kommt es nicht darauf an, wo man lebt, sondern wie man seine Zeit nutzt.

Das zu vergessen, wäre vielleicht der schlimmste Fehler überhaupt.

Dank

Dieses Buch beruht auf der Arbeit zahlreicher Wissenschaftler. Ihnen schulde ich größten Dank. Ganz besonders möchte ich denjenigen danken, die mir auch noch persönlich Rede und Antwort standen: Laura Beckwith, Marianne Bertrand, Alan Brown, Mike Conlin, Ed Cornell, Karen Daniel, Anders Ericsson, Tom Gilovich, Paul Green, Justin Kruger, Ellen Langer, George Loewenstein, Michael McCloskey, Vicki McCracken, Dan Montello, Dirk Neisser, Lynne Reder, Craig Roberts, David Schkade, Paul Schoemaker, Dan Simons, Alex Todorov, Barbara Tversky, Elke Weber und Jeremy Wolfe.

Besonders dankbar bin ich den Menschen, die mir ihr Zuhause öffneten und aus ihrem Leben erzählten. Vor allem möchte ich Jill Byrne danken, Norman Einstein, Claire Hewitt, Pete und Jen Marino sowie Tom Vander Molen, dessen Geschichte ich nie vergessen werde.

Auch meinen Agenten schulde ich großen Dank, Jane Dystel und Miriam Goderich. Sie haben sorgfältig an der Entstehung des Buchs mitgewirkt und mir währenddessen hochwillkommene Hinweise gegeben. Meine Hochachtung auch für meine Lektorin bei Broadway Books, Kris Puopolo. Ihre klugen Eingriffe und ihr guter Rat haben dieses Buch unmerklich aber unermesslich verbessert. Das Gleiche gilt für den unermüdlichen Einsatz von Stephanie Bowen bei Broadway. Für ihre Kommentare zu verschiedenen Teilen des Buchs schulde ich einigen alten Freunden wieder Dank: Greg Berg, Kevan Miller, und vor allem Jim Lloyd.

Zum Schluss noch ein notwendiges Eingeständnis: Jedes Buch über Fehler wird auch welche enthalten. Die gehen allein auf meine Kappe.

Weiterführende Literatur

Einleitung

Die Geschichte der Waliser in St. Brides stammt aus Byrne (2000). Zu den Neigungen von Rechtshändern, siehe Scharine und McBeath (2002). Zum Blau-Sieben-Phänomen siehe Simon (1971) und Simon und Primavera (1972), Kubovy (1977) sowie Kubovy und Psotka (1976). Mehr über die Macht des ersten Eindrucks finden Sie bei Kruger, Wirtz und Miller (2005) und Mathur und Kruger (2007). Zur Wirkung der Erwartungen auf das Gewicht von Lasterfahrern und Ballettänzerinnen, siehe Christiansen u. a. (1983); zum Wein von Norddakota siehe Hill (2006); zu Bauern und Klimawandel siehe Weber (1997). Mehr über vergessene Passwörter und PINs finden Sie bei Brown u. a. (2004). Zu Ablenkungen am Armaturenbrett siehe Kiley und Eldridge (2002), Vlasic (2008) und Wilson (2008).

Eine Zusammenfassung der Maßnahmen von Narkoseärzten findet man bei Hallinan (2005). Zur Effektivität von Preisen für Mehrfachpackungen siehe Wansink u. a. (1998). Die Einflussfaktoren beim Kauf von Kondomen wurden besprochen bei Wilson und Brekke (1994). Mehr zu den interessanten Auswirkungen von Schlafentzug finden Sie bei Belenky (1994 a und b) sowie Williamson und Feyer (2000). Über das Unterwasser-Gedächtnis berichteten Godden und Baddeley (1975). Zu Stimmung und Gedächtnis siehe Bower (1981). Über Kinderspaziergänge im Park finden Sie mehr bei Wilkinson (1988).

1. Kapitel: Wir sehen, nehmen aber nicht wahr

Manche Leute kaufen den *Playboy* also tatsächlich wegen der Artikel! Lesen Sie den ganzen Text des Interviews mit Burt Reynolds in Linderman (1979). Zu den Geschlechtsunterschieden bei Augenzeugenberichten siehe Powers, Andriks und Loftus (1979) sowie Loftus u. a. (1987). Die Wahrnehmungen von Rechtshändern werden geschildert in Scharine und McBeath (2002) sowie Martin und Jones (1999). Details zu Golfern und ihrem Blick beim Putten finden Sie bei Vickers (1992 und 1996); die Fixationsdauer wird in Janelle und Hillman (2003) beschrieben. Die faszinierenden Türen-Experimente zur Veränderungsblindheit finden Sie bei Simons und Levin (1998) sowie Levin und Simons (1997). Simons' Kommentare stammen aus einem Interview des Autors. Siehe auch Rensink u. a. (1997). Hewitts Kommentare stammen aus einem Interview des Autors.

Zur weitgehend automatischen Informationsverarbeitung, siehe Reason (1994). Zu *Turning the Tables* und anderen optischen Täuschungen siehe Shepard (1991) sowie Shepard und Cooper (1982). Hintergrundinfos zu Shepard und seinen Experimenten finden Sie auf www.nsf.gov/news/frontiers.archive/6-96/6illusio.jsp. Wolfes Kommentare stammen aus einem Interview des Autors. Mehr zum Bier im Kühlschrank-Problem bei Begley (2005) und Goldberg (2005). Die Erzählungen ehemals blinder Menschen stammen aus Senden (1960); aktuellere Ergebnisse über die »Seh«-Fähigkeit ehemals Blinder finden Sie bei Held u. a. (2008). Zu selten auftretenden Dingen wie Waffen in Fluggepäck siehe Wolfe u. a. (2005); und Boot u. a. (2006). Die Mammogramm-Quoten stammen aus Wolfe u. a. (2005); Fehlerquoten von Radiologen werden behandelt bei Berlin (2000), Lorentz u. a. (1999) und Muhm u. a. (1983). Die Fehlerquoten auf den Flughäfen L.A. und O'Hare stammen aus Frank (2007). Zahlen zu beschlagnahmten Waffen und andere Informationen finden Sie auf der Website der amerikanischen Heimatschutzbehörde: www.dhs.gov/xnews/releases/press_release_0578.shtm.

2. Kapitel: Wir alle suchen nach Bedeutung

Über die Erinnerung anhand von Jahrbuchfotos forschten Bahrick, Bahrick und Wittlinger (1975). Das bekannte Penny-Experiment stammt aus Nickerson und Adams (1979); die englische Version aus Jones (1990). Das Experiment zu Ann Collins und Bristol kommt aus Cohen und Faulkner (1986) und wird bei Young (1993) erzählt. Siehe dazu auch Cohen (1990). Ich verdanke Ann Killion die Geschichte von ihrem Interview mit Joe Theismann. Mehr zu Theismann und seiner Erinnerung an die Einsteins bei Wulf (1992). Eine Zusammenfassung der »Zungenspitzen-Experimente« finden Sie bei Brown (1991). Das Liza-Minelli-Beispiel stammt aus Yarmey (1973); mehr über das Lösen von Blockaden finden Sie bei Brennen u. a. (1990). Norman Einsteins Kommentare stammen aus einem Interview des Autors.

Details zu den Eigenschaften der berühmten Vergessenskurve bei Ebbinghaus (1885); die Grundzüge finden Sie auch bei Mook (2004). Die Geschichte des Langstreckenläufers mit dem fantastischen Gedächtnis wird erzählt bei Chase und Ericsson (1981). Die Umfrage unter 3 000 Leuten wird erwähnt bei Reuters (2007b). Tom Vander Molens Kommentare stammen aus einem Interview des Autors. Die Befragung der 400 Erwachsenen, die etwas Verlorenes wiedergefunden hatten, stammt aus Tenney (1984). Winograd und Soloway (1986) beschreiben, wie ungewöhnliche Verstecke sogar leichter vergessen werden. Das *New-York-Times*-Beispiel wird bei Campanelli (2006) erwähnt, die Rate des Vergessens von Passwörtern stammt aus Brown u. a. (2004). Siehe auch Brown und Rahal (1994). Zu Anrufen bei Helpdesks siehe Fielding (2003).

Zu größerer Verarbeitungstiefe und Zügen siehe Bower und Karlin (1974); zur Wiedererkennung von Zügen siehe Winograd (1976); und zur Bedeutung von Haar und anderen Faktoren bei der Wiedererkennung siehe Shepherd, Davies und Ellis (1981). Johnson u. a. (1991) schreiben über die Vorliebe Neugeborener für Gesichter. Ein interessantes Arbeitspapier zur Entdeckung von Wesenszügen aus Bildern stammt von Willis und Todorov (2006). Die Geschichte von June Siler beruht auf Gerichtsakten, Medienberichten und Mitschnitten eines Seminars, das Siler an der Northwestern University Law School abhielt. Siehe insbesondere Possley (2006). Eine Zusammenfassung der DNS-Beweis-Studie finden Sie in *Harper's* (2007). Mehr über die Erinnerung an hübsche Gesichter bei Cross, Cross und Daly (1971); und über die hässliche Fratze des Verbrechens und der Verbrecher bei Mocan und Tekin (2006) und Morin (2006).

3. Kapitel: Wir stellen Verbindungen her

Mehr über die Rückschlüsse auf Kompetenz allein aufgrund von Bildern bei Todorov u.a (2005) sowie Willis und Todorov (2006). Die West-Point-Studie ist von Mueller und Mazur (1996); die Studie über kindlich aussehende Menschen stammt von Montepare und Zebrowitz (1998). Die subtile Veränderung der Attraktivität von Gesichtern während der Menstruation wird von Roberts u. a. (2004) beschrieben. Die Studie der Erotik-Tänzerinnen stammt von Miller, Tybur und Jordan (2007); die Auswirkung von Düften untersuchte Spangenberg u. a. (2006). Über teuren Wein forschten Plassman und Kollegen (2008); die Erkenntnisse über das 2,50-Dollar-Placebo stammen aus Waber u. a. (2008). Frank und Gilovich (1988) haben den Zusammenhang zwischen geahndeten Fouls und schwarzen Trikots untersucht. Kruger, Wirtz und Miller (2005) haben in ihrer Studie neues Licht auf die seit Ewigkeiten schwelende Frage geworfen, ob wir bereits angekreuzte Antworten im Zweifelsfall nochmal ändern sollten. Eine Übersichtsstudie finden Sie in Prinsell u. a. (1994). Zum Ziegenproblem siehe Gilovich u. a. (1995).

4. Kapitel: Wir tragen rosarote Brillen

Die Geschichte von Steve Wynn und seinem durchstoßenen Picasso-Bild ist häufig dokumentiert. Zu Ephrons Erzählung siehe Zambito (2007), Clarke (2006) und Paumgarten (2006). Die Ohio-Wesleyan-Studie ist von Bahrick u. a. (1996), und wird bei Neisser und Hyman (2000) nacherzählt. Zu Eltern und ihren Erinnerungen an ihre Erziehungsmethoden siehe Robbins (1963). Das Kahneman-Zitat stammt aus Schrage (2003). Eine ausführlichere Behandlung von John Deans Aussage finden Sie bei Neisser (1981); einige der Kommentare von Neisser und Dean stammen aus Interviews des Verfassers.

Das Zitat aus Wohlstetter (1962) findet sich auf S. 387. Die bahnbrechenden Studien zum Rückschaufehler sind von Fischhoff und von Beyth (1975) sowie Fischhoff (1975). Eine Zusammenfassung der Weiterentwicklungen finden Sie in Fischhoff (2007). Zur Zahl der Sexualpartner siehe Brown und Sinclair (1999), die aktuellsten Zahlen für die Vereinigten Statten stammen aus Fryar u. a. (2007). Details dazu, wie Zocker sich an ihre Wetten erinnern, stammen aus Gilovich (1983) und einem Interview des Autors.

Zu Wählern und ihren Eindrücken siehe Ballew und Todorov (2007) sowie Todorov u. a. (2005). Einen amüsanten Blick auf den Splitter im Auge der anderen wirft Gilbert (2006). Details zum Arzneimittelkonsum der Amerikaner stammen aus U.S. Department of Health and Human Services (2004). Die Zahlen zu den Kosten neuer Medikamente sind entnommen aus National Institute for Health Care Management (2002). Zu den Ausgaben der Pharmaindustrie pro Arzt siehe Gibbons u. a. (1998). Zur Offenlegung von Interessenkonflikten bei Orthopäden siehe Armstrong (2007). Das Experiment, das zeigt, dass die Offenlegung von Interessenkonflikten nichts nützt, wird bei Cain, Loewenstein, und Moore (2005) beschrieben; siehe auch Dunleavey (2007). Mehr zu Moral licensing bei Monin und Miller (2001). Loewensteins Kommentare stammen aus einem Interview des Autors.

5. Kapitel: Wir können gleichzeitig gehen und Kaugummi kauen – aber nicht viel mehr

Der Absturz von Flug 401 ist dokumentiert in National Transportation Safety Board (1973). Mehr über CFITs bei Shappell und Wiegmann (2001 und 2003) und *Air Safety Week* (2005). Statistiken über CFITs finden Sie bei Matthews (1997). Zu den Erfahrungen der Air Force mit CFITs siehe Moroze und Snow (1999). Zur ständigen Unterbrechung von Büroangestellten siehe Gonzalez und Mark (2004). Die Schwierigkeiten beim Multitasking werden beschrieben bei Klein (2007) und Pashler (1994), ebenso bei Jiang (2004) und Jiang u. a. (2004). Zu den versteckten Kosten des Hin- und Herspringens siehe Einstein u. a. (2003); die 15 Minuten, bis man sich wieder vertieft hat, stammen aus Douglas u. a. (2005). Das Detail zu den Microsoft-Leuten erzählt Lohr (2007).

Die Studie der Armee ist von Middlebrooks, Knapp und Tillman (1999). Der Klassiker zur Unaufmerksamkeitsblindheit ist von Mack und Rock (1998). Die Details zum Busunfall sind enthalten in National Transportation Safety Board (2006a) sowie in Gowen und Arzua (2004). Zur Ablenkung von Fahrern siehe Dingus u. a. (2006) sowie Klauer u. a. (2006). Klauers Kommentare stammen aus einem Interview des Autors. Zu den Eingabezeiten in Navigationsgeräte siehe Tsimhoni, Smith und Green (2004). Zur Ablenkung von Fahrern und deren Rolle bei Unfällen siehe Wang u. a. (1996). Der tödliche Unfall in New York wird bei Vlasic (2008) detailliert geschildert. Zu Nachtsichtgeräten in Autos siehe Welsh (2008); zur Ablenkung am Armaturenbrett ganz allgemein siehe Kiley und Eldridge (2002), Wilson (2008) und Vlasic (2008). Nardellis Kommentare sind entnommen aus Maynard (2007). Mehr zu Sync, mit Kommentaren von Gates und Fields, finden Sie auf www.Syncmyride.com. Mehr dazu, wie Systeme, bei denen man die Hände frei hat, sich auf die Fahrleistungen auswirken, finden Sie bei Harbluk, Noy und Eizenman (2002).

Mehr zu den Grenzen des Multitasking allgemein und dem Stroop-Effekt im Besonderen bei Manhart (2004). Zu Ablenkungen und BLIS siehe Mateja (2007). Zum wachsenden Anteil älterer Fahrer siehe U.S. Government Accountability Office (2007). Wolf (1967) schreibt über die Verengung des Gesichtsfelds im Alter. Details zur Dauer, bis man sich nach einer Unterbrechung wieder konzentrieren kann und zu den Gefahren einer Unterbrechung finden Sie bei Monk u. a. (2004). Mehr über die Arbeitsbelastung von Fahrern bei Recarte und Nunes (2000 und 2003). Details zu Volvos Intelligent Driver System und ähnlichen Systemen findet man bei Green (2004) sowie bei Peirce und Lappin (2006). Die Zahl der Trucks habe ich dem

Statistical Abstract of the United States 2006 entnommen. Die Details des Unfalls von Linda Camacho stammen aus Gerichtsdokumenten und aus einem ausführlichen Artikel bei Jones u. a. (2006). Details zum E-Mail-System von Qualcomm stammen aus Unternehmensdokumenten bei der Börsenaufsicht.

6. Kapitel: Wir ordnen falsch ein

Zu den Berichten über den Van-Iveren-Vorfall siehe Doege (2007) sowie Doege und Rinard (2007). Der Framing-Effekt beim Weinkauf wird bei North u. a. (1997) knapp zusammengefasst. Eine gute Übersicht über die Arbeiten von Kahneman und Tversky lassen sich in Mook (2004) finden. Slovics Kommentare sind entnommen aus Kluger (2006). Die Studie über Trainerentscheidungen beim vierten Versuch wurde veröffentlicht in Romer (2006).

Zu Framing-Effekten beim Einkaufen siehe Mindlin (2007) und Morewedge, Holtzman und Epley (2007). Der EntreMed-Fall wurde von Huberman und Regev (2001) detailliert beschrieben; die Explosion des Aktienkurses wurde von Fisher (1998) dargestellt; der Artikel in *Nature* ist von Boehm u. a. (1997). Den Zusammenhang zwischen Geburten und Betäubung findet man bei Christensen-Szalanski, (1984). Die Abbestellungen bei Jenny Craig wurden in Barnes und Petersen (2001) dargestellt. Für einen interessanten Blick auf die Auswahl von Trashfilmen und Junkfood siehe Read, Loewenstein und Kalyanaraman (1999) sowie Read und van Leeuwen (1998). Für den weiteren Kontext, wie Zeit unsere Entscheidungen beeinflusst, siehe Ferraro u. a. (2005); zu Zeit und Diäten siehe Herman und Polivy (2003). Die Forschungen zu Katalogbestellungen von warmer Kleidung werden in Conlin, O'Donoghue und Vogelsang (2006) vorgestellt. Die Informationen zu den südafrikanischen Kreditbriefen mit Bildern schöner Frauen stammen aus Bertrand u. a. (2006); Mullainathans Kommentare stehen bei Lambert (2006).

Mehr über die Macht von Ankern finden Sie bei Strack und Mussweiler (1997). Viel wurde über die Preise in Lebensmittelläden geschrieben; zu einem der interessanteren Aspekte des Framing siehe DelVecchio u. a. (2007). Zum Gebrauch von Informationen je nach Art der Präsentation siehe Payne, Bettman und Johnson (1993). Zur Reihenfolge der Kandidaten bei Wahlen siehe Ho und Imai (2006). Zum Wert des ersten Angebots in einer Verhandlung siehe Galinsky und Mussweiler (2001). Zum Multiple-Unit-Pricing siehe Wansink u. a. (1998). Angesichts der Immobilienkrise in Amerika liest sich die Studie von Northcraft und Neale (1987) heute noch interessanter als vor zwanzig Jahren. Zur Wirkung von Sonderangeboten in Lebensmittelläden siehe Jargon, Zimmerman und Kesmodel (2008). Wie man Verankerungseffekte vermeidet, steht bei Mussweiler, Strack und Pfeiffer (2000).

7. Kapitel: Wir sind Querleser

Zur Einhorn-Geschichte siehe Raghavan (2004); die Korrektur erfolgte eine Woche später. Zum Überleben des Buchstabens *e* siehe Corcoran (1967). Zum Wegdämmern der Anleger an Freitagen siehe DellaVigna und Pollet (2008). Zum Vom-Blatt-Spielen siehe Sloboda (1988). Die Geschichte über Boris Goldovsky wurde aus Wolf (1976) entnommen. Die NASA-Korrektur wurde von Agence France Press (2008) gemeldet; der Fehler im Smithsonian von Associated Press (2008). Zur Geschichte des russischen U-Boots siehe Parfitt (2007). Der Halloween-Selbstmord wurde berichtet von Merriweather (2005) und Associated Press (2005). Die Waschanleitung stammt von Bransford und Johnson (1972). Die Forschung über Spaziergänge von Kindern im Park wurde von Wilkinson (1988) durchgeführt; das Unterwasser-Gedächtnis steht bei Godden und Baddeley (1975); und die Studie über die Erinnerungsfähigkeit glücklicher Menschen ist von Bower (1981).

8. Kapitel: Wir mögen es gern aufgeräumt

Zu Verzerrungen von Landkarten siehe die Arbeit von Tversky, insbesondere ihr Forschungsbericht von 1981. Milgrams Forschungen wurden in Milgram (1974) sowie Milgram und Jodelet (1976) detailliert beschrieben. Zur Orientierung von Bienen siehe Srinivasan u. a. (1996) sowie Esch und Burns (1996). Einen weiteren Kontext zur Tilgung unliebsamer Details aus dem Gedächtnis finden Sie bei Fischhoff und Beyth, (1975). »Der Krieg der Geister« stammt aus Bartlett (1964). Mehr dazu, was einen Preis einprägsam macht, bei Mindlin (2006) und Vanhuele u. a. (2006). Details zur Erinnerung an den Text der amerikanischen Nationalhyme und zur Rolle der Musik ganz allgemein geben Rubin (1977 und 1994) sowie Wallace und Rubin (1998a und b). Details zur Schwierigkeit wortgetreuer Wiedergabe finden Sie bei Wade und Clark (1993). Zu Unwahrheiten in Gesprächen siehe DePaulo u. a. (1996), Tversky und Marsh (2000), Feldman u. a. (2002), Dudokovich u. a. (2004) und Tversky (2004).

9. Kapitel: Männer schießen früher

Zu finnischen Autofahrern und ihrem Anlageverhalten siehe Grinblatt und Keloharju (2008). Zu Anlegern, die am agilsten sind und am wenigsten verdienen, siehe Barber und Odean (2000). Zu den verschiedenen Renditen von Männern und Frauen siehe Barber und Odean (2001). Die Selbsteinschätzungen beim IQ von Männern und Frauen finden Sie bei Reilly und Mulhern (1995). Zur Überschätzung der eigenen Attraktivität siehe Gabriel, Critelli und Ee (1994). Zu den Schülerinnen, die ihre Mathenoten unterschätzen, siehe Beyer (1998). Mehr darüber, wie Männer und Frauen Kriege anzetteln, finden Sie bei Johnson u. a. (2006). Tenets todsichere Sache-Zitat stammt aus Leibovich (2004).

Die Studie zur Fähigkeit von Soldaten, Freund und Feind auseinanderzuhalten, stammt von Johnson und Merullo (1999). Mehrere Studien haben die größere Risikoscheu von Frauen untersucht; eine der aktuelleren, Harris, Jenkins und Glaser (2006), erwähnt höhere Todesraten für Männer durch Ertrinken oder Vergiftung. Eine breitere Darstellung von Elke Webers Forschung finden Sie bei Weber, Blais und Betz (2002). Interessante Studien zu den Lügen von Männern und Frauen sind Feldman, Forrest und Happ (2002) sowie DePaulo u. a. (1996). Eine Übersicht über die Unterschiede von Studentinnen und Studenten steht bei Maccoby und Jacklin (1974), S.154. Zum Los-Experiment siehe Langer (1975).

Zu Frauen und Computern siehe Beckwith (2007a) und Associated Press (2007b). Navigationsfehler und die Unterschiede zwischen Autofahrerinnen und -fahrern werden bei King (1986) detailliert besprochen. Zur Orientierungsfähigkeit von Jungen und Mädchen siehe die Artikel und Bücher von Ed Cornell und Kollegen, die im Literaturverzeichnis angegeben sind. Sie diskutieren das faszinierende Konzept des Aktionsradius von Kindern, ebenso wie Matthews (1987 und 1992). Zum Erfolg von Männern und Frauen beim Finden von Wegen siehe Cornell, Soreneson und Mio (2003). Zum Richtungssinn, zur Verwirrung durch die Umgebung und verschiedene Wegsuchstrategien von Männern und Frauen siehe die Forschungsberichte von Carol Lawton sowie Choi u. a. (2006) und Dabbs u. a. (1998). Die Kommentare von Beckwith und Montello stammen aus Interviews des Autors.

10. Kapitel: Wir halten uns alle für überdurchschnittlich

Zur Princeton-Studie siehe Gilbert (2006). DellaVignas Kommentare stammen aus einem Interview des Autors. Zum Putting-Range-Beispiel siehe Burson (2007) und Wu (2007). Details zu den Erfolgen mit NutriSystem stammen aus Hallinan (2007). Informationen zu den Kunden von NutriSystem stammen aus bei der Börse eingereichten Unterlagen der Firma. Warum wir bezahlen, um nicht zum Sport zu gehen, beschreiben DellaVigna und Malmendier (2005). Den Zusammenhang zwischen Selbstüberschätzung und Lock-Zinsen bei Kreditkarten beschreiben Ausubel (1999) und DellaVigna (2007b) detailliert.

Die Treffsicherheit in der US-Army wurde von Schendel u. a. (1983) dokumentiert. Die schlechte Kalibrierung der Studenten an der University of Wisconsin wird berichtet von Glenberg und Epstein (1985). Über die gute Kalibrierung von Meteorologen wurde viel geschrieben; ausführlich wird das Thema bei Murphy und Winkler (1984) behandelt. Zur Geschichte der Wettervorhersage mit Wahrscheinlichkeiten siehe Hallenbeck (1920). Mehr über die Bedeutung von Feedback finden Sie bei Norman (1988) und Biederman (1987). Zu den Reaktionen von Männern und Frauen auf negative Feedback siehe Beyer (1998), Roberts (1991) sowie Roberts und Nolen-Hoeksema (1989). Informationen über Dexter Shoe stehen in Warren Buffetts Briefen an die Aktionäre von Berkshire Hathaway in den Jahren 1993 und 2007, archiviert auf der Website des Unternehmens.

Zur Kontrollillusion siehe Langer (1975). Mehr über die Verführungskraft von Informationen bei Reder und Anderson (1980); dort wird gezeigt, dass Zusammenfassungen den ausführlichen Texten überlegen sind. Der Abschnitt über Jill Byrne entstand nach einem persönlichen Interview auf der Rennbahn. Slovics Studie von 1973 über Pferderennexperten ist ein Klassiker und auf seiner Homepage nachzulesen: www.decisionresearch.org/people/slovic/. Die Prahlerei des D.-R.-Horton-Chefs wurde festgehalten von Hagerty und Dunham (2005); die Daten über den Verlust des Unternehmens stehen bei Corkery (2007). Russo und Schoemaker haben ein kluges Buch über die Entscheidungsprozesse von Managern geschrieben: *Decision Traps* (1990). Darauf folgte 1992 ein gemeinsames Paper zum Umgang mit Selbstüberschätzung.

11. Kapitel: Wir schummeln uns durch

Details der PGA-Studie über die Tücken des Puttens wurden Diaz (1989) entnommen. Mehr zu den erbärmlichen Resultaten von Börsenanalysten und anderen Menschen, die sich überschätzen, bei DellaVigna (2007b) sowie Dremen und Berry (1995). Zu klinischen Psychologen und ihren Sekretärinnen siehe Menand (2005). Colin Camerers Beurteilung stammt aus Camerer und Johnson (1991); mehr zum Thema finden Sie bei Bishop und Trout (2002), Dawes u. a. (1989) sowie Goldberg (1968). Zu den Voraussagen von Politikexperten und ihrer fehlenden Bescheidenheit siehe Tetlock (1998).

Ericssons Kommentare stammen teilweise aus einem Interview des Autors; mit der Zeit entwickelten sich seine Schriften über Expertise zu Klassikern. Siehe insbesondere Ericsson und Smith (1991). Mehr zur Rolle des IQ und angeborener Charakteristika finden Sie bei Starkes und Ericsson (2003), und, in erster Linie, bei Ericsson u. a. (2007). Es handelt sich um eine exzellente Übersicht über Expertise im Sport und liefert interessante Informationen über die Wiedererkennung von Mustern. Zu Details über das Gedächtnis von Schachmeistern siehe Chase und Simon (1973) sowie Charness (1991). Zur Korrektur von Druckfehlern während des Vom-Blatt-Spielens siehe Ericsson und Smith (1991), S. 31 und S. 156.

Eine Übersicht über Tolmans Arbeit steht bei Mook (2004), doch Tolmans Paper von 1948 ist sechzig Jahre später immer noch faszinierend. McConnells Erlebnis in der siebten Klasse schildert er in seinem Buch von 1996, *Rapid Development*. Das Stecker-Beispiel stammt aus Hull, Wilkins und Baddeley (1988). Das Erinnerungsvermögen von Geschworenen wird beschrieben bei Hastie, Schkade und Payne (1999). Die Nagel-Pistolen-Zahlen stammen aus *Morbidity und Mortality Weekly Report* (2007). Zur Anzahl leicht unterscheidbarer Objekte siehe Norman (1988). Die Rolle von Cissell und die Einführung von Kleidungsetiketten wurden beschrieben bei Akst (2001). Die Dicke des Mercedes-Handbuchs stammt aus Sabatini (2006). Das Subaru-Beispiel kommt aus Mayer (2002). Daten zur Anzahl falsch installierter Kindersitze liefert die National Highway Traffic Safety Administration (2006, 2004 und 1986); Decinas Kommentare stammen aus einem Interview des Autors.

Viel ist über den Straight-down-Effekt geschrieben worden; zur Originalforschung siehe McCloskey, Washburn und Felch (1983). Interessante Lektüre zum intuitiven Verständnis bewegter Körper und vornewtonscher Physik finden Sie in McCloskeys Artikel von 1983 im *Scientific American*. Die Wasserexperimente werden in

Mook (2004) schön beschrieben. Die Originale dazu sind Luchins und Luchins (1950) sowie Luchins (1942). Details zur Aufgabe mit Kerze und Reißnägeln finden Sie bei Duncker (1939).

12. Kapitel: Wir schränken uns nicht ein

Mehr zu Beschränkungen und Affordanzen bei Norman (1988) und Gibson (1982). Die erschreckende Geschichte der Quaid-Zwillinge habe ich der *Los Angeles Times* (2007 und 2008) entnommen. Details zu EDTA findet man bei Dooren (2008). Der Abschnitt über Funkfeuer stützt sich stark auf McCartney (2006). Mehr zum iDrive-System von BMW bei Meiners (2004) und Cobb (2002). Zu den Verbesserungen bei den Heparin-Ampullen und den Veränderungen im Methodist Hospital siehe Landro (2008). Zur Markierung des Operationsbereichs siehe Davis (2006). Die Bartender-Studie kommt von Beach (1988).

Die Studie zu Marinefliegern und Ärzten stammt von Gaba u. a. (2003). Mehr zum »goldenen Zeitalter der Fliegerei« finden Sie bei Wald (2007). Fehldiagnosen und Autopsien werden diskutiert bei Leonhardt (2006), Brownlee (2007), Shojania u. a. (2003) und Lundberg (1998). Die Aussagen von Piloten und Chirurgen darüber, ob man Vorgesetzte auf Dinge hinweisen darf, stammen aus Sexton u. a. (2000). Mehr zur Entwicklung des Crew Resource Management und zum Absturz in Portland bei McCartney (2005) und National Transportation Safety Board (1979). Charles Vincents Fallstudie wird in Vincent (2003) vorgestellt.

13. Kapitel: Woanders ist es immer schöner

Auf Schkades und Kahnemans Studie von 1998 folgten zwei weitere wichtige Veröffentlichungen: Kahneman u. a. (2004) sowie Kahneman u. a. (2006). Loewenstein und Schkade verfassten 2003 auch gemeinsam das Paper »Wouldn't it be nice? Predicting Future Feelings.« Es enthält Beispiele von Rauchern und Krebspatienten. Mehr zu Rabatten bei Grow (2005). Mehr zu nicht verwendeten Geschenkgutscheinen bei Merrick (2008), Deloitte (2007), Clothier (2006) und TowerGroup (2006); mit einer interessanten Wendung bei Thurm und Tam (2008). Zur Einführung in die Ehegatten siehe Davis, Hoch und Ragsdale (1986). Unsere Vorliebe für korrigierbare Ergebnisse wird von Gilbert und Kollegen geschildert, deren lesenswerte und oft witzige Forschungsberichte in der Literaturliste aufgeführt werden. Zu Details der Kolostomie-Studie siehe Smith, Loewenstein u. a. (2007). Zum Glücksgefühl Behinderter siehe Diener und Diener (1996). Zu Rabatten aus Sicht des Kunden siehe Barlyn (2007); ein bezeichnendes Beispiel für die Macht von Rabatten finden Sie bei Miller (2006).

Schlussfolgerungen

Mehr über unleserliche Ärzte-Handschriften bei Caplan (2007). Zu Studien über Kinder und Erwachsene, die keine Fehler ertragen, siehe Tugend (2007) und, allgemeiner, Dweck, (1999). Das Shell-Beispiel entstammt Russo und Schoemaker (1992). Über die Kraft negativen Denkens siehe Gawande (2007). Das Verbot von iPods und ähnlichen Geräten bei Läufen wird von Macur (2007) erwähnt. Die CIA-Studie kommt von Heuer (1999).

Die Auswirkungen von Schlafentzug werden diskutiert bei Harrison und Horne (2000), Williamson und Feyer (2000), Pilcher und Huffcutt (1996), Belenky (1994a und b) sowie Haslam und Abraham (1987). Zum Essen im Schlaf siehe Beck (2008). Zu einschlafenden Piloten siehe Levin und Heath (2007). Zu JetBlues Experiment siehe Pasztor und Carey (2006). Die Bemühungen von Continental und American werden bei Pasztor (2007) beschrieben. Zu schläfrigen Ärzten siehe Fackelmann (2006) und Barger u. a. (2006).

Der Einfluss des Glücksgefühls wird in den Forschungsberichten von Isen und Kollegen besprochen. Zum Zusammenhang zwischen Glück und Kreativität siehe auch Greene und Noice (1988). Eine hervorragende Übersicht über die Experimente zum Einfluss finanzieller Anreize auf das menschliche Verhalten finden Sie bei Camerer und Hogarth (1999). Siehe auch Read (2005) und Hertwig, Pachur und Kurzenhauser (2005). Mehr zum Unterschied zwischen verbissener und intelligenter arbeiten bei Payne, Bettman und Johnson (1993), siehe insbesondere S. 111 und S. 156 f. Zum Ertragen von Schmerz in Eiswasser siehe Baker und Kirsch (1991). Das Pupillen-Erweiterungs-Experiment wird bei Kahneman und Peavler (1969) geschildert. Die Freiwurfquoten von Basketballprofis werden in Camerer (1998) besprochen. Schkades Kommentare stammen aus einem Interview des Autors.

Verwendete Quellen

Adams, Richard J. und Ericsson, K. Anders (1992). *Introduction to Cognitive Processes of Expert Pilots.* U.S. Department of Transportation, Federal Aviation Administration, Report No. DOT/FAA/RD-92/12.

Agence France Press (2008). 13-jähriger deutscher Schuljunge korrigiert Asteroiden-Zahlen der NASA. 15. April.

Ahlers, Mike M. (2007). Air controller fatigue contributed to 4 mishaps. *CNN.com*, 11. April.

Air Safety Week (2005). Despite Headway, CFIT Remains Persistent, Deadly Threat, 19 (2), 10. Jan.

Akst, Daniel (2001). Read the Instructions. *The Industry Standard*, 11. Juni.

Alexander, Amy L.; Nygren, Thomas E. und Vidulich, Michael A. (2000). Examining the Relationship Between Mental Workload and Situation Awareness in a Simulated Air Combat Task. *Air Force Research Laboratory*, Wright-Patterson Air Force Base, Dayton, Ohio.

Anderson, Jenny und Bajaj, Vikas (2008). Merrill Tries to Temper The Pollyannas in Its Ranks. *New York Times*, 15. Mai.

Ariely, Dan und Wertenbroch, Klaus (2002). Procrastination, Deadlines, and Performance; Self Control by Precommitment. *Psychological Science*, 13 (3), 219-224.

Arkes, Hal R.; Dawes, Robyn M. und Christensen, Caryn (1986). Factors Influencing the Use of a Decision Rule in a Probabilistic Task. *Organizational Behavior and Human Decision Making*, 37, 93-110.

Arkes, Hal R. (1991). Costs and Benefits of Judgment Errors: Implications for Debiasing. *Psychological Bulletin*, 110 (3), 486-498.

Arkes, Hal R. u. a. (1981). Hindsight Bias Among Physicians Weighing the Likelihood of a Disease. *Journal of Applied Psychology*, 66, 252-254.

Armstrong, David (2007). Your Doctor's Business Ties Are Your Business, Too. *The Wall Street Journal*, 20. Nov.

Associated Press (2005). »Body hanging from tree mistaken for Halloween decoration.« 28. Okt.

Associated Press (2007a). *FDA says pills can cause ›sleep-driving.‹* 14. März.
Associated Press (2007b). Subtle software changes may narrow gender gap. *Chicago Tribune*, 24. Sept.
Associated Press (2008). *5th-grader finds mistake at Smithsonian*. 3. Apr.
Atchley, P. und Dressel, J. (2004). Conversation Limits the Functional Field of View. *Human Factors*, 46 (4), 664-673.
Ausubel, Lawrence M. (1999). Adverse Selection in the Credit Card Market, Working Paper, University of Maryland.
Bahrick, H.P.; Bahrick, P.O. und Wittlinger, R.P. (1975). Fifty Years of Memory for Names and Faces: A Cross-Sectional Approach. *Journal of Experimental Psychology: General*, 104 (1), 54-75.
Bahrick, Harry P.; Hall, Lynda K. und Berger, Stephanie A. (1996). Accuracy and Distortion in Memory for High School Grades, *Psychological Science*, 7, 265-271.
Baker, S.L. und Kirsch, I. (1991). Cognitive Mediators of Pain Perception and Tolerance. *Journal of Personality and Social Psychology*, 61, 504-510.
Ballew, Charles C. II und Todorov, Alexander (2007). Predicting political elections from rapid and unreflective face judgments. *Proceedings of the National Academy of Sciences*, 104 (46), 17948-17953.
Barber, Brad M. und Odean, Terrance (2000). Trading is Hazardous to Your Wealth: The Common Stock Investment Performance of Individual Investors. *Journal of Finance*, 55 (2), 773-806.
Barber, Brad M. und Odean, Terrance (2001). Boys Will Be Boys: Gender, Overconfidence and Common Stock Investment. *Quarterly Journal of Economics,* February, 261-292.
Barber, Brad M. und Odean, Terrance (2008). All that Glitters: The Effect of Attention and News on the Buying Behavior of Individual and Institutional Investors. *Review of Financial Studies,* 21, 785-818.
Barger, Laura K. u. a. (2006). Impact of Extended-Duration Shifts on Medical Errors, Adverse Events, and Attentional Errors. *Public Library of Science – Medicine* (Internet).
Barlyn, Suzanne (2007). Cranky Consumer: Waiting for Rebate Checks to Arrive. *The Wall Street Journal*, 10. Mai.
Barnes, Brooks, und Petersen, Andrea (2001). As Priorities Change, Some Question Why They Eschew the Fat. *The Wall Street Journal*, 5. Okt.
Barras, Colin (2008). ›Sexy‹ voice gives fertile women away. *New Scientist*, 1. Mai.

Bartlett, F.C. (1964). *Remembering: A study in experimental and social psychology.* Cambridge: Cambridge University Press.

Bateman, Don (2008). Persönliche Korrespondenz.

Beach, King D. (1988). The Role of External Mnemonic Symbols in Acquiring an Occupation. In: Gruneberg, M.M., Morris, P.E., Sykes, R.N. (Hrsg.) *Practical Aspects of Memory: Current Research and Issues*, Bd. 1: *Memory in Everyday Life*, Chichester: Wiley.

Beck, Melinda (2008). To Cut Risks of Sleeping Pills, Hide Car Keys, Unplug Phone. *The Wall Street Journal*, 6. Mai.

Beckwith, Laura A. (2007a). Gender HCI Issues in End-User Programming. Dissertation an der Oregon State University.

Beckwith, Laura A. (2007b). Interview des Autors.

Begley, Sharon (2005). Security's blind spot. *The Wall Street Journal*, 30. Dez.

Belenky, Gregory u. a. (1994a). Subjective Fatigue of C-141 Aircrews during Operation Desert Storm. *Human Factors*, 36 (2), 339-349.

Belenky, Gregory u. a. (1994b). The Effects of Sleep Deprivation on Performance During Continuous Combat Operations. In: Marriott, B. (Hrsg.) *Food Components to Enhance Performance.* Washington, D.C.: National Academy Press.

Berlin, Leonard (2000). Hindsight Bias. *American Journal of Roentgenology*, 175, 597-601.

Bertrand, Marianne (2007). Interview des Autors.

Bertrand, Marianne, Karlan, Dean, Mullainathan, Sendhil, Shafir, Eldar und Zinman, Jonathan (2006). Pricing Psychology: A Field Experiment in the Consumer Credit Market. Forschungsbericht, University of Chicago.

Beyer, Sylvia (1998). Gender Differences in Self-Perception and Negative Recall Biases. *Sex Roles*, 38 (1/2), 103-133.

Biederman, Irving (1987). Recognition-by-Components: A Theory of Human Image Understanding. *Psychological Review*, 94, 115-147.

Bishop, Michael A. und Trout, J.D. (2002). 50 Years of Successful Predictive Modeling Should Be Enough: Lessons for Philosophy of Science. *Philosophy of Science*, 69, S197-S208.

Blackstone, John (2008). Bringing back bridge. *CBS News*, 16. Feb., online bei *cbsnews.com*.

Blass, Thomas (2004). *The Man Who Shocked the World: The Life and Legacy of Stanley Milgram.* New York: Basic Books.

Boehm, Thomas u. a. (1997). Antiangiogenic therapy of experimental cancer does not induce acquired drug resistance. *Nature*, 390, 404-407.

Bonner, Sarah E.; Young, S. Mark und Hastie, Reid (1996). Financial incentives and performance in laboratory tasks: the effects of task type and incentive scheme type. Unveröffentlichtes Manuskript. University of Southern California Department of Accounting.

Boot, Walter R. u. a. (2006). Detecting Transient Changes in Dynamic Displays: The More You Look The Less You See. *Human Factors*, 48 (4), 759-773.

Bower, G. H. (1981). Mood and Memory. *American Psychologist*, 36, 129-148.

Bower, G. H. und Karlin, M. H. (1974). Depth of Processing Pictures of Faces and Recognition Memory. *Journal of Experimental Psychology*, 103, 751-757.

Boynton, Robert D.; Blake, Brian F. und Uhl. Joe N. (1983). Retail Price Reporting Effects in Local Food Markets, *American Journal of Agricultural Economics*, 65 (1), 20-29.

Bransford, John D. und Johnson, Marcia K. (1972). Contextual Prerequisites for Understanding: Some Investigations of Comprehension and Recall. *Journal of Verbal Learning and Verbal Behavior*, 11, 717-726.

Brennen, Tim u. a. (1990). Resolving semantically induced tip-of-the-tongue states for proper nouns. *Memory & Cognition*, 18 (4), 339-347.

Brouwer, W. u. a. (1991). Divided Attention in Experienced Young and Older Drivers: Lane Tracking and Visual Analysis in a Dynamic Driving Simulator. *Human Factors*, 33, (5), 573-582.

Brown, Alan S. (1991). A review of the tip-of-the-tongue experience. *Psychological Bulletin*, 109 (2), 204-223.

Brown, Alan S. und Rahal, Tamara A. (1994). Hiding Valuables: A Questionnaire Study of Mnemonically Risky Behavior. *Applied Cognitive Psychology*, 8, 141-154.

Brown, Alan S. u. a. (2004). Generating and Remembering Passwords. *Applied Cognitive Psychology*, 18, 641-651.

Brown, Alan S. (2007). Interview des Autors.

Brown, Norman R. und Sinclair, Robert C. (1999). Estimating Number of Lifetime Sexual Partners: Men and Women Do It Differently. *The Journal of Sex Research*, 36 (3), 292-297.

Brownlee, Shannon (2007). *Overtreated: Why Too Much Medicine Is Making Us Sicker and Poorer.* New York: Bloomsbury USA

Bruce, Vicki und Young, Andy (1998). *In the Eye of the Beholder: The Science of Face Perception.* Oxford: Oxford University Press.

Burson, Katherine A. (2007). Consumer-Product Skill Matching: The Effects of Difficulty on Relative Self-Assessment and Choice. *Journal of Consumer Research*, 34, 104-110.

Byrne, Caroline (2000). Confused vigilantes attack doctor's home. *Chicago Sun-Times*, 31. Aug.

Byrne, Jill (2007). Interview des Autors.

Cain, Daylian M.; Loewenstein, George und Moore, Don A. (2005). The Dirt on Coming Clean: Perverse Effects of Disclosing Conflicts of Interest. *Journal of Legal Studies*, 34, 1-25.

Camerer, Colin (1998). Behavioral economics and nonrational decision making in organizations. In: Halpern, J. und Sutton, B. (Hrsg.) *Decision Making in Organizations*. Ithaca, N.Y.: Cornell University Press.

Camerer, Colin; Babcock, Linda; Loewenstein, George und Thaler, Richard (1997). Labor Supply of New York City Cabdrivers: One Day at a Time. *Quarterly Journal of Economics*, 112, 407-441.

Camerer, Colin und Hogarth, Robin (1999). The Effects of Financial Incentives in Experiments: A review and capital-labor-production framework. *Journal of Risk and Uncertainty*, 19, 7-42.

Camerer, Colin und Johnson, Eric J. (1991). The process-performance paradox in expert judgment: How can experts know so much and predict so badly? In: Ericsson, K. Anders und Smith, Jacqui (Hrsg.) *Toward a General Theory of Expertise: Prospects and Limits.* Cambridge: Cambridge University Press.

Camerer, Colin; Loewenstein, George und Weber, Martin (1989). The Curse of Knowledge in Economic Settings: An Experimental Analysis. *Journal of Political Economy*, 97 (5), 1232-1254.

Camerer, Colin und Lovallo, Dan (1999). Overconfidence and Excess Entry: An Experimental Approach. *American Economic Review*, 89 (1), 306-318.

Campanelli, John (2006). I forget my password! With more and more codes to clutter our brains, it's a wonder we don't all crash. *The Plain Dealer*, 3. Sept.

Caplan, Jeremy (2007). Cause of Death: Sloppy Doctors. *Time*, 15. Jan.

Carbaugh, David C. (2008). Persönliche Korrespondenz.

Cash, James (2005). Specialist's Factual Report of Investigation, *National Transportation Safety Board*, Accident Number IAD-05FA023, 18. Okt.

Chapman, Gretchen B. und Bornstein, Brian H. (1996). The More You Ask For, the More You Get: Anchoring in Personal Injury Verdicts. *Applied Cognitive Psychology*, 10, 519-540.

Chapman, Loren J. und Chapman, Jean P. (1967). Genesis of Popular But Erroneous Psychodiagnostic Observations. *Journal of Abnormal Psychology*, 72 (3), 193-204.

Charness, Neil (1991). Expertise in Chess: The Balance Between Knowledge and Search. In: Ericsson, K. Anders und Smith, Jacqui (Hrsg.) *Toward a General Theory of Expertise: Prospects and Limits*. Cambridge: Cambridge University Press.

Chase, William G. und Ericsson, K. Anders (1981). Skilled Memory. In: Anderson, John R. (Hrsg.) *Cognitive Skills and Their Acquisition*. Hillsdale, N.J.: Lawrence Erlbaum Associates.

Chase, William G. und Simon, Herbert A. (1973). Perception in Chess. *Cognitive Psychology*, 4, 55-81.

Choi, Jean; McKillop, Erin; Ward, Michael; L'Hirondelle, Natasha (2006). Sex-Specific Relationships Between Route-Learning Strategies and Abilities in a Large-Scale Environment. *Environment and Behavior*, 38 (6), 791-801.

Christensen-Szalanski, J.J.J. (1984). Discount Functions and the Measurement of Patient Values: Women's Decisions During Childbirth. *Medical Decision-Making*, 4, 41-48.

Christensen-Szalanski, J.J.J. und Bushyhead, James B. (1981). Physicians' Use of Probabilistic Information in a Real Clinical Setting. *Journal of Experimental Psychology: Human Perception and Performance*, 7 (4), 928-935.

Christiansen, R. E. u. a. (1983). Influencing Eyewitness Descriptions. *Law and Human Behavior*, 7, 59-65.

Clarke, Norm (2006). Wynn Accidentally Damages Picasso. *Las Vegas Review-Journal*, 17. Okt.

Clothier, Mark (2006). Retailers Find Profit Windfall – Unused Gift Cards. *Bloomberg News*, 27. Feb.

CNN Interactive (1997). Lack of Sleep America's Top Health Problem, Doctors Say. 17. März.

Cobb, James G. (2002). Menus Behaving Badly. *New York Times*, 12. Mai.

Cohen, Gillian (1990). Why Is It Difficult to Put Names to Faces? *British Journal of Psychology*, 81, 287-297.

Cohen, Gillian und Faulkner, Dorothy (1986). Memory For Proper Names: Age Differences in Retrieval. *British Journal of Developmental Psychology*, 4, 187-197.

Conlin, Michael; O'Donoghue, Ted; Vogelsang, Timothy (2006). Projection Bias in Catalog Orders. *American Economic Review*, 97 (4), 1217-1249.

Corcoran, D. W. J. (1967). Acoustic Factor in Proof Reading. *Nature*, 214, 851-852.

Corkery, Michael (2007). Home Myths Meet Reality. *The Wall Street Journal*, 4. Aug.

Cornell, Edward H. (2007). Interview des Autors.

Cornell, Edward H. und Hay, Deborah H. (1984). Children's Acquisition of a Route Via Different Media. *Environment and Behavior*, 16 (5), 627-641.

Cornell, Edward H.; Heth, C. Donald und Broda, Lorri S. (1989). Children's Wayfinding: Response to Instructions to Use Environmental Landmarks. *Developmental Psychology*, 25 (5), 755-764.

Cornell, Edward H.; Heth, C. Donald und Rowat, Wanda L. (1992). Wayfinding by Children and Adults: Responses to Instructions to Use Look-Back and Retrace Strategies. *Developmental Psychology*, 28 (2), 328-336.

Cornell, Edward H.; Sorenson, Autumn und Mio, Teresa (2003). Human Sense of Direction and Wayfinding. *Annals of the Association of American Geographers*, 93 (2), 399-425.

Cross, John F.; Cross, Jane und Daly, James (1971). Sex, Race, Age and Beauty as Factors in Recognition of Faces. *Perception & Psychophysics*, 10 (6), 393-396.

Dabbs, James M. Jr. u. a. (1998). Spatial Ability, Navigation Strategy, and Geographic Knowledge Among Men and Women. *Evolution and Human Behavior*, 19, 89-98.

Dana, Jason und Loewenstein, George (2003). A Social Science Perspective on Gifts to Physicians From Industry. *Journal of the American Medical Association*, 290 (2), 252-255.

Davis, Harry L.; Hoch, Stephen J. und Ragsdale, E. K. Easton (1986). An Anchoring and Adjustment Model of Spousal Predictions. *Journal of Consumer Research*, 13, 25-37.

Davis, Robert (2006). ›Wrong Site‹ Surgeries on the Rise. *USA Today*, 18. April.

Dawes, Robyn; Faust, David und Meehl, Paul E. (1989). Clinical Versus Actuarial Judgment. *Science*, 243, 1668-1674.

Dean, Cornelia (2005). Scientific Savvy? In U.S., Not Much. *New York Times*, 30. Aug.

Dean, John (2007). Persönliche Korrespondenz.

Decina, Larry (2007). Interview des Autors.

DellaVigna, Stefano (2007a). Interview des Autors.

DellaVigna, Stefano (2007b). Psychology and Economics: Evidence From the Field. Arbeitsbericht.

DellaVigna, Stefano und Malmendier, Ulrike (2004). Contract Design and Self-Control: Theory and Evidence. *Quarterly Journal of Economics*, 119 (2), 353-402.

DellaVigna, Stefano und Malmendier, Ulrike (2005). Paying Not To Go to the Gym. *American Economic Review*, 96 (3), 694-719.

DellaVigna, Stefano und Pollet, Joshua M. (2008). Investor Inattention and Friday Earnings Announcements. Erscheint im *Journal of Finance*.

Deloitte (2007). Yes, Virginia, There is a Santa Claus. Presseerklärung, 1. Nov.

DelVecchio, Devon; Krishnan, H. Shanker und Smith, Daniel C. (2007). Cents or Percent: The Effects of Promotion Framing on Price Expectations and Choice. *The Journal of Marketing*, 71 (3).

DePaulo, B. M. u. a. (1996). Lying in everyday life. *Journal of Personality and Social Psychology*, 70, 979-995.

Diaz, Jaime (1989). Perils of Putting. *Sports Illustrated*, 3. April.

Diener, Ed und Diener, Carol (1996). Most People Are Happy. *Psychological Science*, 7 (3), 181-185.

Dingus, T. A. u. a. (2006). *The 100-Car Naturalistic Driving Study, Phase II-- Results of the 100 Car Field Experiment*. National Highway Traffic Safety Administration, Report No. DOT HS 810 593, Washington, D.C.

DiVita, Joseph u. a. (2004). Verification of the Change Blindness Phenomenon While Managing Critical Events on a Combat Information Display. *Human Factors*, 46 (20), 205-218.

Doege, David (2007). Man Mistakes Porn DVD as Woman's Cry for Help; He Faces Charges After Entering Apartment With Sword in Tow. *Milwaukee Journal Sentinel*, 20. Feb.

Doege, David und Rinard, Amy (2007). Swordsman's Claim Disputed; Prosecutor Says Sounds on Neighbor's DVD Were Consensual Sex, Not Rape. *Milwaukee Journal Sentinel*, 21. Feb.

Donley, R. und Ashcraft, M. (1992). The Methodology of Testing Naïve Belief in the Physics Classroom. *Memory & Cognition*, 20 (4), 381-391.

Dooren, Jennifer Corbett (2008). FDA Warns 2 Disodium Drugs Can Be Mistaken for Each Other. *The Wall Street Journal*, 17. Jan.

Douglas, Kate u. a. (2005). Attention Seeking. *New Scientist*, 28. Mai.

Dremen, David N. und Berry, Michael A. (1995). Analyst Forecasting Errors and Their Implications for Security Analysts. *Financial Analysts Journal*, Mai/Juni, 30-41.

Dudokovich, Nicole; Marsh, Elizabeth und Tversky, Barbara (2004). Telling a Story or Telling it Straight: The Effects of Entertaining Versus Accurate Retellings on Memory. *Applied Cognitive Psychology*, 18, 125-143.

Dugas, Christine (2007). Too Many 401(k)s Still Have Too Much Company Stock. *USA Today*, 14. Dez.

Duncker, K. (1939). The Influence of Past Experience Upon Perceptual Properties. *American Journal of Psychology*, 52, 255-265.

Dunleavey, M. P. (2007). Disclosing Bias Doesn't Cancel Its Effects. *New York Times*, 28. Juli.

Dux, Paul E.; Ivanoff, Jason; Asplund, Christopher L. und Marois, René (2006). Isolation of a Central Bottleneck of Information Processing With Time-Resolved fMRI. *Neuron*, 52, 1109-1120.

Dweck, Carol S. (1999). *Self-Theories: Their Role in Motivation, Personality, and Development*. Philadelphia: Psychology Press.

Ebbinghaus, Hermann (1885). *Gedächtnis. Untersuchungen zur experimentellen Psychologie*. Leipzig: Duncker und Humblot.

Einstein, Gilles u. a. (2003). Forgetting of Intentions in Demanding Situations is Rapid. *Journal of Experimental Psychology: Applied*, 9, 147-162.

Einstein, Norman (2007). Interview des Autors.

Epley, Nicholas und Whitchurch, Erin (2008). Mirror, Mirror on the Wall. Enhancement in Self-Recognition. *Personality and Social Psychology Bulletin*, 34 (9), 1159-1170.

Ericsson, K. Anders (1996). *The Road to Excellence; The Acquisition of Expert Performance in the Arts and Sciences, Sports and Games*. Mahwah, N. J.: Lawrence Erlbaum and Associates.

Ericsson, K. Anders; Roring, Roy W. und Kiruthiga, Nandagopal (2007). Giftedness and evidence for reproducibly superior performance: an account based on the expert performance framework. *High Ability Studies*, 18 (1), 3-56.

Ericsson, K. Anders und Smith, Jacqui (Hrsg.) (1991). *Toward a General Theory of Expertise: Prospects and Limits*. Cambridge: Cambridge University Press.

Esch, H. E. und Burns, J. E. (1996). Distance Estimation by Foraging Honeybees. *Journal of Experimental Biology*, 199 (1), 155-162.

Etienne, Ariane S. u. a. (1999). Dead Reckoning (Path Integration), Landmarks, and Representation of Space in a Comparative Perspective. In: Golledge, Reginald G. (Hrsg.) *Wayfinding Behavior: Cognitive Mapping and Other Spatial Processes*. Baltimore: The Johns Hopkins University Press.

Fackelmann, Kathleen (2006). Study: Long Hospital Shifts, Sleep Deprivation Can Kill. *USA Today*, 12. Dez.

Feldman, R. S.; Forrest, J. A. und Happ, B. R. (2002). Self-Presentation and Verbal Deception: Do Self-Presenters Lie More? *Basic and Applied Social Psychology*, 24, 163-170.

Ferraro, R. u. a. (2005). Let Us Eat and Drink, For Tomorrow We Shall Die: Effects of Mortality Salience and Self-Esteem on Self-

Regulation in Consumer Choice. *Journal of Consumer Research*, 32, 65-75.

Fielding, Rachel (2003). Password Problems Swamp Help Desks. *VNUnet Newswire*, 15. Jan.

Fischhoff, Baruch (1975). Hindsight ≠ Foresight: The Effect of Outcome Knowledge on Judgment Under Uncertainty. *Journal of Experimental Psychology: Human Perception and Performance*, 1 (3), 288-299.

Fischhoff, Baruch (2007). An Early History of Hindsight Research. *Social Cognition*, 25 (1), 10-13.

Fischhoff, B. und Beyth, R. (1975). »I Knew it Would Happen« – Remembered Probabilities of Once-Future Things. *Organizational Behavior and Human Performance*, 13, 1-16.

Fisher, Ian (1998). In Excitement Over Cancer Drugs, A Caution Over Premature Hopes. *New York Times*, 5. Mai.

Fontes, Miguel und Roach, Peter (2007). Condom Nations. *Foreign Policy*, September/Oktober.

Frank, Mark G. und Gilovich, Thomas (1988). The Dark Side of Self- and Social Perception: Black Uniforms and Aggression in Professional Sports. *Journal of Personality and Social Psychology*, 54 (1), 74-85.

Frank, Thomas (2007). Most Fake Bombs Missed by Screeners. *USA Today*, 26. Okt.

Fryar, Cheryl D. u. a. (2007). *Drug Use and Sexual Behaviors Reported by Adults: United States, 1999-2002*. Centers for Disease Control and Prevention, Advance Data No. 384, 27. Juni.

Gaba, David M. u. a. (2003). Differences in Safety Climate between Hospital Personnel and Naval Aviators. *Human Factors*, 45 (20), 173-185.

Gabriel, Marsha T.; Critelli, Joseph W. and Ee, Juliana S. (1994). Narcissistic Illusions in Self-Evaluations of Intelligence and Attractiveness. *Journal of Personality*, 62 (1), 143-155.

Galinsky, Adam D. und Mussweiler, Thomas (2001). First Offers as Anchors: The Role of Perspective-Taking and Negotiator Focus. *Journal of Personality and Social Psychology*, 81 (4), 657-669.

Gawande, Atul (2007). The Power of Negative Thinking. *New York Times*, 1. Mai.

Gervais, Simon und Odean, Terrance (2001). Learning to Be Overconfident. *Review of Financial Studies*, 14 (1), 1-27.

Gibbons, Robert V. u. a. (1998). A Comparison of Physicians' and Patients' Attitudes Toward Pharmaceutical Industry Gifts. *Journal of General Internal Medicine*, 13, 151-154.

Gibbs, W. Wayt (2005). Considerate Computing. *Scientific American*, 28. Mai.

Gibson, James J. (1973). *Die Wahrnehmung der visuellen Welt.* Basel: Beltz.

Gibson, James J. (1982). *Wahrnehmung und Umwelt: der ökologische Ansatz in der visuellen Wahrnehmung.* München: Urban und Schwarzenberg.

Gilbert, Daniel (2006). I'm O.K., You're Biased. *New York Times*, 16. Apr.

Gilbert, Daniel (2008). *Ins Glück stolpern: suche dein Glück nicht, dann findet es dich von selbst.* München: Goldmann.

Gilbert, Daniel und Ebert, Jane E. (2002). Decisions and Revisions: The Affective Forecasting of Changeable Outcomes. *Journal of Personality and Social Psychology*, 82 (4), 503-514.

Gilbert, Daniel u. a. (1998). Immune Neglect: A Source of Durability Bias in Affective Forecasting. *Journal of Personality and Social Psychology*, 75 (3), 617-638.

Gilovich, Thomas (1981). Seeing the Past in the Present: The Effect of Associations to Familiar Events on Judgments and Decisions. *Journal of Personality and Social Psychology*, 40 (5), 797-808.

Gilovich, Thomas (1983). Biased Evaluation and Persistence in Gambling. *Journal of Personality and Social Psychology*, 44 (6), 1110-1126.

Gilovich, Thomas (2007). Interview des Autors.

Gilovich, Thomas; Medvec, Victoria Husted und Chen, Serena (1995). Commission, Omission, and Dissonance Reduction: Coping With Regret in the »Monty Hall« Problem. *Personality and Social Psychology Bulletin*, 21 (2), 182-190.

Glenberg, Arthur M. und Epstein, William (1985). Calibration of Comprehension. *Journal of Experimental Psychology: Learning, Memory and Cognition*, 11 (4), 702-718.

Godden, D. R. und Baddeley, A. D. (1975). Context-Dependent Memory in Two Natural Environments: On Land and Underwater. *British Journal of Psychology*, 66 (3), 325-331.

Goldberg, Carey (2005). If You Don't Find it Often, You Don't Often Find it. *Boston Globe*, 31. Mai.

Goldberg, Lewis R. (1968). Simple Models or Simple Processes? Some Research on Clinical Judgments. *American Psychologist*, 23, 483-496.

Golledge, Reginald G. (Hrsg.) (1999). *Wayfinding Behavior; Cognitive Mapping and Other Spatial Processes.* Baltimore: The Johns Hopkins University Press.

Gonzalez, Victor und Mark, Gloria (2004). »Constant, Constant, Multi-tasking Craziness«: Managing Multiple Working Spheres. *2004 Proceeding of Human Factors in Computer Systems*, Vienna, 6 (1).

Gowen, Annie und Arzua, Lila (2004). 10 Teens Hurt as Tour Bus Slams Into Overpass. *The Washington Post*, 15. Nov.

Gramzow, Richard H.; Willard, Greg und Mendes, Wendy Berry (2008). Big Tales and Cool Heads: Academic Exaggeration Is Related to Cardiac Vagal Reactivity. *Emotion*, 8 (1), 138-144.

Green, Paul (1999). Visual and Task Demands of Driver Information Systems. (Technical report UMTRI-98-16). Ann Arbor: The University of Michigan Transportation Research Institute.

Green, Paul (2004). Driver Distraction, Telematics Design, and Workload Managers: Safety Issues and Solutions. Convergence Transportation Electronics Association.

Greenberg, Richard N. (1984). Overview of Patient Compliance with Medication Dosing: A Literature Review. *Clinical Therapeutics*, 6 (5), 592-599.

Greene, Terry und Noice, Helga (1988). Influence of Positive Affect Upon Creative Thinking and Problem Solving in Children. *Psychological Reports*, 63, 895-898.

Grinblatt, Mark und Keloharju, Matti (2008). *Sensation Seeking, Overconfidence and Trading Activity*. Arbeitsbericht erhältlich unter: www.anderson.ucla.edu/documents/areas/fac/finance/06-06.pdf.

Grow, Brian (2005). The Great Rebate Runaround. *Business Week*, 23. Nov.

Gruneberg, M. M.; Morris, P. E. und Sykes, R. N. (Hrsg.) (1978). *Practical Aspects of Memory*. London: Academic Press.

Hagerty, James R. und Dunham, Kemba J. (2005). How Big U.S. Home Builders Plan to Ride Out a Downturn. *The Wall Street Journal Online*, 1. Dez.

Hallenbeck, Cleve (1920). Forecasting Precipitation in Percentages of Probability. *Monthly Weather Review*, 48 (11), 645-647.

Hallinan, Joseph T. (2005). Heal Thyself: Once Seen as Risky, One Group of Doctors Changes Its Ways. *The Wall Street Journal*, 21. Juni.

Hallinan, Joseph T. (2007). Investor Appetite Is What Diet Firm May Really Lose. *The Wall Street Journal*, 1. Feb.

Hancock, H.; Fisk, A. und Rogers, W. (2005). Comprehending Product Warning Information: Age-Related Effects and the Roles of Memory Inferencing, and Knowledge. *Human Factors*, 47 (2), 219-234.

Harbluk, Joanne L.; Noy, Y. Ian und Eizenman, Moshe (2002). The Impact of Cognitive Distraction on Driver Visual Behaviour and Vehicle Control. *Transport Canada* TP Nr.13889 E, Februar.

Harper's (2007). Harper's Index, 15. Juli.

Harris, Christine R.; Jenkins, Michael und Glaser, Dale (2006). Gender Differences in Risk Assessment: Why Do Women Take Fewer Risks Than Men? *Judgment and Decision Making*, 1 (1), 48-63.

Harris, Gardiner (2008). Drug Industry to Announce Revised Code on Marketing. *New York Times*, 10. Juli

Harrison, Yvonne und Horne, James A. (2000). The Impact of Sleep Deprivation on Decision Making: A Review. *Journal of Experimental Psychology: Applied*, 6 (3), 236-249.

Haslam, Diana R. und Abraham, Peter (1987). Sleep Loss and Military Performance. In: Belenky, G. (Hrsg.) *Contemporary Studies in Combat Psychiatry*. Westport, Conn.: Greenwood Press.

Hastie, Reid; Schkade, David A. und Payne, John W. (1999). Juror Judgments in Civil Cases: Effects of Plaintiff's Requests and Plaintiff's Identity on Punitive Damage Awards. *Law and Human Behavior*, 23 (4), 445-470.

Held, Richard u. a. (2008). Revisiting the Molyneux question. *Journal of Vision*, 8 (6), 523, 523 a.

Herman, C. Peter und Polivy, Janet (2003). Dieting as an Exercise in Behavioral Economics. In: Read, Daniel (Hrsg.) *Time and Decision*. New York: Russell Sage Foundation.

Hertwig, Ralph; Pachur, Thorsten und Kurzenhauser, Stephanie (2005). Judgments of Risk Frequencies: Tests of Possible Cognitive Mechanisms. *Journal of Experimental Psychology: Learning, Memory and Cognition*, 31 (4), 621-642.

Heuer, R. (1999). *Psychology of Intelligence Analysis.* Center for the Study of Intelligence, Central Intelligence Agency, Washington D.C. Einzusehen unter www.cia.gov/library/.

Hewitt, Claire (2007). Interview des Autors.

Heywood, Simon (1972). The Popular Number Seven or Number Preference. *Perceptual and Motor Skills*, 34, 357-358.

Hill, Michael (2006). Professor Sniffs Out Folks' Eating Habits. *Associated Press*, 6. Nov.

Ho, Daniel E. und Imai, Kosuke (2006*). Estimating Causal Effects of Ballot Order from a Randomized Natural Experiment: California Alphabet Lottery, 1978-2002*. Arbeitspapier, Entwurf, 18. Nov.

Holland, C. und Rabbitt, P. (1992). People's Awareness of their Age-related Sensory and Cognitive Deficits and the Implications for Road Safety. *Applied Cognitive Psychology*, 6, 217-231.

Hollnagel, Erik (1993). *Human Reliability Analysis Context and Control.* London: Academic Press.

Huberman, Gur und Regev, Tomer (2001). Contagious Speculation and a Cure for Cancer: A Nonevent That Made Stock Prices Soar. *Journal of Finance,* 56 (1), 387-396.

Hull, A.; Wilkins, A. und Baddeley, A. (1988). Cognitive Psychology and the Wiring of Plugs. In: Gruneberg, M. M.; Morris, P. E. und Sykes, R. N. (Hrsg.) *Practical Aspects of Memory: Current Research and Issues,* Bd. 1: *Memory in Everyday Life.* Chichester: John Wiley & Sons.

Inhoff, Albrecht Werner; Morris, Robin und Calabrese, John (1986). Eye Movements in Skilled Transcription Typing. *Bulletin of the Psychonomic Society,* 24 (2), 113-114.

Isen, Alice M. (2001). An Influence of Positive Affect on Decision Making in Complex Situations: Theoretical Issues With Practical Implications. *Journal of Consumer Psychology,* 11 (2), 75-85.

Isen, Alice M.; Daubman, K. und Nowicki, G. (1987). Positive Affect Facilitates Creative Problem Solving. *Journal of Personality and Social Psychology,* 62 (6), 1122-1131.

Isen, Alice M.; Nygren, Thomas E. und Ashby, F. Gregory (1988). Influence of Positive Affect on Subjective Utility of Gains and Losses: It Is Just Not Worth the Risk. *Journal of Personality and Social Psychology,* 55 (5), 710-717.

Isen, Alice M. und Patrick, Robert (1983). The Effect of Positive Feeling on Risk Taking: When the Chips are Down. *Organizational Behavior and Human Performance,* 31, 194-202.

Janelle, Christopher M. und Hillman, Charles H. (2003). Expert Performance in Sport: Current Perspectives and Critical Issues. In: Starkes, Janet L. und Ericsson, K. Anders (Hrsg.) *Expert Performance in Sports; Advances in Research on Sport Expertise.* Champaign, Ill.: Human Kinetics.

Jargon, Julie; Zimmerman, Ann und Kesmodel, David (2008). Grocers Tout ›Sales‹ Even as Prices Climb. *The Wall Street Journal,* 1. April.

Jiang, Yuhong (2004). Resolving Dual-Task Interference: An fMRI Study. *NeuroImage,* 22, 748-754.

Jiang, Yuhong; Saxe, Rebecca und Kanwisher, Nancy (2004). Functional Magnetic Resonance Imaging Provides New Constraints on Theories of the Psychological Refractory Period. *Psychological Science,* 15 (6), 390-396.

Johnson, D. P. u. a. (2006). Overconfidence in Wargames: Experimental Evidence on Expectations, Aggression, Gender and Testosterone. *Proceedings of the Royal Society B,* 273, 2513-2520.

Johnson, M. H. u. a. (1991). Newborns' Preferential Tracking of Face-Like Stimuli and Its Subsequent Decline. *Cognition*, 40, 1-19.

Johnson, Richard F. und Merullo, Donna J. (1999). Friend-Foe Discrimination, Caffeine, and Sentry Duty. *Proceedings of the Human Factors and Ergonomics Society 43rd Annual Meeting*, 1348-1352.

Johnson-Laird, Philip N. (2006). *How We Reason*. New York: Oxford University Press.

Johnson-Laird, Philip N. und Wason, P. C. (Hrsg.) (1977). *Thinking: Readings in Cognitive Science*. Cambridge: Cambridge University Press.

Jones, Gregg; Becka, Holly; LaFleur, Jennifer und McGonigle, Steve (2006). After Lives Are Lost, Records Often Go Missing. *The Dallas Morning News*, 17. Sept.

Jones, Gregory V. (1990). Misremembering a Common Object: When Left Is Not Right. *Memory & Cognition*, 18 (2), 174-182.

Kahneman, Daniel u. a. (2004). A Survey Method for Characterizing Daily Life Experience: The Day Reconstruction Method. *Science*, 306, 1776-1780.

Kahneman, Daniel u. a. (2006). Would You Be Happier If You Were Richer? A Focusing Illusion. *Science*, 312, 1908-1910.

Kahneman, Daniel und Peavler, W. Scott (1969). Incentive Effects and Pupillary Changes In Association Learning. *Journal of Experimental Psychology*, 79, 312-318.

Kahneman, Daniel und Tversky, Amos (1973). On the Psychology of Prediction. *Psychological Review*, 80 (4), 237-251.

Kahneman, Daniel und Tversky, Amos (1979). Prospect Theory: An Analysis of Decision Under Risk. *Econometrica*, 47 (2), 363-391.

Kendall, Peter (1994). PINS Pile Up Until They Become Personal Pain. *Chicago Tribune*, 14. Okt.

Keren, Gideon (1987). Facing Uncertainty in the Game of Bridge: A Calibration Study. *Organizational Behavior and Human Decision Making*, 39, 98-114.

Keysar, Boaz und Henley, Anne S. (2002). Speakers' Overestimation of Their Effectiveness. *Psychological Science*, 13 (3), 207-212.

Kiley, David und Eldridge, Earle (2002). Are Those Gizmos on the Dashboard Too Distracting? *USA Today*, 29. Mai.

Killion, Ann (2007). Interview des Autors.

King, Gerhart F. (1986). Driver Performance in Highway Navigation Tasks. *Transportation Research Record*, 1093, 1-11.

Klauer, S. G. u. a. (2006). The Impact of Driver Inattention on Near-Crash/Crash Risk: An Analysis Using the 100-Car Naturalistic

Driving Study. National Highway Traffic Safety Administration; Report No. DOT HS 810 594. Washington, D.C.

Klauer, S. G. (2007). Interview des Autors.

Klein, Stefan (2006). *Zeit: Der Stoff, aus dem das Leben ist. Eine Gebrauchsanleitung.* Frankfurt: S. Fischer.

Klein, William M. und Kunda, Ziva (1993). Maintaining Self-Serving Social Comparisons: Biased Reconstruction of One's Past Behaviors. *Personality and Social Psychology Bulletin,* 19, 732-739.

Kluger, Jeffrey (2006). Why We Worry About the Things We Shouldn't ... and Ignore the Things We Should. *Time,* 4. Dez.

Konigsberg, Eric (2008). City Council Would Ban Text Messaging While Driving. *New York Times,* 15. Aug.

Kruger, Justin (2007). Interview des Autors.

Kruger, Justin; Wirtz, Derrik und Miller, Dale T. (2005). Counterfactual Thinking and the First Instinct Fallacy. *Journal of Personality and Social Psychology,* 88, 725-735.

Kubovy, Michael (1977). Response Availability and the Apparent Spontaneity of Numerical Choices, *Journal of Experimental Psychology: Human Perception and Performance,* 3 (2), 359-364.

Kubovy, Michael und Psotka, Joseph (1976). The Predominance of Seven and the Apparent Spontaneity of Numerical Choices. *Journal of Experimental Psychology: Human Perception and Performance,* 2 (2), 291-294.

Kuebli, Janet und Fivush, Robyn (1992). Gender Differences in Parent-Child Conversations About Past Emotions. *Sex Roles,* 27 (11/12), 683-698.

Lambert, Craig (2006). The Marketplace of Perceptions; Behavioral Economics Explains Why We Procrastinate, Buy, Borrow, and Grab Chocolate on the Spur of the Moment. *Harvard Magazine,* März-April, 50.

Landro, Laura (2008). Hospitals Tackle High-Risk Drugs to Reduce Errors. *The Wall Street Journal,* 5. März.

Landy, David und Sigall, Harold (1974). Beauty is Talent: Task Evaluation as a Function of the Performer's Physical Attractiveness. *Journal of Personality and Social Psychology,* 29 (3), 299-304.

Langer, Ellen (1975). The Illusion of Control. *Journal of Personality and Social Psychology,* 32 (2), 311-328.

Langer, Ellen und Roth, Jane (1975). Heads I Win, Tails It's Chance: The Illusion of Control as a Function of the Sequence of Outcomes in a Purely Chance Task. *Journal of Personality and Social Psychology,* 32 (6), 951-955.

Lawton, Carol A. (1994). Gender Differences in Way-Finding Strategies: Relationship to Spatial Ability and Spatial Anxiety. *Sex Roles*, 30 (11/12), 765-779.

Lawton, Carol A. (2001). Gender and Regional Differences in Spatial Referents Used in Direction Giving. *Sex Roles*, 44 (5/6), 321-337.

Lawton, Carol A. und Kallai, Janos (2002). Gender Differences in Wayfinding Strategies and Anxieties About Wayfinding: a Cross-Cultural Comparison. *Sex Roles*, 47 (9/10), 389-401.

Leibovich, Mark (2004). George Tenet's ›Slam-Dunk‹ into the History Books. *Washington Post*, 4. Juni.

Leonhardt, David (2006). Why Doctors So Often Get It Wrong. *New York Times*, 22. Feb.

Levin, Alan und Heath, Brad (2007). Fatigue Key to Air Crew Errors. *USA Today*, 8. Nov.

Levin, Daniel T. und Simons, Daniel J. (1997). Failure to Detect Changes to Attended Objects in Motion Pictures. *Psychonomic Bulletin & Review*, 4 (4), 501-506.

Lichtenstein, Sarah und Fischhoff, Baruch (1977). Do Those Who Know More Also Know More about How Much They Know? *Organizational Behavior and Human Performance*, 20, 159-183.

Lichtenstein, Sarah; Fischhoff, Baruch und Phillips, Lawrence D. (1982). Calibration of Probabilities: The State of the Art to 1980. In: Kahneman, Daniel u. a. (Hrsg.) *Judgment Under Uncertainty*. Cambridge: Cambridge University Press.

Linderman, Lawrence (1979). Playboy Interview: Burt Reynolds. *Playboy*, 26 (10), 67-94.

Lobben, Amy K. (2004). Tasks, Strategies, and Cognitive Processes Associated with Navigational Map Reading: A Review Perspective. *The Professional Geographer*, 56 (2), 270-281.

Loewenstein, George (2007). Interview des Autors.

Loewenstein, George und Schkade, David (2003). Wouldn't It Be Nice? Predicting Future Feelings. In: Kahneman, Daniel; Diener, Ed und Schwarz, Norbert (Hrsg.) *Well-Being: The Foundations of Hedonic Psychology*. New York: Russell Sage Foundation.

Loftus, Elizabeth u. a. (1987). Time Went By So Slowly: Overestimation of Event Duration by Males and Females. *Applied Cognitive Psychology*, 1, 3-13.

Lohr, Steve (2007). Slow Down, Brave Multitasker, and Don't Read This in Traffic. *New York Times*, 25. März.

Loomis, Jack M.; Klatzky, Roberta L.; Golledge, Reginald G. und Philbeck, John W. (1999). Human Navigation by Path Integration. In: Golledge, Reginald G. (Hrsg.) *Wayfinding Behavior; Cog-*

nitive Mapping and Other Spatial Processes. Baltimore: The Johns Hopkins University Press.

Lord, Albert B. (1965). *Der Sänger erzählt : Wie ein Epos entsteht.* München: Hanser.

Lorentz, G. B. A. u. a. (1999). Miss Rate of Lung Cancer on the Chest Radiograph in Clinical Practice. *Chest,* 115, 720-724.

Luchins, A. S. und Luchins, E. H. (1950). New Experimental Attempts at Preventing Mechanization in Problem Solving. *The Journal of General Psychology,* 42, 279-297.

Luchins, A. S. (1942). Mechanization in Problem Solving. *Psychological Monograms,* 54, (248) 1-95.

Lundberg, George D. (1998). Low-Tech Autopsies in the Era of High-Tech Medicine. *Journal of the American Medical Association,* 280 (14), 1273-1274.

Lykken, David und Tellegen, Auke (1996). Happiness Is a Stochastic Phenomenon. *Psychological Science,* 7 (3), 186-189.

Maccoby, Eleanor Emmons und Jacklin, Carol Nagy (1974). *The Psychology of Sex Differences.* Stanford, CA.: Stanford University Press.

Mack, Arien und Rock, Irvin (1998). Inattentional Blindness. Cambridge, Mass.: The MIT Press.

Macur, Juliet (2007). Rule Jostles Runners Who Race to Their Own Tune. *New York Times,* 1. Nov.

Malmendier, Ulrike und Tate, Geoffrey (2005). CEO Overconfidence and Corporate Investment. *Journal of Finance,* 60 (6), 2661-2700.

Manhart, Klaus (2004). The Limits of Multitasking. *Scientific American Mind,* Dezember.

Marcus, Erin N. (2006). When Young Doctors Strut Too Much of Their Stuff. *New York Times,* 21. Nov.

Martin, M. und Jones, G. (1999). Hale-Bopp and Handedness: Individual Differences in Memory for Orientation. *Psychological Science,* 10 (3), 267-269.

Martinez-Conde, Susana und Macknik, Stephen L. (2007). Windows on the Mind. *Scientific American,* Aug., 56-63.

Mateja, Jim. (2007). S80 Makes Big Impression in a Flash. *Chicago Tribune,* 25. März.

Mathews, C. O. (1929). Erroneous First Impressions on Objective Tests. *Journal of Educational Psychology,* 20, 280-286.

Mathur, P. und Kruger, J. (2007). The First Instinct Fallacy Among Investors. Unveröffentlichte Daten.

Matthews, M. H. (1987), Gender, Home Range and Environmental Cognition. *Transactions of the Institute of British Geographers, New Series,* 12 (1), 43-56.

Matthews, M. H. (1992). Making Sense of Place: Children's Understanding of Large-Scale Environments. Hertfordshire: Harvester Wheatsheaf.

Matthews, S. (1997). Proposals for Improving Aviation Safety and Changing the System. *Remarks to the White House Commission on Aviation Safety and Security, International Conference on Aviation Safety and Security in the Twenty-first Century*. Washington, D.C., 13. Jan.

May, Andrew J. und Ross, Tracy (2006). Presence and Quality of Navigational Landmarks: Effect on Driver Performance and Implications for Design. *Human Factors*, 48 (2), 346-361.

Mayer, Caroline E. (2002). Why Won't We Read the Manual? *Washington Post*, 26. Mai.

Maynard, Micheline (2007). At Chrysler, Home Depot Still Lingers. *New York Times*, 30. Okt.

McCartney, Scott (2005). Addressing Small Errors in the Cockpit. *The Wall Street Journal*, 13. Sept.

McCartney, Scott (2006). When Pilots Pass The BRBON, They Must Be in Kentucky. *The Wall Street Journal*, 21 März.

McCloskey, Michael (1983). Intuitive Physics. *Scientific American*, 248 (4), 122-130.

McCloskey, M.; Washburn, A. und Felch, L. (1983). Intuitive Physics: The Straight-Down Belief and Its Origin. *Journal of Experimental Psychology: Learning, Memory and Cognition*, 9 (4), 636-649.

McConnell, Steve (1996). *Rapid Development*. Microsoft Press.

McCracken, Vicki A. (2007). Interview des Autors.

McCracken, Vicki A.; Boynton, Robert D. und Blake, Brian F. (1982). The Impact of Comparative Food Price Information on Consumers and Grocery Retailers: Some Preliminary Findings of a Field Experiment. *Journal of Consumer Affairs*, 16 (2), 224-240.

McGlothlin, William H. (1956) Stability of Choices Among Uncertain Alternatives. *American Journal of Psychology*, 69, 604-615.

Meiners, Jens (2004). BMW Sticks to iDrive; System Will Be Simplified but Is Destined to Stay. *Automotive News*, Oktober.

Menand, Louis (2005). Everybody's An Expert. *The New Yorker*, 5. Dez.

Merrick, Amy (2008). Limited Brands Expects Troubles to Continue. *The Wall Street Journal*, 28. Feb.

Merriweather, James (2005). Woman Found Hanging on Tree. *Wilmington (Del.) News Journal*, 27. Okt.

Middlebrooks, S. E.; Knapp, B. G. und Tillman, B. W. (1999). *An Evaluation of Skills and Abilities Required in the Simultaneous Perfor-*

mance Using a Mobile Telephone and Driving an Automobile. U.S. Army Research Laboratory, Aberdeen Proving Ground, Md.

Milgram, Stanley (1974). *Das Milgram-Experiment: Zur Gehorsamsbereitschaft gegenüber Autorität*. Reinbek:Rowohlt.

Milgram, Stanley und Jodelet, Denise (1977). Psychological Maps of Paris. In: Proshansky, Harold M.; Ittelson, William H. und Rivlin, Leanne G. (Hrsg.) *Einführung in die Umweltpsychologie*. Stuttgart: Klett-Cotta.

Miller, Geoffrey; Tybur, Joshua M. und Jordan, Brent D. (2007). Ovulatory Cycle Effects on Tip Earnings by Lap Dancers: Economic Evidence for Human Estrus? *Evolution and Human Behavior*, 28, 375-381.

Miller, Stephen (2006). Remembrances: Father of Auto Rebate Changed Car Buying in U.S. *The Wall Street Journal*, 18. Nov.

Mindlin, Alex (2007). It's How Much You Think You Have. *New York Times*, 26. Nov.

Mindlin, Alex (2006). For a Memorable Price, Trim the Syllables. *New York Times*, 14. Aug.

Mocan, Naci und Tekin, Erdal (2006). Ugly Criminals. Working Paper 12019, National Bureau of Economic Research.

Monin, Benoit und Miller, Dale T. (2001). Moral Credentials and the Expression of Prejudice. *Journal of Personality and Social Psychology*, 81 (1), 33-43.

Monk, Christopher A.; Boehm-Davis, Deborah A. und Trafton, J. Gregory (2004). Recovering From Interruptions: Implications for Driver Distraction Research. *Human Factors*, 46 (4), 650-663.

Montello, Daniel R. (2007). Interview des Autors.

Montello, Daniel R.; Lovelace, Kristin L.; Golledge, Ronald G. und Self, Carole M. (1999). Sex-Related Differences and Similarities in Geographic and Environmental Spatial Abilities. *Annals of the Association of American Geographers*, 89 (3), 515-534.

Montepare, J. M. und Zebrowitz, L. A. (1998). Person Perception Comes of Age: The Salience of Age in Social Judgements. *Advances in Experimental Social Psychology*, 30, 93.

Mook, Douglas (2004). *Classic Experiments in Psychology*. Westport, CT: Grenwood Press.

Morbidity and Mortality Weekly Report (2007). Nail-Gun Injuries Treated in Emergency Departments – United States, 2001-2005, 56 (14), 329-332.

Morewedge, Carey K.; Holtzman, Leif und Epley, Nicholas (2007). Unfixed Resources: Perceived Costs, Consumption, and the Accessible Account Effect. *Journal of Consumer Research*, 34, 459-467.

Morin, Rich (2006). The Ugly Face of Crime. *The Washington Post*, 17. Feb.

Moroze, Michael L. und Snow, Michael P. (1999). *Causes and Remedies of Controlled Flight Into Terrain in Military and Civil Aviation*. Air Force Research Laboratory, Wright-Patterson Air Force Base, Dayton, Ohio.

Müller, Ulrich und Mazur, Allan (1996). Facial Dominance of West Point Cadets as a Predictor of Later Military Rank. *Social Forces*, 74 (3), 823-850.

Muhm, John R. u. a. (1983). Lung Cancer Detected During a Screening Program Using Four-Month Chest Radiographs. *Radiology*, 148, 609-615.

Murphy, Allan H. und Winkler, Robert L. (1984). Probability Forecasting in Meteorology, *Journal of the American Statistical Association*, 79, 489-500.

Mussweiler, Thomas; Strack, Fritz und Pfeiffer, Tim (2000). Overcoming the Inevitable Anchoring Effect: Considering the Opposite Compensates for Selective Accessibility. *Personality and Social Psychology Bulletin*, 26 (9), 1142-1150.

National Highway Traffic Safety Administration (1986). *An Evaluation of Child Passenger Safety: The Effectiveness and Benefits of Safety Seats*. DOT HS 806 890, Febr.

National Highway Traffic Safety Administration (1994). *Examination of Lane Change Crashes and Potential IVHS Countermeasures*. DOT-HS 808 071, März.

National Highway Traffic Safety Administration (2004). *Misuse of Child Restraints*. DOT HS 809 671, Jan.

National Highway Traffic Safety Administration (2006). *Child Restraint Use Survey*. DOT HS 810 679, Dez.

National Institute for Health Care Management (2002). *Changing Patterns of Pharmaceutical Innovation*. Washington, D.C.

National Transportation Safety Board (1973). *Aircraft Accident Report*. Report No. NTSB-AAR-73-14, Entgegengenommen: 14. Juni.

National Transportation Safety Board (1979). *Aircraft Accident Report*. Report No. NTSB-AAR-79-7, Entgegengenommen: 7. Juni.

National Transportation Safety Board (1992). *Aircraft Accident Report*. PB92-910402, Report No. NTSB/AAR 920-02, Entgegengenommen: 18. März.

National Transportation Safety Board (2006a). *Motorcoach Collision With the Alexandria Avenue Bridge Overpass, George Washington Memorial Parkway, Alexandria, Va., Nov. 14, 2004*. Highway Accident Report NTSB/HAR-06/04. Washington, D.C.

National Transportation Safety Board (2006b). *Air Accident Brief*, Accident Number IAD05FA023, Entgegengenommen: 8. November.

Neikirk, William (2007). States Told to Prep for Gray Driver Boom. *Chicago Tribune*, 12. April.

Neisser, Ulric (1981). John Dean's Memory: A Case Study. *Cognition*, 9, 1-22.

Neisser, Ulric (1988). Time Present and Past. In: Gruneberg, M. M.; Morris, P. E. und Sykes, R. N. (Hrsg.) *Practical Aspects of Memory, Bd. 2*. Chichester: Wiley.

Neisser, Ulric (2007). Interview des Autors.

Neisser, Ulric und Hyman, Ira E. Jr. (2000). *Memory Observed; Remembering in Natural Contexts* (2. Aufl.). New York: Worth Publishers.

Neville, Kelly J. u. a. (1994). Subjective Fatigue of C-141 Aircrews during Operation Desert Storm. *Human Factors*, 36 (2), 339-349.

Newby-Clark, Ian R. u. a. (2000). People Focus on Optimistic Scenarios and Disregard Pessimistic Scenarios While Predicting Task Completion Times. *Journal of Experimental Psychology: Applied*, 6 (3), 171-182.

Newport, John Paul (2007). The Eyes Have It. *The Wall Street Journal*, 27. Okt.

Nickerson, Raymond S. und Adams, Marilyn Jager (1979). Long-Term Memory for a Common Object. *Cognitive Psychology*, 11, 287-307.

Norman, Donald A. (1973). *Aufmerksamkeit und Gedächtnis*. Basel: Beltz.

Norman, Donald A. (1989). *Dinge des Alltags: gutes Design und Psychologie für Gebrauchsgegenstände*. Frankfurt/M.: Campus.

Norman, Donald A. (1992). *Turn Signals Are The Facial Expressions of Automobiles*. Cambridge, Mass.: Perseus Publishing.

North, Adrian C.; Hargreaves, David J. und McKendrick, Jennifer (1997). In-Store Music Affects Product Choice. *Nature*, 390, 132.

Northcraft, Gregory B. und Neale, Margaret A. (1987). Experts, Amateurs and Real Estate: An Anchoring-and-Adjustment Perspective on Property Pricing Decisions. *Organizational Behavior and Human Decision Processes*, 39, 84-97.

Odean, Terrance (1999). Do Investors Trade Too Much? *American Economic Review*, 89 (5), 1279-1298.

Ornstein, Charles (2007). Dennis Quaid Files Suit Over Drug Mishap. *Los Angeles Times*, 5. Dez.

Ornstein, Charles (2008). Quaids Recall Twins' Drug Overdose. *Los Angeles Times*, 15. Jan.

Oskamp, Stuart (1965). Overconfidence in Case-Study Judgments. *Journal of Consulting Psychology*, 29 (3), 261-265.

Paese, Paul W. und Sniezek, Janet A. (1991). Influences on the Appropriateness of Confidence in Judgment: Practice, Effort, Information and Decision-Making. *Organizational Behavior and Human Decision Processes*, 48, 100-130.

Parfitt, Tom (2007). Revealed: Why Those Russian Submarine Heroics Might Have Looked a Little Familiar. *The Guardian*, 11. Aug.

Pashler, Harold (1994). Dual-Task Interference in Simple Tasks: Data and Theory. *Psychological Bulletin*, 116 (2), 220-244.

Pasztor, Andy und Carey, Susan (2006). Pilot-Fatigue Test Lands JetBlue In Hot Water. *The Wall Street Journal*, 21. Okt.

Pasztor, Andy (2007). Continental, American Balk at New Rest Rules for International-Flight Crews. *The Wall Street Journal*, 20. März.

Paumgarten, Nick (2006). The $40 Million Elbow. *The New Yorker*, 23. Okt.

Payne, John W.; Bettman, James R. und Johnson, Eric J. (1993). *The Adaptive Decision Maker*. Cambridge: Cambridge University Press.

Peirce, Sean und Lappin, Jane (2006). *Private Sector Deployment of Intelligent Transportation Systems: Current Status and Trends*. U.S. Department of Transportation, Research and Innovative Technology Administration, Cambridge, MA.

Peterson, Carole und Rideout, Regina (1998). Memory for Medical Emergencies Experienced by 1-and 2-Year-Olds. *Developmental Psychology*, 34 (5), 1059-1072.

Pilcher, June J. und Huffcutt, Allen I. (1996). Effects of Sleep Deprivation on Performance: A Meta-Analysis. *Sleep*, 19 (4), 318-326.

Pipitone, R. und Gallup, G. (2008). Women's Voice Attractiveness Varies Across the Menstrual Cycle. *Evolution and Human Behavior*, online, April.

Plassman, Hilke; O'Doherty, John; Shiv, Baba und Rangel, Antonio (2008). Marketing Actions Can Modulate Neural Representations of Experienced Pleasantness. *Proceedings of the National Academy of Sciences*, 105 (3), 1050-1054.

Plous, S. (1989). Thinking the Unthinkable: The Effects of Anchoring on Likelihood Estimates of Nuclear War. *Journal of Applied Social Psychology*, 19, 67-91.

Pollock, Andrew (2004). With New Sleeping Pill, New Acceptability? *The New York Times*, 17. Dez.

Possley, Maurice (2006). »I have to make this right.« *Chicago Tribune*, 15. Nov.

Powers, P. A.; Andriks, J. L. und Loftus, E. F. (1979). Eyewitness Accounts of Females and Males. *Journal of Applied Psychology*, 64, 339-347.

Pradhan, Anuj u. a. (2005). Using Eye Movements to Evaluate Effects of Driver Age on Risk Perception in a Driving Simulator. *Human Factors*, 47 (4), 840-852.

Prinsell, C. P.; Ramsey, P. H. und Ramsey, P. P (1994). Score Gains, Attitudes, and Behavior Changes Due to Answer-Changing Instruction. *Journal of Educational Measurement*, 31 (4), 327-337.

Raghavan, Anita (2004). Surely They Jest. *The Wall Street Journal*, 9. Aug.

Read, Daniel (2005). Monetary Incentives, What Are They Good For? *Journal of Economic Methodology*, 12 (2), 265-276.

Read, D.; Loewenstein, G. und Kalyanaraman, S. (1999). Mixing Virtue and Vice: The Combined Effects of Hyperbolic Discounting and Diversification. *Journal of Behavioral Decision Making*, 12, 257-273.

Read, Daniel und van Leeuwen, Barbara (1998). Predicting Hunger: The Effects of Appetite and Delay on Choice. *Organizational Behavior and Human Decision Processes*, 76 (2), 189-205.

Reason, James (1994). *Menschliches Versagen: psychologische Risikofaktoren und moderne Technologien*. Heidelberg: Spektrum

Recarte, Miguel A. und Nunes, Luis M. (2000). Effects of Verbal and Spatial-Imagery Tasks on Eye Fixations While Driving. *Journal of Experimental Psychology: Applied*, 6 (1), 31-43.

Recarte, Miguel A. und Nunes, Luis M. (2003). Mental Workload While Driving: Effects on Visual Search, Discrimination, and Decision Making. *Journal of Experimental Psychology: Applied*, 9 (2), 119-137.

Redelmeier, Donald A. und Tibshirani, Robert J. (2001). Car Phones and Car Crashes: Some Popular Misconceptions. *Canadian Medical Association Journal*, 164 (11).

Redelmeier, Donald A. und Tibshirani, Robert J. (1999). Why Cars in the Next Lane Seem to Go Faster. *Nature*, 401, 35.

Reder, Lynne M. und Anderson, John R. (1980). A Comparison of Texts and Their Summaries: Memorial Consequences. *Journal of Verbal Learning and Verbal Behavior*, 19, 121-134.

Reilly, Jacqueline und Mulhern, Gerry (1995). Gender Differences in Self-Estimated IQ; The Need For Care in Interpreting Group Data. *Personality and Individual Differences*, 18 (2), 189-192.

Rensink, Ronald A.; O'Regan, Kevin und Clark, James J. (1997). To See or Not to See: The Need for Attention to Perceive Changes in Scenes. *Psychological Science,* 8 (5), 368-373.
Reuters (2007a). *Hey, Big Boy! Any Interest?* 13. Sept.
Reuters (2007b). *Remember Your Home Phone Number? Forget it!* 7. Juli
Richard, Christian M. u. a. (2002). Effect of a Concurrent Auditory Task on Visual Search Performance in a Driving-Related Image-Flicker Task. *Human Factors,* 44 (1), 108-119.
Robbins, Lillian C. (1963). The Accuracy of Parental Recall of Aspects of Child Development and Child Rearing Practices. *Journal of Abnormal and Social Psychology,* 66, 261-270.
Roberts, Tomi-Ann (1991). Gender and the Influence of Evaluations on Self-Assessments in Achievement Settings. *Psychological Bulletin,* 109, 297-308.
Roberts, Tomi-Ann und Nolen-Hoeksema, Susan (1989). Sex Differences in Reactions to Evaluative Feedback. *Sex Roles,* 21, 725-747.
Roberts, S. Craig u. a. (2004). Female Facial Attractiveness Increases During the Fertile Phase of the Menstrual Cycle. *Proceedings of the Royal Society London B* (Suppl.), 271, S270-S272.
Romer, David (2006). Do Firms Maximize? Evidence from Professional Football. *Journal of Political Economy,* April, 340-365.
Ross, Lee; Lepper, Mark R. und Hubbard, Michael (1975). Perseverance in Self-Perception and Social Perception: Biased Attributional Processes in the Debriefing Paradigm. *Journal of Personality and Social Psychology,* 32 (5), 880-892.
Rubin, David C. (1977). Very Long-Term Memory for Prose and Verse. *Journal of Verbal Learning and Verbal Behavior,* 16, 611-621.
Rubin, David C. (1994). *Memory in Oral Traditions.* New York: Oxford University Press.
Russo, J. Edward (1977). The Value of Unit Price Information. *Journal of Marketing Research,* 14, 193-201.
Russo, J. Edward und Schoemaker, Paul J. H. (1990). *Decision Traps.* New York: Simon & Schuster.
Russo, J. Edward und Schoemaker, Paul J. H. (1992). Managing Overconfidence. *Sloan Management Review,* 33, 7-17.
Sabatini, Jeff (2006). 2007 Mercedes-Benz S-Class: Leave the Driving to the Microchips. *New York Times,* 28. Mai.
Salthouse, T. A. (1985). Anticipatory Processing in Transcription Typing. *Journal of Applied Psychology,* 70, 264-271.
Samuelson, William und Zeckhauser, Richard (1988). Status Quo Bias in Decision Making. *Journal of Risk and Uncertainty,* 1, 7-59.

Sanna, Lawrence J.; Schwarz, Norbert und Stocker, Shevaun L. (2002). When Debiasing Backfires: Accessible Content and Accessibility Experiences in Debiasing Hindsight. *Journal of Experimental Psychology: Learning, Memory and Cognition*, 28 (3), 497-502.

Saul, Stephanie (2006). Record Sales of Sleeping Pills Are Causing Worries. *New York Times*, 7. Feb.

Scharine, A. und McBeath, M. (2002). Right-Handers and Americans Favor Turning to the Right. *Human Factors*, 44 (1), 248-256.

Schendel, Joel D.; Morey, John C.; Granier, M. Janell und Hall, Sid (1983). Use of Self Assessments in Estimating Levels of Skill Retention. *U.S. Army Research Institute for the Behavioral and Social Sciences*, Research Report 1341.

Schkade, David (2007). Interview des Autors.

Schkade, David A. und Kahneman, Daniel (1998). Does Living in California Make People Happy? A Focusing Illusion in Judgments of Life Satisfaction. *Psychological Science*, 9 (5), 340-346.

Schoemaker, Paul J. H. (2007). Interview des Autors.

Schoemaker, Paul J. H. und Gunther, Robert E. (2006). The Wisdom of Deliberate Mistakes, *Harvard Business Review*, Juni, 109-115.

Schrage, Michael (2003). Daniel Kahneman: The Thought Leader Interview. *Strategy+Business*, Winter, 121-126.

Schwartz, Nelson D. (2006). One Brick at a Time. *Fortune*, 6. Juni.

Searcey, Dionne (2008). Generation Text: Emailing on the Go Sends Some Users into Harm's Way. *The Wall Street Journal*, 25. Juli.

Senden, Marius von (1932). *Raum- und Gestaltauffassung bei operierten Blindgeborenen vor und nach der Operation*. Leipzig: Barth.

Sexton, J. Bryan; Thomas, Eric J. und Helmreich, Robert L. (2000). Error, Stress, and Teamwork in Medicine and Aviation: Cross Sectional Surveys. *British Medical Journal*, 320, 745-749.

Shappell, Scott A. und Wiegmann, Douglas A. (2000). *The Human Factors Analysis and Classification System –HFACS*. Office of Aviation Medicine, Federal Aviation Administration, Report No. DOT/FAA/AM-00/7. Washington, D.C.

Shappell, Scott A. und Wiegmann, Douglas A. (2001). *Unraveling the Mystery of General Aviation Controlled Flight Into Terrain Accidents Using HFACS*. 11th International Symposium on Aviation Psychology, Columbus, Ohio.

Shappell, Scott A. und Wiegmann, Douglas A. (2003). *A Human Error Analysis of General Aviation Controlled Flight Into Terrain Accidents Occurring Between 1990-1998*. Office of Aerospace

Medicine, Federal Aviation Administration, Report No. DOT/ FAA/AM-03/4. Washington, D.C.
Shepard, Roger N. (1991). *Einsichten & Anblicke: Illusion und Wahrnehmungskonflikte in Zeichnungen.* Heidelberg: Spektrum.
Shepard, Roger N. und Cooper, Lynn A. (1982) *Mental Images and Their Transformations.* Cambridge, Mass.: The MIT Press.
Shepherd, J.; Davies, G. M. und Ellis, H. D. (1981). Studies of Cue Saliency. In: Davies, G. M.; Ellis, H. D. und Shepherd, J. (Hrsg.) *Perceiving and Remembering Faces.* New York: Academic Press.
Shojania, Kaveh G. u. a. (2003). Changes in Rates of Autopsy-Detected Diagnostic Errors Over Time. *Journal of the American Medical Association,* 289, 2849-2856.
Simon, William E. (1971). Number and Color Responses of Some College Students: Preliminary Evidence for a »Blue Seven Phenomenon.« *Perceptual and Motor Skills,* 33, 373-374.
Simon, William E. und Primavera, Louis H. (1972). Investigation of the »Blue Seven Phenomenon« in Elementary and Junior High School Children. *Psychological Reports,* 31, 128-130.
Simons, Daniel J. (2007). Interview des Autors.
Simons, Daniel J. und Levin, Daniel T. (1998). Failure to Detect Changes to People During Real-World Interaction. *Psychonomic Bulletin & Review,* 5 (4), 644-649.
Slamecka, Norman J. (1985). Ebbinghaus: Some Associations. *Journal of Experimental Psychology: Learning, Memory and Cognition,* 11 (3), 414-435.
Sloboda, John (1976). The Effect of Item Position on the Likelihood of Identification by Inference in Prose Reading and Music Reading. *Canadian Journal of Psychology,* 30 (4), 228-237.
Sloboda, John A. (1985). *The Musical Mind.* Oxford: Clarendon Press.
Sloboda, John A. (Hrsg.) (1988). *Generative Processes in Music.* Oxford: Clarendon Press.
Sloboda, John A. (2005). *Exploring the Musical Mind.* Oxford: Oxford University Press.
Slovic, Paul (1973). Behavioral Problems of Adhering to a Decision Policy. Arbeitspapier, vorgestellt im Frühjahrsseminar des Institute for Quantitative Research in Finance, Napa, CA.
Smith, Dylan M.; Loewenstein, George; Jankovich, Aleksandra und Ubel, Peter A. (2007). The dark side of hope: Lack of Adaptation to Temporary Versus Permanent Colostomy. Unveröffentlichtes Manuskript.

Spangenberg, Eric R. u. a. (2006). Effects of Gender-Congruent Ambient Scent on Approach and Avoidance Behaviors in a Retail Store. *Journal of Business Research*, 59, 1281-1287.

Srinivasan, M.V. u. a. (1996). Honeybee Navigation En Route to the Goal: Visual Flight Control and Odometry. *Journal of Experimental Biology*, 199 (1), 237-244.

Starkes, Janet L. und Ericsson, K. Anders (Hrsg.) (2003). *Expert Performance in Sports; Advances in Research in Sport Expertise.* Champaign, Ill.: Human Kinetics.

Strack, Fritz; Martin, Leonard L. und Schwarz, Norbert (1988). Priming and Communication: Social Determinants of Information Use in Judgments of Life Satisfaction. *European Journal of Social Psychology*, 18, 429-442.

Strack, Fritz und Mussweiler, Thomas (1997). Explaining the Enigmatic Anchoring Effect: Mechanisms of Selective Accessibility. *Journal of Personality and Social Psychology*, 73 (3), 437-446.

Strayer, David L. und Drews, Frank A. (2004). Profiles in Driver Distraction: Effects of Cell Phone Conversations on Younger and Older Drivers. *Human Factors*, 46 (4), 640-649.

Swensen, C. H. (1957). Empirical Evaluations of Human Figure Drawings. *Psychological Bulletin*, 54, 431-466.

Tan, Cheryl Lu-Lien (2007). Hey, Honey Bunny, Stores Know What Your Wife Wants. *The Wall Street Journal*, 1. Dez.

Tat, Peter; Cunningham, William und Babakus, Emin (1988). Consumer Perception of Rebates. *Journal of Advertising Research*, August/September, 45-49.

Tellegen, Auke u. a. (1988). Personality Similarity in Twins Reared Apart and Together. *Journal of Personality and Social Psychology*, 54 (6), 1031-1039.

Tenney, Y. J. (1984). Aging and the Misplacing of Objects. *British Journal of Developmental Psychology*, 2, 43-50.

Tetlock, Philip E. (1998). Close-Call Counterfactuals and Belief-System Defenses: I Was Not Almost Wrong But I Was Almost Right. *Journal of Personality and Social Psychology*, 75 (3), 639-652.

Tetlock, Philip E. (2005). *Expert Political Judgment: How Good Is It? How Can We Know?* Princeton, N.J.: Princeton University Press.

Thaler, Richard H. und Johnson, Eric J. (1990). Gambling with the House Money and Trying to Break Even: The Effects of Prior Outcomes on Risky Choice. *Management Science*, 36 (6), 643-660.

Thompson, William C.; Fong, Geoffrey T. und Rosenhan, D. L. (1981). Inadmissable Evidence and Juror Verdicts. *Journal of Personality and Social Psychology*, 40 (3), 453-463.

Thurm, Scott und Tam, Pui-Wing (2008). States Scooping Up Assets From Millions of Americans. *The Wall Street Journal*, 4. Feb.

Todorov, Alexander u. a. (2005). Inferences of Competence from Faces Predict Election Outcomes. *Science*, 308, 1623-1626.

Tolman, E. C. (1948). Cognitive Maps in Rats and Men. *Psychological Review*, 55, 189-208.

TowerGroup (2006). With Soaring Gift Cards Sales Poised to Exceed $80 Billion in 2006, Unused Card Values Are Also on the Rise. Presseerklärung, 20. Nov.

Tsimhoni, Omer; Smith, Daniel und Green, Paul (2004). Address Entry While Driving: Speech Recognition Versus a Touch-Screen Keyboard. *Human Factors*, 46 (4), 600-610.

Tugend, Alina (2007). The Many Errors in Thinking About Mistakes. *New York Times*, 24. Nov.

Tulving, Endel und Craik, Fergus I. M. (Hrsg.) (2000). *The Oxford Handbook of Memory*. New York: Oxford University Press.

Tversky, Amos und Kahneman, Daniel (1981). The Framing of Decisions and the Psychology of Choice. *Science*, 211, 453-458.

Tversky, Barbara (1981). Distortions in Memory for Maps. *Cognitive Psychology*, 13, 407-433.

Tversky, Barbara (2004). Narratives of Space, Time, and Life. *Mind & Language*, 19 (4), 380-392.

Tversky, Barbara und Marsh, Elizabeth (2000). Biased Retellings of Events Yield Biased Memories. *Cognitive Psychology*, 40, 1-38.

U.S. Department of Health and Human Services (2004). Almost Half of Americans Use at Least One Prescription Drug Annual Report on Nation's Health Shows. Presseerklärung, 2. Dez.

U.S. Government Accountability Office (2007). *Older Driver Safety*. Report to the Special Committee on Aging, U.S. Senate. April, GAO-07-413.

Vallone, Robert P. u. a. (1990). Overconfident Prediction of Future Actions and Outcomes by Self and Others. *Journal of Personality and Social Psychology*, 58 (4), 582-592.

Vander Molen, Tom (2007). Interview des Autors.

Vanhuele, Marc; Laurent, Grilles und Dreze, Xavier (2006). Consumers' Immediate Memory for Prices, *Journal of Consumer Research*, 33 (2), 163-172.

Vickers, Joan N. (1992). Gaze Control in Putting. *Perception*, 21, 117-132.

Vickers, Joan N. (1996). Visual Control When Aiming at a Far Target. *Journal of Experimental Psychology: Human Perception and Performance*, 22 (2), 342-354.

Vincent, Charles (2003). The Other Side. *Morbidity & Mortality Rounds on the Web*, Agency for Healthcare Research and Quality, Oktober.

Vlasic, Bill (2008). More Options to Tempt Eyes Off Road, Hands Off Wheel. *New York Times*, 12. Feb.

Waber, Rebecca L.; Shiv, Baba; Carmon, Ziv und Ariely, Dan (2008). Commercial Features of Placebo and Therapeutic Efficacy. *Journal of the American Medical Association*, 299 (9), 1016-1017.

Wade, Elizabeth und Clark, Herbert (1993). Reproduction and Demonstration in Quotations. *Journal of Memory and Language*, 32, 805-819.

Wald, Matthew L. (2007). Fatal Crashes of Airplanes Decline 65% over 10 Years. *New York Times*, 1. Okt.

Wallace, Wanda T. (1994). Memory for Music: Effect of Melody on Recall of Text. *Journal of Experimental Psychology: Learning, Memory, and Cognition*, 20, 1471-1485.

Wallace, Wanda T. und Rubin, David C. (1988a). Memory of a Ballad Singer. In: Gruneberg, M. M.; Morris, P. E. und Sykes, R. N. (Hrsg.) *Practical Aspects of Memory: Current Research and Issues: Bd. 1, Memory in Everyday Life*. Chichester: Wiley.

Wallace, Wanda T. und Rubin, David C. (1988b).Wreck of the Old 97: A Real Event Remembered in Song. In: Neisser, Ulric und Winograd, Eugene (Hrsg.) *Remembering reconsidered: Ecological and Traditional Approaches to the Study of Memory*. Cambridge: Cambridge University Press.

Wang, Jing-Shiarn; Knipling, Ronald R. und Goodman, Michael J. (1996). *The Role of Driver Inattention in Crashes; New Statistics from the 1995 Crashworthiness Data System*. 40th Annual Proceedings, Association for the Advancement of Automotive Medicine, Vancouver, British Columbia.

Wansink, Brian; Kent, Robert J. und Hoch, Stephen J. (1998). An Anchoring and Adjustment Model of Purchase Quantity Decisions. *Journal of Marketing Research*, 35, 71-81.

Watt, Christopher J. (2000). *An Analysis of Decision Making Strategies Used By P-3 Pilots in Hazardous Situations*. Arbeit zur Erlangung eines Masters-Abschlusses an der Naval Postgraduate School, Monterey, Kalifornien.

Weber, Elke U. (1997). Perception and Expectation of Climate Change. In: Bazerman, Max H. u. a. (Hrsg.) *Environment, Ethics and Behavior*. San Francisco: Jossey-Bass.

Weber, Elke U. (2007). Interview mit der Autorin.

Weber, Elke U.; Blais, Ann-Renee und Betz, Nancy E. (2002). A Domain-Specific Risk-Attitude Scale: Measuring Risk Perceptions and Risk Behaviors. *Journal of Behavioral Decision Making*, 15, 263-290.

Weinstein, Neil D. und Klein, William M. (1995). Resistance of Personal Risk Perceptions to Debiasing Interventions. *Health Psychology*, 14 (2), 132-140

Welsh, Jonathan (2008). Eyes for Night Driving. *The Wall Street Journal*, 21. Feb. Weinstein, Neil D. und Klein, William M. (1995). Resistance of Personal Risk Perceptions to Debiasing Interventions. *Health Psychology*, 14 (2), 132-140.

Wilkinson, Julie (1988). Context Effects in Children's Event Memory. In: Gruneberg, M. M.; Morris, P. E. und Sykes, R. N. (Hrsg.) *Practical Aspects of Memory: Current Research and Issues: Memory in Everyday Life, Bd. 1*. Chichester: Wiley.

Williamson, A. M. und Feyer, Anne-Marie (2000). Moderate Sleep Deprivation Impairments in Cognitive and Motor Performance Equivalent to Legally Prescribed Levels of Alcohol Intoxication. *Occupational and Environmental Medicine*, 57, 649-755.

Willis, Janine und Todorov, Alexander (2006). First Impressions: Making Up Your Mind After a 100-ms Exposure to a Face. *Psychological Science*, 17, 592-598.

Wilson, Craig (2008). A Bumper Crop of Car Gizmos Boggles the Mind. *USA Today*, 14. Mai.

Wilson, Timothy D. und Brekke, Nancy (1994). Mental Contamination and Mental Correction: Unwanted Influences on Judgments and Evaluations. *Psychological Bulletin*, 116 (1), 117-142.

Winograd, Eugene (1976). Recognition Memory for Faces Following Nine Different Judgments. *Bulletin of the Psychonomic Society*, 8, 419-421.

Winograd, Eugene und Soloway, Robert M. (1986). On Forgetting the Locations of Things Stored in Special Places. *Journal of Experimental Psychology: General*, 115 (4), 366-372.

Wohlstetter, R. (1966). *Pearl Harbor: Signale und Entscheidungen*. Stuttgart: Rentsch.

Wolf, E. (1967). Studies on the Shrinkage of the Visual Field With Age. *Transportation Research Record 164*, Transportation Research Board, National Academy of Sciences.

Wolf, Thomas (1976). A Cognitive Model of Musical Sight-Reading. *Journal of Psycholinguistic Research*, 5 (2), 143-171.
Wolfe, Jeremy M. (2007). Interview des Autors.
Wolfe, Jeremy M.; Horowitz, Todd S. und Kenner, Naomi M. (2005). Rare Items Often Missed in Visual Searches. *Nature*, 435, 439-440.
Wu, Suzanne (2007). Are You Ready for Professional-Grade Golf Clubs? Veröffentlichung des University of Chicago Press Journals, 10. Mai.
Wulf, Steve (1992). He Is an Einstein; Joe Theismann's Quote Tests the Theory of Relativity. *Sports Illustrated*, 2. März
Yarmey, A. D. (1973). I Recognize Your Face But Can't Remember Your Name: Further Evidence on the Tip-of-the-Tongue Phenomenon. *Memory and Cognition*, 1, 287-290.
Yates, Frances Amelia (1990). *Gedächtnis und Erinnern: Mnemonik von Aristoteles bis Shakespeare*. Berlin: Dt. Verlag der Wissenschaften.
Young, Andrew W. (1993). Recognizing Friends and Acquaintances. In: Davies, Graham M. und Logie, Robert H. (Hrsg.) *Memory in Everyday Life*. Amsterdam: North Holland.
Young, Andrew W. (1998). *Face and Mind*. Oxford: Oxford University Press.
Young, Andrew W.; Hay, Dennis C. und Ellis, Andrew W. (1985). The Faces that Launched a Thousand Slips: Everyday Difficulties and Errors in Recognizing People. *British Journal of Psychology*, 76, 495-523.
Zambito, Thomas (2007). Casino Klutz Sues in Picasso Slipup. *New York Daily News*, 12. Jan.

Bildnachweise

S. 29: Illustration *Turning the Tables* aus *Mind Sights* von Roger N. Shepard. © 1990 bei Roger N. Shepard. Abdruck mit freundlicher Genehmigung von Henry Holt and Company, LLC.

S. 37: Illustration *Pennies* aus *Cognitive Psychology 11* von Raymond S. Nickerson und Marilyn Jager Adams, „Long-Term Memory for a Common Object", S. 287–307. © 1979, Abdruck mit freundlicher Genehmigung von Elsevier und Raymond S. Nickerson.

S. 128, 131, 187: © reinert & partner, München

Anmerkungen

1 Einige Wissenschaftler unterscheiden zwischen »echten« Fehlern, die auftreten, wenn wir die falsche Strategie oder einen falschen Plan verfolgen, und kleineren Irrtümern oder Missgeschicken, die bei schlechter Umsetzung des Plans auftreten (wenn man z.B. aufs Gaspedal statt auf die Bremse tritt). Andere wiederum unterscheiden zwischen Prozessfehlern und Ergebnisfehlern, schließlich ist es möglich, den richtigen Weg zu beschreiten und doch zum falschen Ergebnis zu kommen. Aber diese Unterscheidungen sind zwar nützlich, aber für unsere Zwecke unerheblich.
2 Eine animierte Demonstration finden Sie auf der Website von Michael Bach: www.michaelbach.de/ot/sze_shepardTables/index.html.
3 Eine Sprecherin der zuständigen Sicherheitsbehörde TSA erklärte, seit 2006 habe sich die Erfolgsquote verbessert, weil die TSA mehr Untersuchungsmethoden anwende. Aber sie weigerte sich, aktuelle Zahlen zu nennen: »Die Ergebnisse unserer Stichproben eignen sich nicht zur Veröffentlichung« (*Chicago Sun-Times*, 19. Oktober 2007).
4 Womit nicht gesagt sein soll, dass solche Urteile immer zutreffend sind. In einer anderen Studie wurden Milchgesichter als weniger kompetent eingestuft als Leute mit reiferen Gesichtern, obwohl sie tendenziell intelligenter waren. Vgl. Montepare und Zebrowitz (1998).
5 Möglicherweise lässt sich der Effekt mit der Stimme der Frauen erklären. Eine aktuelle Studie fand heraus, dass die Stimme von Frauen auf dem monatlichen Höhepunkt ihrer Fruchtbarkeit attraktiver klingt. Diese Veränderung wird möglicherweise dadurch hervorgerufen, dass der Kehlkopf unter dem Einfluss von Hormonen Form und Größe ändert. Details dazu bei Pipitone und Gallup (2008).
6 Ephrons erwartbar witzige Schilderung dieses Vorfalls steht in der Huffington Post, unter www.huffingtonpost.com/nora-ephron/my-weekend-in-vegas_b_31800.html. Bei seiner Versicherung machte Wynn einen Schaden von 54 Millionen Dollar gel-

tend; er nannte sein Missgeschick »einen Weltrekord in Tapsigkeit«. Siehe Zambito (2007).
7 Eine jüngere Studie, durchgeführt an Studenten der Northeastern University in Boston, ergab: Die von den Studenten angegebenen Notendurchschnitte »lagen signifikant höher als die tatsächlichen, im Zulassungsamt der Uni erfassten Notendurchschnitte«. Nur zehn Prozent der Studenten untertrieben ihren Notenschnitt. Siehe Gramzow, Willard und Mendes (2008).
8 Quelle: Durex (2000). In Deutschland, so der Kondomhersteller, hat der durchschnittliche Bundesbürger mit 5,8 Partnern Sex gehabt (die Studie weist keine getrennten Zahlen für Männer und Frauen aus). Bei der aktuellsten Erhebung in den Vereinigten Staaten lag der Medianwert, mit wie vielen Frauen ein Mann (angeblich) geschlafen hatte, bei sieben. Bei Frauen ergab sich ein Medianwert von vier. Übrigens hängt die Zahl unserer Sexualpartner, wie so vieles im Leben, vom Wohlstand ab: Eine weitere Untersuchung zeigt, dass die durchschnittliche Gesamtzahl an Sexualpartnern in reichen Ländern bei zehn liegt, in armen Ländern bei sechs. Siehe Fontes und Roach (2007).
9 Erst im Jahr 2008 verabschiedete die amerikanische Pharmaindustrie einen freiwilligen Verhaltenskodex, in dem sie sich verpflichtete, auf bestimmte Formen von Zuwendungen zu verzichten. Siehe Harris (2008).
10 Schon heute können Patienten in den USA nachsehen, ob ihr Arzt Geld von einem der fünf größten Hersteller von orthopädischer Ausrüstung bekommt, und zwar auf der Website dieser Firmen. Diese Bedingung war Teil eines Vergleichs mit der Staatsanwaltschaft von New Jersey, die Schmiergeldzahlungen in der Branche untersuchte. Siehe Armstrong (2007).
11 Heute haben die meisten Computer mehrere Prozessoren, die es dem Gerät tatsächlich erlauben, mehrere Aufgaben gleichzeitig zu erfüllen. Wie bei einem Menschen mit zwei Köpfen kann jeder Prozessor unabhängig von dem anderen arbeiten. Aber früher, als der Begriff »Multitasking« geprägt wurde, hatten Computer nur einen Prozessor.
12 Als die amerikanische Marine ihre Fluglotsen überprüfte, stellte sich heraus, dass Lotsen, die mehrere Computermonitore überwachten, »einen sehr hohen Prozentsatz« der Veränderungen auf den Schirmen übersahen. Die Folgen solcher Fehler, warnte ein Bericht, »könnten desaströs sein«. Siehe DiVita (2004).
13 Interessanterweise stellte die Studie auch einen Unterschied zwischen den Geschlechtern fest: »Ein nicht kommentiertes

Ergebnis zeigt, dass junge Frauen sich von vielfältigen Aufgaben am wenigsten stören lassen, während ältere Männer sich sehr stark ablenken lassen.« Siehe Middlebrooks, Knapp und Tillman (1999).

14 Andere Experimente kamen zu ähnlichen Ergebnissen. Bei einem wurden Kandidaten gebeten, zwischen zwei Behandlungen gegen Krebs zu entscheiden, Bestrahlung und Operation. Die einen erhielten Informationen über *Überlebensraten*; diese Gruppe entschied sich tendenziell für Operation. Die anderen erhielten Informationen über die *Mortalitätsrate*. Von ihnen entschied sich ein deutlich höherer Anteil für Bestrahlung. Ob die Leute eine medizinische Ausbildung oder eigene Erfahrungen hatten, hatte kaum einen Einfluss auf die gewählte Option; die Ergebnisse waren in etwa die gleichen, egal ob man Ärzte, Medizinstudenten oder Studenten anderer Fächer fragte.

15 Dieser Effekt war so stark, dass der Präsident des nigerianischen Senats im September 2007 forderte, Banken dürften nicht mehr mit attraktiven Frauen um Neukunden werben. Siehe Reuters (2007a).

16 *Wikipedia* und *Encyclopaedia Britannica* bieten jeweils drei Geburtsjahre für den Mongolenführer an: 1155, 1162 oder 1167. Er starb 1227.

17 Die Rabatte, die man dabei für die Abnahme der größeren Menge bekommt, ist oft nur ein Scheinrabatt. Der Händler würde z.B. normalerweise eine Mango für 99 Cent anbieten, wirbt aber mit drei Mangos für 2,99 und erhöht den Preis der einzelnen Mango auf 1,49, damit das Dreier-Angebot attraktiver wirkt.

18 Eine offene Frage für die Forscher blieb, ob die Makler tatsächlich nicht wussten, dass der Listenpreis ihre Einschätzung beeinflusst hatte oder ob sie nur »nicht öffentlich zugeben wollten, dass sie sich auf eine bekannt unzuverlässige Information verlassen hatten«. Eine ähnliche Studie zeigt, wie unwillig Politikexperten sind, ihre Fehler einzugestehen. Siehe Tetlock (1998).

19 Milgram untersuchte eine breite Palette von Fragen; unter anderem ließ er vollständig frankierte und adressierte, aber nicht abgeschickte Briefe auf dem Boden liegen (um zu sehen, was die Finder damit machten). Von ihm stammen auch die Versuche zum Kleine-Welt-Phänomen (mit den berühmten »Six Degrees of Separation«). Am berühmtesten wurde er aber für eine Reihe von Experimenten, die er in den frühen 1960ern an der Yale University begann, und die einen traurigen Charakterzug des Menschen bloßstellte: seine Bereitschaft zu blindem Gehorsam gegenüber Autoritäten. In diesen Experimenten brachte er Frei-

willige dazu, einem laut klagenden Opfer (dargestellt von einem Schauspieler) scheinbar schmerzhafte Elektroschocks zu verpassen. Wenn das »Opfer« Fragen falsch beantwortete, sollten die Testpersonen ihm zunehmend stärkere Elektroschocks zufügen. Bei 120 Volt schrie der Schauspieler, die Schmerzen würden zu stark. Bei 150 verlangte er, das Experiment abzubrechen. Und so ging es weiter, bis bei höheren Spannungen nur noch Schweigen aus dem Kabäuschen zu hören war, in dem der Schauspieler saß. Die Freiwilligen hätten sich jederzeit weigern können, weiterzumachen. Aber die meisten taten es nicht. Volle 65 Prozent von Milgrams Testpersonen, Männer wie Frauen, verteilten bis zum bitteren Ende weiter Schocks, schlicht weil eine Autoritätsperson es ihnen befahl.

20 Manchmal bekommt man den Text selbst dann nicht zusammen, wenn man sich das Lied vorsingt, wie Sarah Connor mit ihrem berühmt gewordenen »Brüh im Lichte dieses Glückes« 2005 bei der Eröffnung der Allianz Arena demonstrierte.

21 Selbst lügen tun Männer und Frauen unterschiedlich. Studenten lügen im Hinblick auf ihre Person und übertreiben gern einmal ihre Pläne und Erfolge (ganz besonders, wenn sie mit Frauen reden). Studentinnen hingegen lügen, um andere Leute besser dastehen zu lassen.

22 Hierzulande gibt es nur selten die Möglichkeit, pro Besuch zu bezahlen. Weiter unten werden Sie sehen, warum das so ist.

23 Bemerkenswert in diesem Zusammenhang ist, dass Buffett leidenschaftlich gern Bridge spielt und Bridgespieler tendenziell sehr gut kalibriert sind. »Wissen Sie«, witzelte Buffett einmal, »wenn ich Bridge spiele, könnte eine nackte Frau an mir vorbeilaufen, und ich würde es nicht merken.« Siehe Blackstone (2008) und Keren (1987).

24 Die PGA-Studie zeigte noch weitere interessante Ergebnisse. Seltsamerweise lag die Erfolgsquote eines Spielers aus gleicher Entfernung höher (in manchen Fällen sogar viel höher), wenn er mit dem Putt ein Par erreichen würde, als wenn der Putt ihm einen Birdie bescheren würde. Auf eine Entfernung von ca. eineinhalb Metern lag die Trefferquote um 25 Prozent höher! Das lässt vermuten, dass der psychologische Druck noch die besten Golfer beeinflusst. Eine Studie von Freiwürfen professioneller Basketballspieler kam zu einem ähnlichen Ergebnis. Siehe Camerer (1998).

25 Die Empfehlungen von Aktienanalysten sind extrem einseitig: In 95 Prozent der Fälle wird geraten, Aktien zu kaufen oder zu halten, fast nie nehmen sie das hässliche V-Wort, »verkaufen«, in

den Mund. Um die unverbesserlichen Optimisten in seinen Reihen ein wenig auszubremsen, wies das ehemals größte Brokerhaus Amerikas, Merrill Lynch, seine Analysten 2008 an, mindestens 20 Prozent aller Aktien mit »unterdurchschnittlich« oder »verkaufen« zu bewerten. Siehe Anderson und Bajaj (2008).
26 Piloten waren sich ihrer Grenzen viel stärker bewusst. Eine Frage lautete: »Selbst wenn ich übermüdet bin, handle ich in kritischen Momenten effektiv.« 70 Prozent der Operateure stimmten zu, aber nur 26 Prozent der Piloten. Siehe Sexton, Thomas und Helmreich (2000).
27 Beachten Sie, wie sehr das Verhalten des Operateurs demjenigen der »Experten« gleicht, das wir in einem früheren Kapitel beleuchtet haben: Selbst als ihnen das Gegenteil nachgewiesen war, redeten sie sich noch ein, Recht gehabt zu haben.
28 Stärkeren Rauchern erging es kaum besser. Von denjenigen, die schon in der Highschool mindestens eine Schachtel am Tag rauchten, glaubten nur 32 Prozent, dass sie in fünf Jahren noch rauchen würden. Tatsächlich rauchten fünf Jahre später 70 Prozent von ihnen täglich mindestens eine Schachtel.
29 Auch Fluglotsen stehen unter ähnlichem Druck. 2007 erklärte die amerikanische Flugsicherheitsbehörde NTSB, dass übermüdete Fluglotsen in den vergangenen Jahren für vier Zwischenfälle verantwortlich gewesen seien, unter anderem für den Absturz einer Comair-Maschine in Kentucky, 2006. Der einzige Fluglotse, der an diesem Morgen Dienst tat, sagte aus, er habe zwischen zwei Schichten nur zwei Stunden Schlaf bekommen.
30 EU-weit gilt seit 2008 eine maximale wöchentliche Arbeitszeit von 48 Stunden, die deutsche Regierung sicherte sich aber eine Ausnahmeregelung, so dass Ärzte hierzulande bis zu 65 Stunden die Woche arbeiten dürfen. Selbst das würde schon einen gewaltigen Fortschritt bedeuten.

Weitere Titel bei

ARISTON

Kein Meister
fällt vom Himmel

Geoff Colvin
Talent wird überschätzt
Welche Erfolgsfaktoren wirklich zählen

288 Seiten, Gebunden mit Schutzumschlag
ISBN: 978-3-424-20018-8

Muss man ein Wunderkind sein, um virtuos Geige zu spielen oder Profigolfer zu werden? Gestützt auf wissenschaftliche Erkenntnisse räumt der Wirtschaftsexperte Geoff Colvin mit dem Irrglauben auf, dass allein angeborenes Talent zu großartigen Leistungen verhilft. Denn die Faktoren, die den Unterschied machen und Erfolgsmenschen hervorbringen sind ein Umfeld, das gleichermaßen fördert und fordert, kombiniert mit Disziplin und Zielstrebigkeit. Es besteht also Hoffnung für alle, die nicht mit einem Ausnahmetalent gesegnet sind!

Für jedes Problem eine Lösung!

Kensuke Watanabe
Der kleine Problemlöser
Genial einfache Strategien für clevere Leute

160 Seiten, Pappband
ISBN: 978-3-424-20019-5

Der einfachste Problemlösungskurs der Welt macht es möglich: Kensuke Watanabes unterhaltsame Geschichten von einer Band, einem Computerfan und einer Fußballerin und ihren Problemen zeigen kreative Lösungsansätze, die uns helfen, die täglichen Herausforderungen mit Witz und Einfallsreichtum zu meistern. Egal, ob große oder kleine Hürden: Kensuke Watanabe gelingt es, bewährte Strategien aus der Unternehmensberatung so zu erklären, dass sie für jedermann verständlich und anwendbar sind – sei es für die kleinen Tücken des Alltags oder große Herausforderungen.